漫谈中华虎文化

陈存云 编

中山大学出版社
SUN YAT-SEN UNIVERSITY PRESS
· 广州 ·

图书在版编目（CIP）数据

漫谈中华虎文化 / 陈存云编. — 广州：中山大学出版社，2023.12
ISBN 978-7-306-07980-0

Ⅰ．①漫… Ⅱ．①陈… Ⅲ．①虎—文化—中国 Ⅳ．①B933

中国国家版本馆CIP数据核字（2024）第020977号

MANTAN ZHONGHUA HU WENHUA

出 版 人：王天琪
策划编辑：王延红　姜星宇
责任编辑：姜星宇
封面设计：周美玲
封面题字：沈泽华
封面插画：韦武辉
责任校对：麦晓慧
责任技编：靳晓虹
出版发行：中山大学出版社
电　　话：编辑部 020-84110283，84113349，84111997，84110779
　　　　　发行部 020-84111998，84111981，84111160
地　　址：广州市新港西路135号
邮　　编：510275　　　　　传　真：020-84036565
网　　址：http://www.zsup.com.cn　　E-mail：zdcbs@mail.sysu.edu.cn
印 刷 者：佛山市浩文彩色印刷有限公司
规　　格：787mm×1092mm　1/16　18印张　330千字
版次印次：2023年12月第1版　2023年12月第1次印刷
定　　价：58.00元

恩格斯说："我们不要过分陶醉于我们人类对自然界的胜利。对于每一次这样的胜利，自然界都对我们进行报复。"

目录

　　明代文学家吴承恩（约1500—1582年）根据历史上唐僧求法取经的故事创作出脍炙人口的神话小说《西游记》，描写孙悟空、猪八戒、沙和尚、小白龙护送唐僧西天取经，历经九九八十一难的传奇历险故事。小说成功塑造出中国家喻户晓、妇孺皆知的神话人物——孙悟空，其形象是一只腰系虎皮裙的猴子。虎皮裙的来历见于《西游记》第十四回。小说写到，唐僧解救出被如来佛祖反掌镇压在五行山（后称两界山）下五百年的孙悟空之后，将他收为徒弟。他们刚走出两界山，就遭遇一只猛虎。此时孙悟空大显神威——他曳开步，迎着猛虎，道声："业畜！哪里去！"只见那只虎蹲着身，伏在尘埃中，动也不敢动，却被他照头一棒……孙悟空拔下一根毫毛，变作一把牛耳尖刀，剖开虎腹，剥下整张虎皮，再把虎皮裁成两幅，一幅围在腰间，又将在路旁揪的一条葛藤紧紧束定，遮了下体。正所谓强中自有强中手！贵为百兽之王的猛虎，在齐天大圣孙悟空面前也要屈尊顺从，好比中了"定身法"，动弹不得，任由宰割！恰如给他送来衣料的部属。猴子穿上虎皮裙，也就具有了人形的意味，而虎皮裙的装束和金箍棒的威力，更能凸显孙悟空擒妖捉怪、降龙伏虎的英雄本色，强调其神通广大、变化多端的高超本领。

　　毛泽东（1893—1976年）曾著诗赞赏孙悟空是一个斩除妖魔鬼怪、

▲ 图Ⅰ　邮票《西游记》
（孙悟空）三打白骨精

澄清朗朗乾坤的大圣："金猴奋起千钧棒，玉宇澄清万里埃。今日欢呼孙大圣，只缘妖雾又重来。"（图Ⅰ）唐僧离开长安遭遇的第一场苦难是在双叉岭。一行三人跌落陷阱被擒，两名随从被老虎精、野牛精和熊黑〔pí〕精等妖怪吃了。幸得神仙太白金星化身老叟搭救，唐僧才脱离虎狼巢穴，继续西行。山间，遇到虎蛇毒虫阻道、不知所措之时，又蒙猎户刘伯钦解围。途中，刘伯钦举叉猎杀了一只斑斓大虎，拖回家剥皮煮肉欲款待客人，无奈唐僧只吃素不食荤。

《西游记》虽说是一部神话小说，但是唐僧西天取经却是一个真实的历史事件。中国唐代著名高僧玄奘（602—664年），被世人尊称为"三藏法师"，被后世俗称"唐僧"。唐太宗贞观二年（628年），29岁的玄奘为统一中国佛学思想的分歧，踏上西行求法之路。三年后，他到达印度佛教中心那烂陀寺（位于今印度比哈尔邦巴特那以东的巴腊贡村）师从戒贤。五年后又四处游学，游历数十个国家，虚心向名师请教。贞观十七年（643年），玄奘启程东归，两年后回到了阔别已久的长安。玄奘带回梵策〔cè〕佛典共526策、657部，150粒如来肉舍利以及7躯金、银或刻檀佛像。唐僧旅程目的地"西天"即佛陀的故乡天竺。玄奘西域取经以后，后人根据"Indu"读音才将"身笃""身毒""贤豆""天竺"等旧称正名为印度。

汉明帝时期（67年左右），佛教自古印度传入中国，至唐代达到鼎盛。据记载，636年玄奘曾到过佛陀诞生地蓝毗尼（今尼泊尔鲁潘德希县境内）礼佛求法。公元前563年，释迦牟尼在古印度诞生，35岁开悟后创立了佛教。他跟中国春秋时期的著名思想家孔子（前551—前479年）处于同一时代。

河西走廊西部的敦煌莫高窟是中国佛教艺术圣地。开凿于北魏（386—534年）时期的第254洞窟内，有一幅描绘佛祖释迦牟尼修行得道、转世成佛的本生故事画——《萨埵那太子舍身饲虎》（图Ⅱ）。这

◄ 图Ⅱ　邮票《敦煌壁画》
北魏·萨埵那太子舍身饲虎

个故事是中国早期佛教艺术中最流行的题材，莫高窟共有这类壁画15幅。画面中心是摩诃罗陀国王的三子萨埵那太子被饥饿濒危的一只母虎和七只幼虎生生吞噬的悲壮惨烈情景，整体依次表现兄弟观虎，萨埵那刺颈、投崖、饲虎，兄长收骨、报信，父王痛哭、建塔等多个紧凑穿插的情节画面，扣人心弦，产生震撼人心的悲悯情感，突出萨埵那太子舍身求道的崇高精神。

　　佛教传说中释迦牟尼座下有十八罗汉，他们是永住世间、护持正法的阿罗汉（佛的得道弟子），由十六罗汉加二尊者而来。弥勒尊者因在寺庙外经常遇到一只饥饿的老虎，就把自己的斋饭分给这只老虎吃，时间一长，老虎就被他降服了，故他被称为伏虎罗汉。（图Ⅲ）

　　印度最盛行的宗教是印度教。印度教三大主神之一的湿婆（图Ⅳ），其身份是毁灭者，兼具生殖与毁灭、创造与破坏双重性格。湿婆的形象是长着三只眼睛和四条手臂的神圣，腰缠虎皮裙或端坐在虎皮垫之上，象征他无上的神力、旺盛的性激情和繁殖力。猛虎在湿婆面前不堪一击，传说他一手抓住老虎，另一只手剥下虎皮，并把虎皮缠上腰间。孙悟空与湿婆的虎皮裙装束形象及其徒手搏虎并活剥虎皮的故事情节十分相像，他们都身负绝顶的降魔神威和伏虎功力。

　　虎，俗称老虎，是体形最大的猫科动物。现代汉语以双音节词为多，于是常称虎为老虎。这个"老"字是前缀，并不表示年龄，幼虎也

▲ 图Ⅲ 台北故宫博物院藏
《五代人画伏虎罗汉轴》

▲ 图Ⅳ 印度教三大主神
之一——湿婆

被称为老虎。

中国古代以虎为"山兽之长"，故称之"山君"。虎又称"大虫""吊睛白额大虫"。虫是动物的通称，《尔雅·释虫》云："有足谓之虫，无足谓之豸［zhì］。"《大戴礼记·曾子天圆》即以禽为羽虫，兽为毛虫，龟为甲虫，鱼为鳞虫；甚至人亦名为虫，因无羽无鳞甲蔽身，故称倮［luǒ］虫。虎属毛虫类，是兽中之王，故称大虫。虎的头部黑纹较密，眼部上方有一小片白色体毛区域，故称"吊睛白额大虫"。

称虎为大虫是从唐朝开始的，因唐太宗李世民（599—649年）的曾祖父名叫李虎。唐朝建立后，高祖李渊追尊李虎为太祖，并下令臣民避其讳，但凡含有"虎"字的人名、地名、官名等，都要用别字代替，或者进行缺字处理。继而唐朝避讳"虎"，不能称老虎，改叫大虫。封建社会为维护其等级制度的尊严，说话写文章时遇到君主或尊亲的名字都不直接说出或写出，以表尊重。《春秋公羊传·闵公元年》云："春秋为尊者讳，为亲者讳，为贤者讳。"这是古代避讳的一条总原则。

说起老虎"百兽之王"称谓的由来，皆因其前额的黑纹酷似汉字的"王"，而且毛色绮丽，体态雄伟，聪敏威武，一副与生俱来的王者风范，故被公认为百兽之长。

虎是深受中国人喜爱和欢迎的吉祥动物，与龙、凤齐名。但与后两者的抽象存在方式不同，虎是一个现实的具有血肉之躯的自然生物，更能让人真切地感受到它凶猛暴戾的自然属性，由此产生矛盾而复杂的心理：

一方面视虎为神灵敬奉崇拜，祈求庇护。白虎与青龙、朱雀、玄武并称四大神兽，虎是十二生肖中第三个出场的动物，是"吞噬鬼魅"的正义执法者，是"骑虎升仙"的脚夫……虎的形象经常出现在战争、狩猎、祭祀、天象、诗书以及建筑、风水、生肖、墓葬、衣装等跟社会生活息息相关的各种领域，是流淌在中华民族灿烂悠久的文化长河里的精神元素。国家主席习近平在2022年（农历虎年）春节团拜会上指出："在中国传统文化中，虎是百兽之王，是力量、勇敢、无畏的象征。"

另一方面虎被当作害兽加以剿灭。在中国人民伟大领袖毛泽东的笔下，虎常常被摆到政治斗争的敌对面，比喻十恶不赦的反动势力和侵略者，并被蔑称为"纸老虎"，提出"一切反动派都是纸老虎"的著名论断；以"暴虎入门""忽报人间曾伏虎""独有英雄驱虎豹"等词句里的"虎"比喻专制残暴的反动统治者；也以"独坐池塘如虎踞""虎踞龙盘今胜昔"等诗句里的"虎"来比喻威武雄壮的形象以及险峻之地势。在当代流行的通俗化语境里，如果把虎引申到人，则指位高权重、祸害一方的权贵。"打老虎"意取"景阳冈武松打虎"故事，寓意惩治腐化堕落高官的治吏行动。中共十八大之后，"打老虎"的治腐肃贪风暴雷霆万钧，摧枯拉朽，深得人心。习近平强调，有腐必反，决不"养虎为患"。而现实中延续了漫长岁月的人虎之斗，最终以人进虎退而告终。自然界虎的分布，已从广袤的亚洲腹地退缩到现存的13个国家的零星区域。里海虎、爪哇虎、巴厘虎先后灭绝于20世纪，中国特产的华南虎也被宣布野外灭绝。虎的数量从数以十万计的庞大种群规模沦落到如今零星分布的数千只，几近血脉断绝！

龙、凤之外，人们往往还会不由自主地推崇被誉为"万兽之王"的狮，那么，虎和狮究竟谁才称得上真正的王者呢？

中国不产狮。一般认为中国狮文化的引进和归化，缘于西域文化的东移和佛教文化的传播。《三辅黄图》卷三记载，始建于汉武帝太初元年（前104年）的西汉长安城建章宫，其旁的奇华殿豢养有狮子。《后汉书·西域传》第一次明确记载亚洲狮走进中国人视野的时间，定格在东汉章帝章和元年（87年），安息国（今属伊朗）国王遣使进贡狮子；汉和帝永元十三年（101年），安息王满屈再次献狮；汉顺帝阳嘉二年（133年），疏勒国（西域古国，今属新疆）又献来狮和犎〔fēng〕牛。

虎与狮同属猫科，但它们栖息的生境并不交叉，故而不构成生存竞争，虎狮争霸在自然界里根本不会发生。虎是森林生态系统的动物，通常独居生活，依靠个体力量伏击捕猎，是名副其实的"森林之王"；狮是草原生态系统的动物，由具有亲缘关系的成员组成狮群并群居生活，依靠追逐方式集体围猎，无愧于"草原之王"的美誉。

然而，虎虽为"百兽之王"，地位仅次于超自然的神龙，并且有着悠久的历史文化影响力和渗透力，但在国际上的政治影响和受欢迎程度却远不如近代才被发现的大熊猫。1869年春天，法国传教士阿尔芒·戴维（Armand David）神父将在四川宝兴捕获的一只"黑白熊"制成标本带回了法国，经巴黎自然历史博物馆鉴定，定名为 *Ailuropoda melanoleuca*（猫熊）。匿居荒野的猫熊从此走进世人的视野。后来，它通用的中文名是"大熊猫"。它在地球上生存了至少800万年，被誉为"活化石"；是中国独有的珍稀物种，所以被称为"中国国宝"，享有"国兽"的美誉；它是世界自然基金会（World Wildlife Fund, WWF）的社团标志，是世界生物多样性保护的旗舰物种。

在中国政府的重视与努力下，大熊猫保护管理取得重大成效，2015年国家林业局发布的全国第四次大熊猫调查结果显示，中国现存野生大熊猫种群数量达1864只，圈养数量达471只。大熊猫分布范围有所扩大，种群数量有所增加，栖息地质量有所改善，逐渐摆脱濒危的处境。

同是濒危物种，中国特产华南虎就没有这么幸运。原国家林业部在1990—1991年和2000—2001年分别组织了华南虎野外种群调查，其结果是无人目击或拍摄到活体虎，仅仅凭借调查到的足迹、挂爪、粪便等证据，作出尚存有虎的推论，人们无从得知它们的数量和健康等存活信息。可悲的是，即使有虎，这些零星的个体被分割在江西、湖南和广东等地的山林里，彼此孤立，生殖信息交流阻断，其命运和下场不堪设想。好在动物园和南非的野化基地里仍然保存着华南虎的血脉基因，人工饲养虎的数量也在不断增加，成为保护华南虎并恢复其种群数量的宝贵资源和全部希望。

我们生活的世界里，虎的形象和影响总是如影随形，无法舍离。曾记得：儿时穿戴过虎头帽，听到的故事不乏"老虎吃人""老虎学艺"等惊险情节；同学之中，有姓"彪"的，有称"二虎"的；对连环画《武松打虎》爱不释手，对现代京剧《智取威虎山》《奇袭白虎团》百看不厌，崇尚伏虎的英雄；成年以后，人际交往彼此了解年龄常是绕过直白询问而间接地关切起属相，语境里很难与生肖（包括虎）割断联系……笔者生肖属虎，立志创作一部以虎为题材的作品并酝酿已久，十多年前就利用工作之余，开始了漫长的文字旅行，但羞于文学造诣肤浅、参读作品有限以及动物学基础知识匮乏，只能断断续续，不时辍笔。然而，笔者初心不改，矢志不渝，边学边写。尤其自2021年夏以来，费尽心力地耕耘，经常利用上下班前后一点一点的时间夜以继日地耕作，一天天地去接近目标。功夫不负有心人，庆幸得以在农历壬寅虎年收笔付梓。

个人的劳动不过是在素材收集基础上的综合整理。受益于身处一个资讯发达的信息时代，平时注意浏览和保存有关虎题材的信息报道，上网搜索查询虎的相关知识，下载相关图片；也阅读虎的专著作品，先后拜读过《虎》（［英］苏茜·格林）、《虎》（谭邦杰）、《中国虎文化》（汪玢玲）、《中国猫科动物》（IUCN SSC猫科动物专家组）等书籍，被诸作者严谨的治学思想和犀利的文笔深深感染。好在我是《大自然》期刊的忠实读者，1982年开始坚持订阅并收藏有自1980年创刊以来的各期杂志，且专门将虎的题材作品汇编成册。我生活在南方，常有机会到广州动物园、茂名森林公园等地近距离观赏威风凛凛的圈养华南虎；2000年春游览过广州长隆野生动物世界，观赏过生态虎园和白虎表演；2002年夏在泰国旅游时去过是拉差龙虎园（Sriracha Tiger Zoo），付费亲手搂抱了活泼可爱的孟加拉虎幼崽；2008年夏在北京观摩奥运会期间，不忘到北京动物园观赏老虎；2015年夏游览长春，观赏过东北虎园里的东北虎。对虎文化的认识和热爱正是源于长期阅读受到的科普滋养，以及注重实地观察和体验虎的生态行为获得的启发，从而积累了大量的资料信息。正是凭借点点滴滴的学习观察，积土成山，积水成渊，再加之文字耕耘和图片处理，终于编成拙著，使之面世以献读者。谨借本书，呼吁人们持续关注虎的历史和现状，激发保护虎的意识，弘扬传承虎文化，为奋进新征程、建功新时代增强文化自信。

笔者虽志大才疏，但不失此心此意。全书分为五编：第一编展示历史文物，讲述中国历史上对虎的图腾崇拜和文化信仰，以及这种崇拜的残遗线索；第二编列举我们日常社会生活中具体的虎文化事例，强调虎文化的渗透性和广泛性，展现中华虎文化的博大精深；第三编讲述中国历史上的虎患以及人虎冲突导致虎濒危灭绝的历史经纬；第四编讲述贸易对虎濒临灭绝的责任、当前虎保护的相关政策和举措；最后附编介绍全球虎的种类数量、栖息地分布、生态习性等基础信息。

囿于理论学识、专业水平、政策解读能力和经验阅历等，本书编写的内容难以系统、深刻、准确地展现虎文化的历史、现状及其丰富内涵，有些内容和数据难免存在过时、瑕疵和错漏等不足，恳请广大读者朋友包涵。

第一编

图腾崇拜

中国历史到了新石器时代，宗教信仰发展为图腾（Totem）主义。图腾最先源于人与特定自然现象及动植物的神秘血缘关系的神话。图腾文化与狩猎和采集经济密切相关，是早期自然环境在人类主观意识上的反映。而人类早期的自然环境，无不与雷电云雨、山川河谷、森林原野、飞禽猛兽相联系。原始人类信奉"万物有灵"，将自然现象、自然物和自然力量视作具有思想意志和超强能力的神灵而加以崇拜，他们认为神灵掌控自然界的一切，人类需要图腾的庇护，并将之作为氏族部落人群共同崇拜的对象。一方面，虎是一个现实的具有血肉之躯的自然生物，它需要不断捕食以维持肌体的代谢，人类有时也是它的猎物之一，因而它时常威胁着原始人类的生命，给人类造成安全压迫和心理恐惧；另一方面，虎的形象超然美丽，生性阳刚威武，所向无敌，是权力和力量的象征。因此，人类在与自然的长期斗争中，对虎产生了既畏惧憎恶又崇敬膜拜的极度矛盾心理，继而把虎当作氏族图腾，祈求图腾护佑氏族安全发展。

春秋晋楚争霸，前632年，两军在魏国城濮（今山东鄄［juàn］城西南）爆发了一场大战。晋军副将胥臣（前697—前622年）奉命领兵迎战，首先攻击楚右军（陈、蔡联军）。为壮军威及震慑敌军，胥臣率所部用虎皮蒙在战马身上。进攻开始，战鼓雷动，晋军驰骋的战马犹如一大群咆哮呼吼的猛虎杀向敌阵。楚右军见状，误认为晋军有猛虎助阵，顿时惊骇逃散，溃败于阵。战马蒙上虎皮，展现了虎的暴戾形象，将士由此得到虎的精神力量感染，增强了克敌制胜的勇气；而敌军则为猛虎所震慑、威吓，更为晋军气势所压倒。该战役被详细记载在《左传·僖公二十八年》之中。

对虎的图腾信仰，流传着大量神话故事，遗存在传统习俗中，考古发掘也获得了大量实证。

兽牙·骨针

1930年考古工作者发现了北京周口店龙骨山山顶洞人遗址，后来发掘出土了人类化石、石器、骨角器和穿孔饰物，出土的大量人类化石和装饰品的文化层位年代在距今3.8万—3.5万年。出土各类穿孔兽牙125枚，其中5枚出土时呈半圆形排列，有的孔眼边缘留有红色的赤铁矿痕迹，可能是被红色系绳所染，据此推测是成串的饰品。穿孔兽牙包括狐狸的上、下犬齿29枚，鹿的上、下犬齿和门齿29枚，野狸上、下犬齿17枚，鼬的犬齿2枚，虎的门齿1枚，还有2枚残牙可能是狐狸或鼬的，均在齿根两边对挖成孔。（图1.1）孔周围光滑有亮光，这是穿戴用久形成的痕迹。这些兽牙应该是以线绳穿孔成串，佩于颈部或腰部作为人体装饰之物。以兽牙装扮人体，说明山顶洞人已有一定的审美观念，原始艺术开始萌芽。同时，应该还产生了自然崇拜的思想，祈求自然赋予人类猛兽一般的神勇力量。生前随身佩戴兽牙，彰显佩戴者及其族群出色的狩猎能力和如虎的神威；死后随葬入土，守护墓主的灵魂不受侵扰，得以安息。山顶洞人并不刻意把食肉动物——比如虎——当作猎物，因为他们意识到这是非常危险的行为。从仅有一枚虎牙来看，虎必定是非常难以猎获的猛兽。

　　山顶洞出土的骨角器中最有代表性的是一枚骨针（图1.2），这是中国最早发现的旧石器时代的缝纫工具，它是由虎骨磨制加工而成的。骨

▶ 图1.2　山顶洞人遗址出土的一枚用虎骨磨制加工而成的骨针

针保存较好，除了针眼稍有残破外，其他部分完整无缺。从残留的针眼可以看出，它是用尖利的石器挖刮而成的，而不是钻出来的。骨针长82毫米，针身最粗处直径3.3毫米，针身圆滑而略弯，针尖圆而锐利，针的尾端直径3.1毫米处有微小的针眼。山顶洞人因何选用虎骨制作骨针呢？骨针的功能是缝纫，处理的对象通常是兽皮一类，对针的硬度和韧性有较高的要求，而虎骨较之牛骨、鹿骨等常见质料相对要优胜一些。再者，虎是大型食肉兽，原始人类视之为神灵敬奉崇拜，拥有一枚虎骨骨针，意味着获得神灵无处不在的庇护，也就寓意族群的安全发展有了保障。骨针的发现证明了人类远古时代已会缝纫，缝缀起来的兽皮既可搭盖住所，抵御风寒，也可掩护身体。

蚌塑龙虎图案

西水坡位于河南濮阳老城西南隅，而濮阳古称帝丘，是传说中五帝之一颛顼［zhuān xū］的故都和活动范围。1983年安阳撤地、濮阳建市，1987年4月作为濮阳市政供水工程的西水坡"引黄供水调节池"工程动工兴建，濮阳市考古工作人员同时进入该工地开展文物勘探保护，发现一处面积约5万平方米的新石器时代仰韶文化（距今约7000—5000年，持续时长2000年左右）中期遗址。1987年8月至11月，考古人员在对西水坡考古工地标号为第45号的古墓进行发掘时，清理出一座蚌壳摆塑的龙虎墓（图1.3）。最重要的发现是3组完整的蚌图，尤其以第一组蚌图（M45）保存最为完好，龙虎形象最真实，是前所未有的重要发现。45号墓的墓主人为一中老年男性，身高1.84米，仰身直肢葬，头南足北，埋于墓室正中。其骨架两侧分别有用蚌壳精心摆塑的龙虎图案，此图案与古天文学四象中东宫苍龙、西宫白虎相符，是中国迄今为止发现的时间最早、体形最大、形态最逼真的龙虎形象，后被考古学者验定为"中华第一龙""中华第一虎"。蚌"龙"居右侧，头向北，背朝西，身长1.78米，高0.67米；昂首、弓身、长尾，前爪扒、后爪蹬，状腾飞。蚌"虎"居左侧，头向北，背朝东，身长1.39米，高0.63米；头部微低，圜目圆睁，张口露齿，虎尾下摆，四肢交替，如行走状，形似下山之猛虎。在人骨架脚端方向，发现人胫骨两根和一组三角形的蚌壳堆塑。在墓室的东、西、北三面小龛〔kān〕内，埋葬有三具年龄较小的人骨架。整个墓穴平面形似葫芦，"南圆北方"。距M45南20米外的第二组地穴中，有用蚌壳砌成的龙、虎、鹿和蜘蛛图案，龙、虎呈首尾南北相反的蝉联体，鹿则卧于虎背上，蜘蛛位于虎头部，在鹿与蜘蛛之间有一精制石斧。再向南25米处的第三组是一条灰坑，呈东北至西南方向，内有人骑

▲ 图1.3　蚌壳摆塑的龙虎图案

龙、人骑虎图案。1989年中国社会科学院考古研究所实验室对西水坡蚌壳的碳十四测定的绝对年代数据为5800±110年，校正后的年代为距今6460±135年。

　　青龙、白虎是四象中的二象。所谓四象，又称四神、四灵，指的是东宫青龙、西宫白虎、南宫朱雀、北宫玄武，人们以此四种神灵来表达对天宫和星辰的敬畏之情。四象的说法形成于春秋战国时期，流行于秦汉乃至唐代，主要用于观测天文和气象，被当成日历使用，指导农业活动。经过长期观测，古人发现环列在日、月、五星（金、木、水、火、土五星，分居东、西、南、北、中五个方位）四方的二十八处星辰很像日、月、五星栖宿的场所，故称之为宿〔xiù〕。二十八宿主要位于黄道区域，之间跨度大小不匀，分为四大星区，称为四象，就是龙、虎、鸟、鹿。鹿这一象后来发展成玄武，玄武就是龟蛇合一。有学者认为，西水坡墓主人的葬仪中摆塑的龙、虎、北斗（两根胫骨和三角形蚌壳堆）构成了一幅天文图，与后世东龙、西虎星象体系有所呼应，视之为中国承传星象体系初成期的范本。民俗学研究指出，龙虎崇拜起源很早，早在原始社会时期，就已经以图腾崇拜的形式出现在了不同的部落群体之中。

考古学研究指出，早在仰韶文化早期就出现了原始道教观念的萌芽，龙、虎、鹿艺术形象是中国古代原始道教三蹻〔qiāo〕。东晋道教理论家葛洪（283—363年）所著《抱朴子》记载了乘蹻法术："若能乘蹻者，可以周流天下，不拘山河。凡乘蹻道有三法，一曰龙蹻，二曰虎蹻，三曰鹿卢蹻。""蹻"的字义指草鞋，这里指供人升天借助的脚力。濮阳大墓的墓主可能是个氏族社会中的原始道士或巫师，用蚌壳摆塑龙、虎、鹿图案，表现的是他能召唤使用三蹻，三蹻可助他上天入地，与鬼神往来。肉身虽然不能长存，但精神可以不死，古人信仰灵魂不灭的观念远在山顶洞人生活的时代就已存在，于仰韶文化时期成为人们的普遍生死观。得道之人死后可以成神成仙，可以生活在帝乡，人们向往死后升天成仙。人驾龙和人骑虎的形象寓意以龙、虎为升天座驾。

岩画虎图

古代先民们以天地为画室，以山崖岩壁为画布，以动物血液、植物汁液或矿物染料为墨汁，真实地记录了远古人类放牧、狩猎、祭祀、争战、交媾〔gòu〕等生活场景，表现出原始氏族部落自然崇拜、生殖崇拜、图腾崇拜、祖先崇拜的文化内涵。中国岩画的分布区域极广，目前，已有12个省（自治区）的40个以上的县（旗）发现了岩画。北方地区岩画分布在黑龙江、内蒙古、宁夏、青海、甘肃和新疆，南方地区岩画分布在福建、广西、云南、四川、贵州和江苏等省（自治区），其中发现了丰富的以虎形象为题材的画作，这些画作被认为是中国虎崇拜的重要物证。

大麦地岩画　位于宁夏回族自治区中卫市，岩画带面积约450平方千米，遗存有史前岩画1万幅以上。岩画专家测得大麦地岩画成于旧石器时代至新石器时代之间，早期画作距今约13000—10000年；中期画作距今约10000—4000年。虎是大麦地岩画的重要题材，其造型特点是：张口露齿，长尾下垂，尾尖上卷，爪锋利，以蹲踞式或屈足式为主，身躯饰以人字形折线纹，臀部饰以圆圈纹或折线纹。"虎王"岩画（图1.4）发现于

▲ 图1.4　宁夏大麦地"虎王"岩画　　▲ 图1.5　阴山岩画"群虎图"

1986年，在大麦地老虎岩画中，这幅岩画画幅最大，被戏尊为"虎王"。

阴山岩画　位于内蒙古自治区巴彦淖尔市的巴日沟（义为"老虎沟"）。尤其引人注目的是一幅"群虎图"（图1.5），"老虎沟"恐亦因此岩画而得名。"群虎图"高1.26米、宽3.45米，凿刻在沟东侧灰白色石壁上，是中国春秋战国时代早期匈奴人的作品，距今已有3000多年的历史。这幅画构图完整，造型优美，不仅在阴山，在世界范围内亦为不可多见的稀世珍品。画面主要位置凿刻了5只老虎，虎身满布曲条纹。最左面是1只身躯粗短的虎，往右有4只虎依次排列。有的虎的嘴、尾、脚连着形态不同的动物，巧妙地填补了各虎间的空白，并使画面生动活泼而富于变化。画面中上部凿刻有骆驼和其他动物。各虎大小有别，形态各异，以头部而论，或眺望，或回首，或两头交互一起。①

萨卡奇·阿梁地区虎形岩画　位于黑龙江与乌苏里江汇合之后稍北的沿江地带，现属俄罗斯领土。原始先民在沿江的大岩石上表现他们的原始狩猎生活和图腾崇拜，虎是其中醒目的形象。在万物有灵的原始信仰体系中，虎被原始先民视为保护神和祖先神。

康家石门子岩画　位于新疆昌吉回族自治州呼图壁县西南75千米处的天山之中，1987年被牧民发现后引起考古界的关注，它是世界上罕见

① 何晶：《无言的史书——阴山岩刻》，"巴彦淖尔文旅广电"搜狐号，搜狐网，2017年6月3日。

的以表现生殖崇拜为核心内容的巨幅岩刻画。（图1.6）画面长14米、高9米，面积126平方米，刻画有数百个大小不等的人物形象。男性浓眉大眼、阔嘴、高鼻，女性苗条、婀娜多姿。经新疆文物考古专家研究认定，此处岩画是天山塞种人的文化遗存，制作年代距今3000多年。岩画中刻画有一大一小两只老虎，伸出夸张的生殖器。在虎的两边各有一组男女交欢图。大虎的腹、背、腿旁边分别刻画一张弓弦，箭指猛虎。有学者研究认为，弓和箭分别象征女性和男性的生殖能力。岩画整体构成原始人类祈求子嗣繁衍兴旺的生殖崇拜画卷。西北大学文化遗产学院的文物保护专家

▲ 图1.6　康家石门子岩画

运用三维扫描以及微观观察技术对岩画进行检测分析后指出，岩画的形成分为两期，早期的题材是一组由一男八女组成的纯粹的舞蹈场面，生殖崇拜内容是后续时代添加的。①

阪泉之战

　　文字出现以前的上古时代，留存后世的人类社会生活史料都是一些神话传说故事，于是人们称之为"神话时代"。在中国一般指夏朝建立之前的三皇五帝时期，又称史前时代（约170万年前—前21世纪）。史传中国的史前时代经历了有巢氏、燧人氏、伏羲氏、神农氏（炎帝）、

---

① 王瑟：《多层涂刻背后暗藏"大秘密"——岩画涂改见证母系社会到父系社会的变迁》，《光明日报》2016年3月1日。

黄帝（轩辕氏）等时代。他们的功绩和贡献是为人类创造了诸如建屋取火、八卦文字、部落婚嫁、百草五谷、豢养家禽、种地稼穑等一系列最基本的生存、生活条件，使人类能够得以生存繁衍。

《史记·五帝本纪》记载了著名的阪泉之战："炎帝欲侵陵诸侯，诸侯咸归轩辕。轩辕乃修德振兵，治五气，蓻［yì］五种，抚万民，度四方，教熊罴貔［pí］貅［xiū］貙［chū］虎，以与炎帝战于阪泉之野，三战，然后得其志。"古战场旧址一说位于今河北西北部的涿鹿，一说位于北京延庆境内的下阪泉村……文献中所记述的熊、罴、貔、貅、貙、虎等兽名并非指凶猛的野兽，而是各个部落图腾的名称——图腾是族群部落的标志，人们信仰这些自然的或虚幻的猛兽，相信它们同氏族有血缘关系，视之为祖先和保护神。华夏民族史前的图腾很多，熊、罴、貔、貅、貙、虎等猛兽皆在其内，盖因彼时广阔的国土上活动着众多的族群部落，几乎每一族群都有自己的图腾。以虎为族徽标志的崇虎氏族定是一支能征善战的强悍勇武之师，是黄帝部落联盟的主力队伍之一，协助黄帝征服了炎帝，汇入促进华夏民族大融合的主流力量当中。此役打了三场硬仗，厮杀非常激烈，战役的胜利最终确立了黄帝的领导地位。

《山海经》异兽

《山海经》是中国记载神话最多的一部奇书，成书于战国初年到汉代初年，为楚国和巴蜀地方的人所作。《山海经》记载的神兽，多被描述为人神、人兽的组合，其中人虎组合的形象就包括人面虎身、人身虎首、人身虎尾、人面虎牙（爪）等奇形怪状。这是古人虎图腾信仰的表现，通过张扬虎的恐怖形体、杀戮功能来凸显神兽的雄健、凶猛以及产生的震慑和吞噬力量，彰显其威武、神圣的地位。

穷奇　中国古代神话传说中抑善扬恶的恶神，西北神兽。外形像虎，长翅能飞，靠吃人为生。它能听懂人话，听到人争吵就去吃有理的一方，听说有人忠诚有信义就去咬人的鼻子，但听说有人凶恶不讲道理反而会赠送自己咬死的动物。

驳　传说中曲山有一种野兽，形状像普通的马却长着白身子和黑尾巴，一只角，老虎的牙齿和爪子，发出的声音如同击鼓的响声，称之"驳"，能吃老虎和豹子，饲养它可以规避战争。

西王母　传说是一个穴居善啸、似人非人、似兽非兽的天神，长着虎齿豹尾，掌管灾疫和刑罚。

虒〔zhì〕　传说浮玉山有一种野兽，形状像老虎却长着牛的尾巴，发出的叫声如同狗叫，能吃人。

狍鸮〔páo xiāo〕　传说中的吃人怪兽，生活在钩吾山，身体像羊，人的面孔，眼睛却长在腋窝的下边，牙齿与老虎的类似，还有人的指甲。它的叫声就像婴儿在啼哭。

开明兽　传说中看守天界大门的神兽，身躯庞大，外形像老虎，有九个头并且长着人脸，面朝东方站立在昆仑山上。

英招　上古时期中国神话传说中的神兽，管理天帝花园。马身人首，浑身虎斑，背有双翅，能腾空巡行四海，传递天帝的指令，发出的声音如同辘轳抽水。

强良　又称僵良，雷之祖巫。其形象为虎头人身，手中握蛇，四蹄，腿很长。强良能够驱邪逐怪，古代的巫术大傩〔nuó〕仪式中就经常出现它的身影。

陆吾　传说昆仑神山为天帝出入的通道，是天帝在人间的都邑，由天神陆吾掌管。陆吾人面虎身虎爪，有九条尾巴，不仅是帝之下都的守卫者，还掌管天上九域之部界，以及天帝苑囿之时节。他把自己化装成老虎的样子，这样便可以获得老虎的威严和力量。

梼杌〔táo wù〕　系上古四大凶兽之一。西方荒野中有一兽，其形状如虎而生有犬毛，毛长二尺，人面而长虎足，猪口獠牙，尾长一丈八尺，常搅乱于荒野之中，又名傲狠、难训。

罗罗　传说北海内的一种青色的野兽，形状像老虎。

天吴　传说有一位神人，长着八个脑袋，人一样的脸，虎一样的身子，有十条尾巴。

人面虎身神　传说有一个神，长着人面虎身，身上有白色的斑纹和白色的尾巴，住在昆仑山上。

西王母

西王母是妇孺皆知的天神。中国人对其最初的认识多来自神话小说《西游记》"孙悟空大闹蟠桃会"的故事——孙悟空偷食蟠桃，搅乱王母娘娘的蟠桃盛会，吃尽太上老君的金丹，又逃离天宫。蟠桃系瑶池王母所栽的仙果，人吃了"九千年一熟"的蟠桃，能够与天地齐寿、日月同庚。

需要明确的是，"西王母"形象最早出现在《山海经》一书，《山海经》有三处关于西王母的记载，原始神性色彩浓郁，描写的西王母是一个介于人兽、人神之间的神格化图腾形象。《山海经·西山经》曰："玉山，是西王母所居也。西王母其状如人，豹尾虎齿而善啸，蓬发戴胜，是司天之厉及五残。"西王母居住在玉山，形貌与人一样，却长着豹子一样的尾巴和老虎一样的牙齿，而且喜好啸叫，蓬松的头发上戴着玉胜，掌管上天灾厉和五刑残杀之气。《山海经·海内北经》曰："西王母梯几而戴胜杖，其南有三青鸟，为西王母取食。在昆仑虚北。"西王母靠倚着小桌案而头戴玉胜。在西王母的南面有三只勇猛善飞的青鸟，正在为西王母觅取食物。西王母和三青鸟的所在地是昆仑山的北面。《山海经·大荒西经》曰："西有王母之山、壑山、海山……有轩辕之台，射者不敢西向，畏轩辕之台。""西海之南，流沙之滨……有人，戴胜虎齿，有豹尾，穴处，名曰西王母。此山万物尽有。"西王母居住在洞穴之中，头戴玉制首饰，满口的老虎牙齿，有一条豹子似的尾巴。

据学者考察，西王母是母系社会中国西部羌戎［qiāng róng］部落的首领。羌人是最早生活在青藏高原的居民，其主要分布地点在今天的青海、甘肃、新疆等西部地区，重点活动区域在青海河湟地区，依水而居，繁衍生息。作为游牧民族，羌人对羊很崇敬，因为羊是羌人养殖和维持生活的主要畜种，"羌"字就是由羊的象形文字转化而来的，羌也是"牧羊人"的意思。

妇好是商代第二十三代王武丁（？—前1192年）的王后，也是中国历史上有记载的第一位女将领。商代甲骨文资料中关于"妇好"的记载有200多条，其中《库方二氏所藏甲骨卜辞》第310片写道："辛巳卜，贞：登妇好三千，登旅万，呼伐羌？"指商王征集兵员13000名，命妇好率领他们去征伐羌方，并俘获大批羌人。甲骨文中也频繁出现"羌""羌方""师伐羌""众人伐羌"等文字，是关于"羌"的最早文字记录。由此可见，至少在商朝时期羌人在向东南中原迁徙过程中与华夏氏族发生过较大规模的军事冲突。

商周以来，在西部羌人长期的大迁徙中的一支约在春秋战国时期从甘肃、青海地区络绎迁居于岷江上游一带生息繁衍，与当地居民相融合，逐渐形成为今日的羌族。时至今日，中国西南地区的四川、贵州、云南等省的彝族、纳西族等10多个少数民族以及缅甸联邦共和国的缅族、克钦族等大部分民族，都是中国西部羌人的后裔。位于四川省阿坝藏族羌族自治州的20多万羌族同胞，始终不渝地认定青海古羌人为他们的祖先，青海是他们的故乡，对青海人特别和蔼可亲。

后人又将西王母形象人格化，变成周穆王慕恋的女神。周穆王西行见西王母传说最早的记载见于《史记·赵世家》："缪王使造父御，西巡狩，见西王母，乐之忘归。"此处所称"周缪王"实为周穆王，记载了中原王朝国君与西部羌戎西王母的一次盛大外事交往。《穆天子传》也记载了周穆王西巡时与西王母的一段爱恋故事：周穆王西行抵达西王母之国后，西王母在昆仑山瑶池款待穆王，二人饮酒作乐，谣歌唱和。西王母作歌赠曰："白云在天，山陵自出。道里悠远，山川间之。将子毋死，尚能复来。"（我们相隔这么远，你将来还会再来吗？）周穆王答道："予归东土，和治诸夏。万民平均，吾顾见汝。比及三年，将复而野。"（等我回到东土，将国家治理好了，就再来见你，三年为期。）西王母又唱道："徂［cú］彼西土，爰［yuán］居其野。虎豹为群，於鹊与处。嘉命不迁，我惟帝女。彼何世民，又将去子。吹笙鼓簧，中心翱翔。世民之子，惟天之望。"（我在这荒凉的西土，与虎豹为群，与鹊鸟相处，只因为我是天帝的女儿，受天之嘉命，守在这里，不能迁移。你现在又要离开我，回去治理你的人民，我只能吹笙鼓簧来欢送你，我的心也随着你一起飞翔。你是世间的天子，一定会受到上天的护佑。）

到了西汉中晚期，道教将西王母纳入神系，视之为玉皇大帝的太太，因此称西王母为王母娘娘。这时，西王母已经从传说中人兽合体的

神格化形象演变为一位受到人们祭祀
与崇拜的神仙。民间又将西王母视为
长生不死的象征。1990年，四川绵阳
市何家山2号东汉崖墓出土了目前国内
现存体形最高大、保存最完整的一株
摇钱树。树冠第二层即树身顶饰的核
心位置饰有西王母像，其拱手端坐于
龙虎座上，头戴胜，肩生翼，穿右衽
［rèn］长袍。头顶一璧。（图1.7）始
建于汉武帝元封元年（前110年）的泾
川王母宫是中国最早、最大的西王母
祖庙，被誉为"天下王母第一宫"，
坐落在甘肃省泾川县城以西的回山之

▲ 图1.7 东汉摇钱树饰西王母像

上，祖庙内主要有王母宫、瑶池、回屋、石窟四个部分。相传，王母
宫是西王母的降生地、发祥地和祖庙所在。

1962年，青海省泾川县
泾明乡长武城村出土了春秋
时期龙虎壶一件，名为"龙
提梁飞虎凤钮铜壶"（图
1.8），现藏于甘肃省博物
馆。壶身是一头生着翅膀的
飞虎，四只虎爪自然支撑，
虎头巧妙地制成壶嘴，虎的
尾巴翘起成半圆形，与虎头
双耳相接，成为壶的提梁。
其实提梁是一条弓着身的长
龙，龙爪有力地蹬着虎尾，

◀ 图1.8 龙提梁飞虎凤钮铜壶

龙头依偎着虎头。壶盖极精致，盖上小钮是一只举目远望的凤凰，也有人认为是三青鸟。该壶集龙、虎、凤为一体，但以虎头、虎身、虎爪为壶的主体，其造型凝厚丰满，旷达简掘。据此认为它是上古时代中原王朝与西王母部族在泾川一带交往的史证，也是西王母游牧部落虎的传人与中原农耕民族龙的传人融合的珍贵史证。西王母文化对中华民族多元一体文化的形成与发展作出了历史性贡献，深受华夏儿女景仰、爱戴。

虎形器物

远古时期，先民的精神世界受到"万物有灵"的神秘观念支配，相信宇宙的一切事物都是为某种非人格性的超自然力量所统治的，信神、贿神、娱神、求神风气盛行，于是占卜问神成为人们日常生活的一部分。"国之大事，在祀与戎。"国家的大事，无非祭祀与战争。以青铜器作祭器、礼器来供奉神灵，祭祀社稷、祖先、神祇，为酒为醴，载歌载舞。为达到长期统治、奴役、剥削和压迫人民的目的，在青铜器的艺术造型中，统治者有意识地刻画出种种体现统治阶级意志和力量的形象，想象出饕餮［tāo tiè］纹、夔［kuí］纹、蝉纹、云雷纹、蟠龙纹等繁缛怪异的纹饰，渲染狰狞恐怖的气氛，张扬王权的神圣威严，借之从精神层面威吓和控制奴隶、俘虏或囚犯等被统治阶级。虎形纹饰就是其中的代表符号之一，从图腾信仰的内涵看，对虎的崇敬和畏惧的艺术表现，实质是让人敬畏和屈从强权势力。

虎形器物指以青铜器、玉器、石器、陶器、漆器等材料铸造、雕琢而成的虎身、虎头、虎尾、虎足、虎形纹等器物或复合体。借虎之威，彰显器物之庄重神圣、凶残暴戾的自然形象，象征吞噬和摧毁的强大力量，具有强烈的压迫感和震慑力。

在传统文化中，虎为"百兽之王"，代表权力、地位和财富，为历代统治阶级和贵族阶层所尊崇。同时，虎的形象和符号可以辟邪消灾，带来祥瑞和幸福。虎形纹在商代的象征意义还在于巫术，用来沟通天地人神。

⊙ "虎食人头纹"青铜器

商代青铜器主要出土于河南安阳殷墟、四川广汉三星堆和江西新干大洋洲，虎的形象主要表现在以虎为造型和以虎为纹饰两个方面。商周时期的"虎食人头纹"青铜器多见于礼器、乐器、兵器、车器和饰件等，礼器有鼎（炊器、祭器）、卣［yǒu］（酒器）、尊（酒器）、觥［gōng］（酒器）等，兵器有钺［yuè］、戈、刀等，车器有軎［wèi］、辖、軏［yuè］等。虎食人头纹现可见于后母戊大鼎、虎食人卣、龙虎纹青铜尊、兽面纹觥等青铜器。

虎食人头纹所表达的思想目前还不能做出精确的解释，一般认为其与某种神话和宗教信仰是相联系的。一说虎食人头纹反映奴隶社会统治阶级的残暴和恐怖，借之巩固强化其强权统治地位。二说表现巫术主题，是巫师作法的情景纪实。张开的虎口在古代是分割生死两界的象征，虎口下的人很可能就是巫师，巫师在祭祀中通过猛虎的陪衬而表现出一种能够通天地、感鬼神的能力。三说虎食人头纹或许取自《山海经》中"虎噬鬼魅"之说，借以震慑邪祟。四说象征人的自我与具有神性的动物的统一，以便获得动物的保护。五说虎代表自然界，虎食人头纹象征人对自然的恐惧，但又必须依附自然，表现人性的软弱。

后母戊（旧称司母戊）大鼎　1939年3月于河南省安阳市侯家庄武官村出土，是商王祖庚（生卒年不详）或祖甲（？—前1152年）为祭祀母亲戊所铸的祭器，是商代青铜器的代表作。1959年作为镇馆之宝藏于国

▲ 图1.9　后母戊大鼎，鼎耳外廓纹有两只猛虎，虎口含人头

家博物馆。（图1.9）

鼎通体高133厘米，口长110厘米，宽79.2厘米，足高46厘米，壁厚6厘米，重达832.84千克。鼎身四周铸有精巧的盘龙纹和饕餮纹，增加了文物本身的威武凝重之感，是已发现的最重的中国古代单体青铜礼器。因鼎腹内壁铸有"后母戊"三个字而得名"后母戊大鼎"。鼎耳外廓纹有两只猛虎，虎口相对，两虎口含人头，称"虎食人头纹"，也称"虎噬人纹"。这种纹饰是在耳的左右作虎形，虎头绕到耳的上部张口相向，虎口中间有一人头，好像将被虎所吞噬；鼎耳侧面饰以鱼纹。该鼎发掘出土时只有一只鼎耳，另一只鼎耳不知去向，人们在泥土中找了很长时间也没找到。后来，专家们仿照鼎上鼎耳将它补铸上去，算是完整了。

虎食人卣 相传出土于湖南省安化、宁乡交界处，是中国商代晚期青铜器珍品，共有两件，后都流落国外，一件藏于日本泉屋博物馆（图1.10），一件藏于法国巴黎赛奴奇博物馆（图1.11）。其中以日本泉屋博物馆所藏较著名，通高35.7厘米，重5.09千克。

▲ 图1.10 虎食人卣（日本泉屋博物馆藏）

▶ 图1.11 虎食人卣（法国巴黎赛奴奇博物馆藏）

卣，古代盛酒器具。虎食人卣的造型取踞虎与人相抱的姿态，立意奇特。虎以后足及虎尾支撑身体，同时构成卣的三足，虎前爪抱持一人，人朝虎胸蹲坐，一双赤足踏于虎爪之上，双手伸向虎肩，虎欲张口啖食人首。虎肩端附提梁，梁两端有兽首，梁上饰长形宿纹，以雷纹衬底。虎背上部为椭圆形器口，有盖，盖上立一鹿，盖面饰卷尾夔纹，也以雷纹衬底，与器体一致。虎两耳竖起，牙齿甚为锋利。

妇好钺　1979年于河南安阳妇好墓出土，是已发现的年代最早的中国青铜钺，为商代晚期（武丁世）制品。现藏于中国国家博物馆。（图1.12）

钺为王者专用，既是兵器，更是权力——王权和军权的象征。妇好墓共出土两件制作精美的青铜钺，钺上刻有铭文"妇好"二字，一件为兵器，一件为礼器。兵器钺长39.5厘米，刃宽37.5厘米，重9千克，体形巨大，饰以双虎噬人纹；礼器钺上装饰一合首双身龙纹，其下饰三角形纹。

龙虎纹青铜尊　为1957年安徽阜南县常庙乡农民在小润河月儿湾捕鱼时发现，是商中期青铜器，距今已有3000多年历史，现藏于中国国家博物馆。毛泽东（1893—1976年）、周恩来（1898—1976年）、朱德

◀ 图1.12　妇好钺，饰双虎噬人纹

第一编

图腾崇拜

（1886—1976年）、刘少奇（1898—1969年）、邓小平（1904—1997年）等国家领导人曾先后参观过这件稀世珍宝。（图1.13）

尊，是盛行于商代和西周的一种盛酒器或祭器。龙虎纹青铜尊体形高大，口沿广阔，鼓腹，高圈足，高50.5厘米、口径44.9厘米、足径24厘米、重26.2千克。器肩部饰三条曲身龙纹，圆雕龙首，探出肩外，活灵活现。腹部以云雷纹为饰，装饰三组虎噬人纹，寓意诡秘。虎噬人纹铸工、纹饰极精，以浮雕虎首为中心，左右双身，一裸体人头被老虎含噬口中。人无衣冠，身饰花纹。采用这一构图，意在从正面表现猛虎的完整形象，但正面又无法体现虎的雄伟身躯，于是便采取轴对称的布局使虎身向两侧伸展。

三星堆青铜龙虎尊 1986年于四川省广汉市西北的鸭子河南岸三星堆遗址出土，属于殷商晚期制品，距今已有3000多年历史。现藏于三星堆博物馆。（图1.14）

龙虎尊用作酒器或祭器。该件器物在一号祭祀坑出土，肩径32厘米、残高43.3厘米，器肩上所铸高浮雕的三龙呈蠕动游弋状。龙头由器肩伸出，龙角为高柱状造型，龙眼浑圆，身饰菱形重环纹。尊腹部为三组相同的花纹，主纹均为高浮雕的虎与人，虎颈下铸一人，人头上对虎口，人物曲臂上举，两腿分开下蹲。

▲ 图1.13　龙虎纹青铜尊，饰三组虎噬人纹　　▲ 图1.14　三星堆青铜龙虎尊

从造型和纹饰对比，三星堆和小润河的龙虎尊极为相似，仅存在细微差别。从年份断代对比，三星堆和小润河的龙虎尊分别属于殷商晚期和殷商早期，后者比前者年代稍早。

有学者推测，三星堆青铜龙虎尊表现的人虎相依、融合、共存的造型实则反映人与图腾之间的关系，表达本部落族群来源于虎，虎是本部族的共同祖先和共同崇拜的图腾。

⊙ 礼器

虎簋［guǐ］　相传于陕西凤翔法门寺出土，西周中期文物，现藏于上海博物馆。（图1.15）

簋是古代盛放煮熟饭食的器皿，也用作礼器，圆口，双耳。流行于商朝至东周，是中国青铜器时代标志性青铜器具之一。虎簋口径23.3厘米、通高34.7厘米、腹径23.3厘米、腹深12.8厘米、重12.28千克。此簋造型和纹饰均十分壮丽，微微隆起的盖部置有莲花形捉手，优雅美观。口、腹之间稍稍内收，形成流畅的曲线。盖部、颈部、腹部和口部分别装饰连绵的波曲纹和交缠的兽目交连纹，气势雄浑，富有韵律感。器物的盖和内底各铸一个虎形铭文，当为作器者之氏族徽记。

◀ 图1.15　虎簋

从商代晚期延续至西周中晚期的青铜器铭文，都曾出现"鱼、虎、鸟、马、鼎"等氏族徽标，一些古老部族在其铸造的青铜器铭文中保持了标记氏族徽记的传统习俗。

目前已知存世的虎簋有三件，均器盖齐全，上海博物馆、日本MOA博物馆、日本箱根美术馆各藏一件。其中，上海博物馆藏品原本缺盖，1959年苏州文物保管委员会购得虎簋盖，后来赠予上海博物馆，实现器物的完整。

虎盉［yíng］　为西周晚期祭器，原为清宫皇室旧藏。19世纪，英法联军洗劫圆明园时，被英国海军上校哈利·刘易斯·埃文斯（Harry Lewis Evans）掠走。2018年从境外回归，入藏中国国家博物馆。（图1.16）

据专家考述，虎盉承载着重要的信仰意义。它是用来装郁金汁的，在鬯［chàng］中加入郁金汁，就成了古人用来敬神的最名贵的酒——郁鬯。虎盉器形作侈口，方唇，短束颈，宽折肩，收腹，圜底，三蹄形足。肩的一侧有管状流，以伏虎为造型，另一侧有龙首鋬［pàn］，盖折沿，上有圆雕踞虎形装饰，盖与鋬上各有小环钮。虎盉肩部饰卷曲夔纹，腹上部饰横"S"形斜角云纹，腹下部饰瓦纹，足根饰饕餮纹。在灯光的照耀下，青铜虎盉更显精美。"虎盉"这一世称的主要依据是流管上的卧虎造型。流管乃商周青铜盉［hé］的标志性关键部位，学者凭此位置上的纹饰对其定名。

▶ 图1.16　虎盉

⊙ 乐器

虎纹石磬［qìng］ 1950年于河南省安阳殷墟武官村大墓遗址出土，距今已有3300多年历史。现藏于中国国家博物馆。（图1.17）

▲ 图1.17　虎纹石磬

磬是中国古代先民创造出来的一种石制打击乐器。悬挂于架上，击之而鸣，能发出来清脆悠扬的声音，是庆典、祭祀的重要乐器。据测定，该磬已有5个音阶，可演奏不同乐曲。虎纹石磬体形硕大，呈片状，长84厘米、宽42厘米、厚2.5厘米。薄薄的石片表面雕刻有一只老虎。这只老虎怒目圆睁，虎尾上扬，虎口大张，尖尖的獠牙清晰可辨，老虎身躯呈匍匐伏，做出猛虎扑食的架势。虎纹石磬是用一整块灵璧石磨制而成的。灵璧石产于安徽省灵璧县，与太湖石、昆石、英石并称为中国四大奇石。灵璧石自古就有"灵璧一石天下奇，声如青铜色如玉"的美称。

四虎镈［bó］ 春秋早期青铜器，现藏于上海博物馆。（图1.18）

镈是一种形制接近钟的汉族乐器，贵族在宴飨［xiǎng］或祭祀时，常将它同编钟、编磬配合使用。该镈高42厘米、重11.54千克，镈体较大，剖面呈椭圆形，口部平置；舞上设纽①，镈体前后有突起的鸟纹棱脊，两侧各置双虎，卷尾咧嘴，虎首向下，四肢略蜷曲，两两追逐而下。镈体的装饰与中原系统的风格不同，对称的卷体龙纹上下各饰一道突起的菱形块面。此镈的器壁较薄，形制与纹饰有南方地区青铜器的特点，发音短促，只能产生单音。

据专家考证，传世或出土的商周铜镈约16件，与故宫博物院、湖南博物馆等地收藏的四虎镈形制相似。

---

① 编钟（甬钟、镈钟和钮钟）最上端的平面称"舞"，可提起或系挂的部分称"纽"。

▲ 图1.18　四虎镈

▲ 图1.19　虎座鸟架鼓

虎座鸟架鼓　2002年于湖北枣阳九连墩2号墓出土，为战国时期楚国乐器，现藏于湖北省博物馆。（图1.19）

器物通高135.9厘米、宽134厘米，以两只昂首卷尾、四肢屈伏、背向踞坐的卧虎为底座，虎背上各立有一只长腿昂首、引吭高歌的凤鸟。背向而立的凤鸟中间，一面大鼓悬挂在凤冠之上。两只小兽后足蹬在凤鸟背脊，前足托住鼓腔。器身通体髹黑漆，运用红、黄色彩绘，彰显了楚文化的浪漫与神奇。

虎纽錞［chún］**于**　1989年夏于四川省万县甘宁乡（今重庆市万州区甘宁镇）红旗水库泄洪道巨石缝中发现，属战国晚期巴人乐器。初由万州区博物馆收藏，2005年6月调集到重庆中国三峡博物馆。（图1.20）

器物通高68厘米、肩围93厘米、腹围64厘米、重30千克。虎纽錞于呈椭圆筒体，器顶为折沿平盘，器顶正中立一虎形纽，肩部浑圆隆起，周边有较宽的唇边，腔体比例甚高，腹内收中空平底，下口较直，厚重硕大。虎头造型微扬，口部微张，虎尾向上卷曲，虎身向下沉，呈腾跃状，虎腿以漩纹勾画出神物特征。虎纽周围分布五组"巴蜀符号"：椎髻人面、羽人击鼓与独木舟、鱼与勾连云纹、手心纹、神鸟与柿蒂纹。

该錞于顶部的纽形似一只栩栩如生的猛虎，因此叫作"虎纽錞于"。虎纽的作用是方便用绳索悬挂在横梁上敲击。

▲ 图1.20　虎纽錞于（万州）

錞于是古代的铜质打击乐器，始于春秋时期，盛行于战国至西汉前期，在长江流域及华南、西南地区都有发现，其中以巴人故地发现最为集中，是巴文化最具特征性的青铜乐器。錞于常与鼓配合，用于战争中指挥进退。《淮南子·兵略训》："两军相当，鼓錞相望。"该錞于通体完整，音质优良，造型厚重，形体特大，有"錞于王"之誉。

经考证，虎纽錞于是东周至汉代巴民族的特有乐器。四川多有虎纽錞于发现。最近几十年，中国出土的錞于大约有100件。古代巴人崇虎，史书历来多有记载。据《后汉书·南蛮西南夷列传》记载，巴人首领廪［lǐn］君死后，"魂魄世为白虎，巴氏以虎饮人血，遂以人祠之"。因此，虎纽在巴文化中既体现着巴人对虎的崇拜，也蕴含着巴人的祖源记忆。

◎ **兵器**

冷兵器时代，武士在战场上与敌人面对面展开殊死拼杀搏斗，要取得胜利就必须在力量上和精神上压倒一切敌人。青铜戈矛和刀斧上刻画的猛虎形象，能够赋予武士厮杀的力量和勇气，激励其奋勇杀敌。

虎饰匕形器　1959年于山西吕梁石楼县桃花者村出土，为商代晚期"方国"青铜器，现藏于山西博物院。（图1.21）

器首宽4.6厘米，匕面一虎，大头长尾，衔物前行，虎目嵌绿松石。这种行走式的动物形象，在近东地区常见，反映了北方狩猎文化与中原

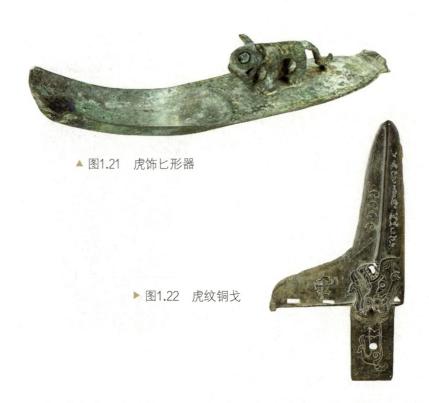

▲ 图1.21　虎饰匕形器

▶ 图1.22　虎纹铜戈

农耕文化的交流。虎是文明交流的使者，更是先民们的保护神，匕形器虎饰威猛有力，与神话中的虎形象呼应。

虎纹铜戈　战国文物，1972年在四川省郫县（今成都市郫都区）独柏树村出土，现藏于四川博物院。（图1.22）

此戈直援方内，中胡三穿。内长7.5厘米、胡长8厘米、援长17.8厘米。援与内相接处，两面均铸半浮雕虎头，向锋张口露齿，状极凶猛。虎耳向后伸出，虎身阴刻于内上，头和身的比例不相称。戈两面均有纹饰，一面浮铸一椎髻〔jì〕、腰悬宝刀之人；另一面阴刻巴蜀文图语。援脊下两面均饰滴水纹。

戈上的虎纹大量见于巴蜀地区的兵器和乐器上。有研究者认为，它是古代巴人中某一氏族的徽识。这件戈既有挽椎髻的蜀人形象，又有属于巴人图腾的虎纹，足可证明战国时期巴人和蜀人在文化上已经相互融合。此戈是中国古代巴蜀文化的一件艺术珍品。

⊙ 殷墟

▲ 图1.23 商代虎纹花土

殷墟是中国商朝晚期都城遗址，位于河南省安阳市殷都区小屯村周围，20世纪初因发掘出土甲骨文而闻名于世。

商代虎纹花土 1935年于殷墟遗址殷王武丁陵墓发掘出土，现藏于南京博物院。（图1.23）

虎纹花土是一种表面拓印虎纹样的黏土，多为墓葬木椁顶盖填土上的一种装饰。该花土只有一个长约1米的虎形轮廓，红色的漆覆在上面勾勒出一个虎形。虎身轮廓由粗壮浮凸的勾连纹构成，空隙处填以细密的云雷纹，表面施以朱红色彩。最初，它是被刻在木板上的，随着时间的流逝，木板逐渐腐烂，从而上面的漆印落在了泥土表面，形成了这件漆器。

这套虎纹不但尺寸巨大，色彩纹饰更是精美绝伦，在同类文物中属珍稀之品，反映出早在商朝，中国人就已经尊虎为神，对之膜拜。

妇好墓玉虎 殷墟妇好墓于1975年河南安阳小屯村民"农业学大寨"平整土地时被发现，次年被考古工作者发掘，是殷墟唯一保存完整的商代王室墓葬。

妇好墓虽然墓室不大，但保存完好，随葬品极为丰富，共出土青铜器、玉器、宝石器、象牙器等不同质地的文物1928件；出土了8件精美的玉虎，其中圆雕作品4件，另4件则为片状平面雕刻作品，造型工艺繁简不一，但都刻意表现虎的威猛。圆雕虎身呈柱状，片状之虎则两面纹饰相同，明显具有装饰性。玉石雕琢的虎在商代是被赋予神力的，或为辟邪的瑞兽，或为通天的神兽，在当时社会中享有极高的地位。

其中一件玉虎高3.1厘米、长14厘米、宽1.9厘米，呈深绿色，立体圆雕。方头双角后伏，长方形眼，张口露尖齿。背脊中部下凹，臀部隆起，四肢前曲，尾尖上蜷。身饰卷云纹，尾部雕竹节纹。现藏于中国国家博物馆。（图1.24）

第一编
图腾崇拜

35

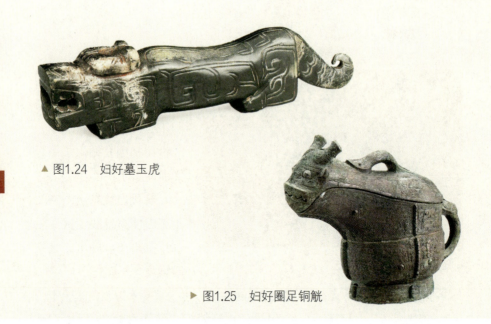

▲ 图1.24　妇好墓玉虎

▶ 图1.25　妇好圈足铜觥

　　妇好圈足铜觥　河南安阳小屯妇好墓出土，现藏于中国社会科学院考古研究所。（图1.25）

　　觥是中国古代一种盛酒、饮酒兼用的器具，流行于商晚期至西周早期。妇好墓出土铜觥8件，包括圈足和四足两种形制。该觥盖首为虎头兽面纹，盖尾兽面纹似鸮［xiāo］。盖与器身扣合后，正视为一蹲坐虎，后视为一站立的鸱［chī］鸮，造型独特，设计精巧。该觥高22厘米、长28.4厘米；觥前部为两耳直立、张嘴露齿的虎首，此虎前腿紧缩，后腿蹲踞，背脊连虎尾，尾上卷有力，整个身体倾斜接近45°；器底中部铸铭文"妇好"。

　　⊙ **三星堆**

　　三星堆遗址位于四川省广汉市西北的鸭子河南岸，分布面积12平方千米，距今已有3000～5000年历史，是迄今在西南地区发现的范围最大、延续时间最长、文化内涵最丰富的古城、古国、古蜀文化遗址。

　　巴蜀地区先民具有崇尚虎的历史习俗，是自然地理环境衍生形成的自然崇拜和图腾崇拜的体现。巴蜀地区出土的虎形器物不少，包括造型生动、制作精美的青铜虎形牌饰、虎形金箔饰、龙虎尊、铜虎、虎形器等。

▶ 图1.26　三星堆铜虎

三星堆铜虎　四川德阳广汉三星堆遗址出土。（图1.26）

铜虎残长43.4厘米、宽13.05厘米，巨头立耳，张口露齿，昂首怒目，若咆哮状。虎尾下曳，尾尖翘卷，两脚呈行进状。一面微拱呈半浮雕状，光素无纹，另一面全身铸有虎斑纹凹槽，槽内由小方块绿松石镶嵌填充平整。铜虎前后腿部拱面有半环纽，应是用以套穿绳线或铜丝，以便悬挂或固定于某处。其造型以简驭繁，气韵生动，张力毕出。不仅说明古蜀人对虎的观察相当仔细，也表明虎的形象在其心目中有十分重要的地位。

▲ 图1.27　三星堆铜虎形器

三星堆铜虎形器　四川德阳广汉三星堆遗址出土，现藏于三星堆博物馆。（图1.27）

器长11厘米、宽10.3厘米，圈座直径7.7厘米。虎身肥硕，作圆圈形，四足立于一圆圈座上。虎眼圆瞪，大耳尖圆，昂首竖尾，龇牙咧嘴，形象凶猛。估计其圆形中空的虎身内，原来可能套有某种材质的柱形器；也有学者推测这件铜虎形器原是和同坑出土的铜跪坐人像配合使用的，人像置放在虎身圆圈上。毫无疑问，这是一件陈置于古蜀国神庙的重器。尚虎应是古蜀很古老的崇拜习俗，古蜀人崇拜虎，将其视作神灵拜祭。战国时流行于四川的"巴蜀符号"大量出现的虎图纹，正是尚虎文化的延续和发展。

金箔虎形器 1986年于四川广汉三星堆一号祭祀坑出土，现藏于三星堆博物馆。（图1.28）

▶ 图1.28　金箔虎形器

此器通长11.6厘米、高6.7厘米、重7.27克，系用金箔捶拓成形，遍体压印"目"字形的虎斑纹。虎头昂起，张口作咆哮状，眼部镂空，前足伸、后足蹲，尾上卷，呈奔跑状。金虎呈半圆形，可能原来是粘贴于其他器物上的饰件。中国古代民族多有崇虎习俗，三星堆出土的金虎及青铜虎，造型以简驭繁，气韵生动。

⊙ 新干大洋洲

1989年9月20日江西省新干县大洋洲镇的村民挖沙的时候，无意中发现了3000多年前商代古墓的遗物，证实了江西曾经在青铜时代有过和中原文明并行发展、平分秋色的历史阶段。在这座近40平方米的墓室中，出土的珍贵文物达1478件，又以青铜器引人注目。其中出土的以虎为造型的各类文物计56件，为其他地区所不多见，因而"虎"成为大洋洲文物中最具特色的地域文化标识。

兽面纹虎耳虎形扁足鼎 1989年于江西省吉安市新干县大洋洲镇程家村出土，为商代青铜器，现藏于江西省博物馆。（图1.29）

此鼎通高44.5厘米、重13.1千克。鼎腹由三组兽面纹相连而成，兽面纹高扉棱鼻，乳丁突出，体展，尾上卷。耳外侧二条展体龙纹首向上；立耳伏虎呈静卧状，四肢曲伏，尾垂端卷，虎头硕大，口嘴大张，三角利齿，双目浮凸，大耳耸出。扁足虎形口嘴张开，咬合腹下，前部首身和内侧四肢较为形象，背上和尾部变形，头出角、背生戟，尾卷曲，身饰雷纹，尾布鳞片。该器一改鼎足或圆柱、或圆锥状的常形，采用了独特的扁足表现手法；耳上双虎形象写实，与虎足相呼应。此鼎所用主要纹饰形态，几乎全为"虎"之型，是江西独有的。

大洋洲出土的虎形装饰青铜器十分普遍，带有鲜明的地域文化特色，应与图腾崇拜有关，以至有研究者认为这里可能是甲骨文中记载的"虎方"国，其将虎视作本氏族的图腾徽识。

兽面纹虎耳青铜方鼎　1989年于江西省吉安市新干县大洋洲镇程家村出土，为商代青铜器，现藏于江西省博物馆。（图1.30）

此鼎形体巨大，造型雄伟，装饰华丽，重49千克，方腹、平底，四条圆柱状空足，折沿。沿上有两个圆拱形凹槽式立耳，耳上各铸一立雕卧虎，风格独特。器腹四面除上方饰兽面纹外，其余周边均饰排成方阵式的乳丁纹；四足饰羊角兽面纹。

▲ 图1.29　兽面纹虎耳虎形扁足鼎

▲ 图1.30　兽面纹虎耳青铜方鼎

◀ 图1.31　商伏鸟双
尾青铜虎

商伏鸟双尾青铜虎　1989年于江西省吉安市新干县大洋洲镇程家村出土，为商代青铜器，现藏于江西省博物馆。（图1.31）

器物通长53.5厘米、通高25.5厘米、体宽13.0厘米，为立体圆雕，内空无腹底。虎躯体硕大，整体呈伏蹲欲纵之态，虎首抬头平视，双目圆凸，直背、凸脊，腹部略垂；虎面相神异，张口露齿，獠牙尖长，虎眉粗大，两耳竖起；周身遍饰花纹，包括卷云纹、鳞片纹、云雷纹等，整体堪称华美；另有曲卷双尾，令人称奇。

在宽厚的虎背上伏卧着一只小鸟，尖喙圆睛，竖颈短尾，颇为玲珑可爱。悠然自得的小鸟与强势霸气的猛虎形成了强弱、动静的鲜明对比。

⊙ 各地虎形器

漆木虎　清宫旧藏，现藏于故宫博物院。（图1.32）

此虎木胎，全身彩绘，长95厘米、高60厘米。虎呈蹲踞状，双目圆睁，口微张，整体充满动感，仿佛会随时跃起。这样的木虎有两尊，陈设于故宫梵宗楼二楼正中供奉的大威德金刚像两侧。

晋侯牛虎匜〔yí〕　山西南部曲沃与翼城交界处的曲村—天马遗址北赵晋侯墓地出土，现藏于山西考古博物馆。（图1.33）

匜为先秦时代礼器之一，用于沃盥〔guàn〕之礼，为客人洗手所用。该器物长51厘米、宽25厘米、高20厘米，腹身似瓠，前有流，后有

▲ 图1.32　漆木虎

▲ 图1.33　晋侯牛虎匜

鋬，下有四足。流口上装饰一立虎，朝前作踊跃状，撕咬住流口；鋬上装饰一野牛，上下獠牙毕现，动感十足。

黄地黑彩雁衔芦苇纹虎枕　金代文物，现藏于上海博物馆。（图1.34）

枕作卧虎形，背作枕面，前低后高，长36.1厘米、宽15.9厘米、高10.7厘米。模制成

▲ 图1.34　黄地黑彩雁衔芦苇纹虎枕

型，为左右两半黏合而成。虎身先施白色化妆土，再罩黄彩，黄彩之上又以黑彩描绘虎斑，笔法生动活泼。枕面未施黄彩，在白地上以黑彩绘雁衔芦苇纹。待所有彩绘完成之后，再罩一层透明釉。

虎形枕始烧于唐，流行于北宋和金代，是一种很有特色的生活用具。因虎的形象威武勇猛，把枕做成虎形或把虎纹刻于枕上，蕴含辟邪和祥瑞之意。晋代葛洪的《肘后备急方》中就主张虎头枕可以治疗与睡眠相关的疾病。陶瓷虎枕大致有白地和黄地两种，主要产地在山西、河南一带。从考古出土来看，它的使用范围集中于黄河流域。

赤乌十四年款青釉虎子　又称青瓷虎子。虎子是古代溺［niào］器。1955年，江苏省文物管理委员会对南京光华门外大校场赵史岗4号

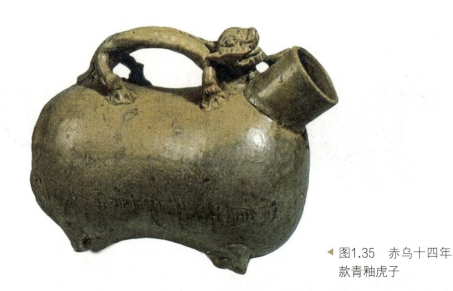

◀ 图1.35　赤乌十四年
款青釉虎子

墓进行清理，在墓主人头前的砖台上发现这件青瓷虎子，器腹上有"赤乌十四年会稽上虞师袁宜作"和"制宜"的铭文，赤乌十四年是公元251年。该器现藏于中国国家博物馆。（图1.35）

　　器高15.7厘米、长20.9厘米；器身通体浑圆呈茧状，两端略膨，中腰微凹，底部有四个堆足，器颈斜上呈圆口。最精彩的是器身上弓背奔虎形提梁，虎首昂起，头顶有一个尖角，张口露舌，目视远方，腹下有缩状四肢。器物全身饰淡青釉，精巧而又不失质朴。

　　目前已知存世和出土的东汉到隋唐期间的同类器物有上百件，但以中国国家博物馆所藏的这件虎子最为精湛和珍贵。

　　青黄釉虎形灯座　1958年于浙江永嘉瓯北镇礁下山东晋墓出土，现藏于温州博物馆。（图1.36）

　　器物通高30厘米，底座为一蹲伏卧着的老虎造型，虎首微昂，张口露齿，双目圆实，高鼻耸耳，神态凶猛。虎身呈卡通化的蚕茧状，颇有汉代著名的彩绘茧形陶壶的影子，圆鼓鼓的；四足蜷伏腹下，尾卷曲。虎背上竖有一根竹节状的空心长管，有一节节均匀的突棱，呈灯柱造型，柱管高21.5厘米。胎质呈灰白色，质地细腻致密，剥釉显著，表面的青釉因土沁而剥落殆尽。因出土于瓯窑发祥地永嘉，自然被认定为瓯窑产品。其独特的造型使之在六朝青瓷中享有很高的知名度。

北宋寿山石雕虎　1974年于福州北郊胭脂山宋墓出土，为国家一级文物，现藏于福建博物院。（图1.37）

石雕通长11厘米、通宽4.7厘米、通高7.5厘米。虎呈青色，呈卧式，头右侧双目圆睁，两前爪盘迭。虎身数道双线纹装饰虎毛，尾巴右向前弯曲贴于右后爪边。整体造型流畅，雕刻技法简约，是研究福建本地虎文化的珍贵实物资料。

北魏石虎　1980年于洛阳市邙山的红山乡上寨村出土，原是北魏孝庄帝静陵前的神道石刻之一，现藏于洛阳博物馆。（图1.38）

石虎通高约106厘米，采用在一整块青石上圆雕的手法塑造而成，虎呈蹲坐状，双目圆睁，不怒自威，三缕髭须弯曲垂下，臂膀浑圆，孔武有力，工匠删繁就简地将虎的神态拿捏得恰如其分。虎在中国古代文化中有驱邪兆吉之意，其形象常出现在陵墓石刻、墓室壁画、画像砖石之上。

▲ 图1.36　青黄釉虎形灯座

▲ 图1.37　北宋寿山石雕虎

▶ 图1.38　北魏石虎

第一编
图腾崇拜

43

▲ 图1.39　西汉错金铭文虎节

西汉错金铭文铜虎节　1983年于广州西汉南越王墓西耳室出土，现藏于南越王博物院。（图1.39）

为青铜铸成的扁平老虎形状，长19厘米、最高11.6厘米、最厚1.2厘米；虎成蹲踞之势，虎口大张，尾部弯曲成"8"字形。虎身上的斑纹铸有弯叶形浅凹槽，内贴金箔片，双面共用60片。虎眼、虎耳均由细金片勾勒出。

虎节的正面有错金铭文"王命命车驲〔rì〕"，从铭文可知，它是一件调动车马的信符。

双虎耳蟠螭纹铜罍〔léi〕　1971年于广西恭城瑶族自治县嘉会秧家村春秋墓出土，现藏于广西壮族自治区博物馆。（图1.40）

该罍为盛酒器，通高39厘米，口径20厘米。体圆，鼓腹，圈足，有盖，盖上有圆形捉手及四环耳。肩有两个虎形耳作站立回首状，虎口大张，卷起尾巴，整体形象反映虎的凶猛、威严和神秘。盖上饰蟠螭纹；肩部有凸带纹一周；带上缀圆涡纹；腹饰蟠螭纹、蟠虺纹各一周，间以凸带纹、凹带纹、绳纹各一周。纹饰浅细。此器具有楚式特征。

▲ 图1.40　双虎耳蟠螭纹铜罍

▲ 图1.41　西汉立虎辫索纹耳铜釜

　　西汉立虎辫索纹耳铜釜　2000年于贵州省赫章县可乐乡274号西汉墓出土，现藏于贵州省博物馆，为"镇馆之宝"。（图1.41）

　　该器形体硕大，通高32.8厘米、口径44.3厘米、腹径49厘米，敛口折沿、鼓腹、圜底。肩腹部对称饰一对圆雕立虎，虎颈部饰一条项圈，项圈上饰贝纹，虎尾上扬卷曲，身体消瘦矫健，虎头高昂，虎口张开，龇牙长啸，威风凛凛。虎的造型透露出威严的气度和矫健的力量之美。该铜釜上虎颈部所饰项圈，似透露出虎对墓主人的臣服，更体现墓主人身份高贵、能力超强。

　　釜是一种用途广泛、制作工艺简单的器皿，既可作炊器，也可直接用作食器。圜底釜尤其适应山区、水泽的地理环境，饰虎铜釜是贵州夜郎文化的代表器物。

　　牛虎铜案　1972年于云南省玉溪市江川县（今江川区）李家山古墓群遗址第24号墓坑中出土，为战国中晚期青铜器，现藏于云南省博物馆，为"镇馆之宝"。（图1.42）

▲ 图1.42　牛虎铜案

　　案又称"俎"［zǔ］，是中国古代一种放置肉祭品的礼器。牛虎案就是用来放献祭牛牲的，这是古代祭祀中最重要的献祭。器物通高43厘米，通长76厘米，通宽36厘米。其造型由二牛一虎巧妙组合而成，以一头体壮的大牛为主体，牛四脚为案足，呈反弓的牛背作椭圆形的案盘面，一只猛虎扑于牛尾，四爪紧蹬于牛身上咬住牛尾，虎视眈眈于案盘面。大牛腹下立一条悠然自得的小牛，首尾稍露出大牛腹外，寓意了大牛牺牲自己保护小牛犊。牛虎铜案中的大牛颈肌丰硕，两巨角前伸，给人以重心前移和摇摇欲坠之感，但其尾端的老虎后仰，其后坠力使案身恢复了平衡。大牛腹下横置的小牛，增强了案身的稳定感。该铜案是滇国青铜器中较大的一件，其特殊的组合造型使整个铜案重心平稳，大小和谐，动静均衡统一。此铜案造型奇特、构思新颖，既有中原地区四足案的特征，又具有浓郁的地方特点和民族风格，达到了极高的艺术境界，极具艺术观赏价值，是青铜艺术品的杰作，更为古代文化之稀世珍品。

　　青铜鎏金虎噬羊形底座　春秋时期文物，自民间征集而来，现藏于甘肃省博物馆。（图1.43）

　　该器高14.5厘米、长20厘米，红斑绿锈，古拙自然。器物造型表现猛虎扑倒小羊后，张开大口准备撕咬的瞬间。虎后腿蹬地，前腿按住羊身，虎口大张，柔弱的羊蜷缩成一团，凸显猛兽的威风和力量之美。虎背部中间有一正方形铜插，高约5.6厘米、宽约3厘米，显然这上面是用来插东西的。

　　镶嵌红玛瑙虎柄金杯　出土于新疆维吾尔自治区伊犁州昭苏县波马隋唐古墓葬，现藏于新疆伊犁哈萨克自治州博物馆。（图1.44）

▲ 图1.43　青铜鎏金虎噬羊形底座　　▲ 图1.44　镶嵌红玛瑙虎柄金杯

器物高16厘米、通宽8.8厘米、重725克，器身内外通体模压出菱格，每格镶嵌椭圆形红色玛瑙。虎形柄焊接在口沿下至中腹部，虎头宽而圆，两耳竖立，四肢雄健，腰身细长，虎尾下垂，通体錾刻虎斑纹，形象生动。鼓肚侈口的金杯，再配合一只猛虎作为杯柄，使整个器物达到了完美的艺术境界，推测为贵族使用的酒器。

⊙ 鄂尔多斯虎纹饰物

鄂尔多斯各处墓葬出土的从战国晚期到西汉中晚期的金银器中，发现大量虎纹饰题材文物。虎的形象多为圆雕的虎首、静态的卧虎以及动态行走的虎，与匈奴草原自然环境密切相关，具有强烈的图腾文化含义。

主要墓葬及其文物种类包括，杭锦旗阿鲁柴登墓葬：虎咬牛纹金带扣、嵌宝石虎鸟纹金带饰、卧虎形金缀饰、金虎头饰、虎头形银饰等；准格尔旗玉隆太墓葬：虎衔羊纹银项圈；伊金霍洛旗石灰沟墓葬：虎咬鹿纹银带扣、双虎咬斗纹银扣饰、双虎咬斗纹银饰牌；鄂尔多斯市东胜区塔拉壕乡碾房渠窖藏：虎狼咬斗纹金带扣；准格尔旗西沟畔2号墓：虎豕咬斗纹金饰牌、虎形银节等。其他地区征集：虎咬鹿纹金饰牌、虎咬鹿纹银饰牌等。

虎狼咬斗纹金带扣　1988年6月，内蒙古东胜碾房渠农民辛民山在地里耕作时无意中挖出。后考古专家对金带扣出土地进行了发掘，发现是一个金银器窖藏，最终共出土了7件龙纹金饰品、30条金串珠、13件包金玛瑙，其他如玛瑙串、绿松石等更是数以百计。而其中最为珍贵的当属辛民山挖出来的虎狼咬斗纹金带扣，年代属战国晚期，现藏于鄂尔多斯市博物院。（图1.45）

该扣长13.8厘米、高7.95厘米、重225克，为纯金打造，其主题图案是一只威猛雄

▲ 图1.45　虎狼咬斗纹金带扣

壮的老虎将一只狼踩在脚下撕咬，金带扣纹饰华丽、雕工细腻，是一件极具异域风情的黄金饰品。

虎豕咬斗纹金饰牌　1979年于内蒙古自治区准格尔旗西沟畔2号匈奴墓出土，年代属战国时期，现为鄂尔多斯青铜器博物馆所藏。（图1.46）

该饰牌长13厘米、宽10厘米、重291.4克，是战国时期北方少数民族地区金银工艺的典型器物。此饰件以块金锤鍱成薄片，再锤出隐起图案，边以浅凸起的绳纹勾勒，遒劲流畅，富有绘画中的浅描趣味。饰牌整体略呈长方形，主题图案为浅浮雕的猛虎与野猪缠绕咬斗的场面。猛虎在下，腹部着地，前肢极力撑起上躯，昂首张口狠狠咬住野猪的后大腿根，后肢翻转朝天蹬踏野猪，虎尾下垂经裆部由后向前弯卷至背部；野猪在上，虽处于劣势，但仍死死咬着猛虎的一条后肢，奋力反抗，双方厮杀得难解难分。饰牌背面满布失蜡法铸造技术制模时留下的粗麻布印痕，靠左右两端分别有一横向、一竖向的扁平桥型小钮。其中，一件饰牌的靠虎头端有一椭圆形孔，有明显的使用磨蚀痕迹，应该为带钩钩挂所致；饰牌背面左、右两端的边缘处，竖向直行"一斤二两廿朱少半"及"故寺豕虎三"刻款，字体接近战国晚期秦人的书写风格。该饰牌造型生动，所塑造的后肢翻转的浪漫主义风格，堪称草原艺术的上乘之作。后肢翻转的造型，实际上仍是取材于动物搏斗翻滚时的精彩瞬间，是现实生活的高度再现和夸张，因此这种看起来似乎不合常规的姿态，恰恰是艺术表现的升华。另外，该饰牌还包含战国时期的度量制度、书法、金属铸造技术以及早期北方民族与中原农耕民族的文化交往等方面的诸多信息，可谓弥足珍贵。

▲ 图1.46　虎豕咬斗纹金带饰牌

▲ 图1.47　虎咬牛纹金带饰

虎咬牛纹金带饰　1972年内蒙古自治区伊克昭盟杭锦旗阿鲁柴登出土，年代属战国时期，现藏于内蒙古博物院。（图1.47）

该饰牌整体呈长方形，长12.7厘米、宽7.4厘米、重203.9克。中央浮雕一只呈匍匐状的牛，其牛四肢平伸，上下两侧各有两只头头相向的猛虎，分别死死噬咬着牛的颈部和腰部。牛虽然完全受制于猛虎，但仍在拼死抗争，尖利的犄角分别穿透了两侧猛虎的耳朵。牌饰直观生动地反映了草原上猛虎捕杀野牛的情景。

⊙ **玉虎**

虎首玉璜　安徽含山凌家滩遗址出土。在该遗址发掘和征集到虎首玉璜3件，为距今约6000年新石器时代制品。玉工以阴线、钻孔等琢玉技巧刻出形象的虎首，特征明显、形象生动。（图1.48）

虎首玉璜可能不是一般的饰物，而是一种兵符，是调兵和结盟的信物，虎首玉璜和大量的玉钺、玉斧、玉戈等兵器同墓出土，说明了当时军事权力的高度集中，同时也反映了当时战争较为频繁和军事结盟现象的存在。

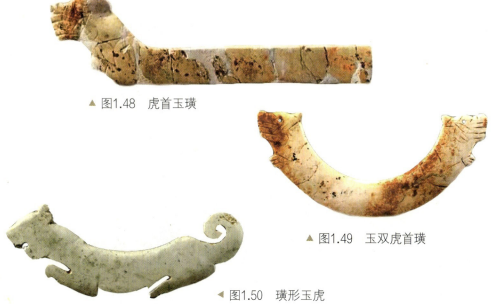

▲ 图1.48　虎首玉璜

▲ 图1.49　玉双虎首璜

◀ 图1.50　璜形玉虎

玉双虎首璜　1987年于安徽省含山县凌家滩墓葬出土，现藏于故宫博物院。（图1.49）

该器物长11.9厘米，厚0.4厘米。璜为较窄的弧形，近于半圆，中部厚、边缘略薄。璜两端呈虎首形，形似剪影，其上有阴线界出的五官，虎的獠牙极夸张，虎眼用穿孔表示，孔中可穿绳系挂。

璜形玉虎　石家河文化谭家岭遗址出土。白玉材质，大部分已浸蚀成黄褐色。（图1.50）

该器物宽2.9厘米、高2.2厘米，横置圆桶形，桶壁平滑，外弧一面浅浮雕一虎首，高额短脸，卷叶形耳，中心钻一圆穴，阔鼻，减地阳雕眉纹，菱形眼眶，圆睛，鼻下部镂空一长方形孔作口，外弧的另一面系简化的虎身，雕工熟练圆润。虎头向西，虎尾卷曲。

玉虎头像　石家河文化遗址共出土14件虎头像。所选展示虎头像为石家河文化肖家屋脊遗址出土。（图1.51）

虎头像额顶至鼻尖长2.1厘米，两耳尖间宽3.6厘米、厚0.4厘米，雕于薄玉片上，反面光平，呈黄绿色，表面轻度受沁，呈灰黄色。额顶呈"人"字形，有三个尖凸，中间尖凸右侧有一半圆形豁口；面部正中有一道竖棱线。耳廓似宽叶形，内有漩涡纹，两耳涡各穿一小圆孔。鼻宽大，稍向下弧突，鼻根两侧与眉脊相连。圆目，颧骨尖突，腮部较扁鼓。

玉虎形踞〔jì〕坐人像　1997年于鹿邑太清宫长子口墓出土，商末周初玉器，现藏于河南博物院。（图1.52）

该器体形很小，高5厘米、宽2.5厘米、厚2.8厘米。从正面看为一

▲ 图1.51　玉虎头像　　　　　▲ 图1.52　玉虎形踞坐人像

"虎首人身"形象，人物造型呈踞坐状，虎首高昂，大口暴张，牙齿清晰，上下各七齿，上边齿呈倒钩状，小鼻，双鼻孔，长圆形双目虎视眈眈，半圆形双耳。虎头以下为人身形状，体向前倾，踞坐，双手扶膝，五指向下，未露足趾似着鞋，身着衣。从反面看，整个背面（人物的背部）呈鸱鸮形，鸮呈蹲立状，虎之双耳为鸮耳，耳后倾，大钩鼻，圆目突睛，喙下一圆孔。人背作鸮身，人之胳膊作双翼，人之双足作鸮足，昂首挺胸，怒视前方。

⊙ **虎符**

虎符是中国古代调兵遣将所用的凭证。虎符的背面刻有铭文，分为两半，右半存于朝廷，左半发给统兵将帅或地方长官，两半虎符的背面各有榫卯，一一对应，只有同为一组的虎符才能合在一起，调兵遣将时需要两半勘合验真才能生效。

战国金虎符　1979年于陕西省宝鸡市凤翔县虢镇出土，从造型特征推断属春秋战国时期制品，现藏于西安博物院。（图1.53）

战国金虎符为金质，作卧虎状，长4.8厘米、高2.3厘米，巨目大耳，龇牙，四腿曲卧，长尾上卷，通体纹饰为凸雕合阴刻，器背面有扣槽，体形小，但制作精美、雕刻生动、造型雄奇，达到很高的艺术水平。

目前中国发现的秦国虎符共四件，分别是秦杜虎符、阳陵虎符、新郪〔qī〕虎符、东郡虎符，称为"四大虎符"。

秦杜虎符　1973年于西安市南郊北沈家桥村出土，现藏于陕西历史博物馆。（图1.54）

▲ 图1.53　战国金虎符　　　　　▲ 图1.54　秦杜虎符

器物高4.4厘米、长9.5厘米、厚0.7厘米，背面有槽，颈上一小孔，虎作半立走形，昂首，尾端卷曲。

虎符上有错金铭文9行40字："兵甲之符。右才（在）君，左在杜。凡兴士被甲，用兵五十人以上，必会君符，乃敢行之。燔燧之事，虽母（毋）会符，行殴（也）。"虎符"右在君，左在杜"，意思是说右半符存君王之处，左半符在杜地的军事长官手中，凡要调动军队五十人以上，杜地的左符就要与君王的右符会合，才能行军令。但遇紧急情况，可以点燃烽火，不必会君王右符。器物铭文是在虎身镂刻阴文，再将金丝嵌入阴文之内，最后镂平打磨光亮而成，虽历经两千多年，仍熠熠闪光。

▲ 图1.55　阳陵虎符

▲ 图1.56　新郪虎符

阳陵虎符　相传山东省临城出土，秦国文物，现藏于中国国家博物馆。（图1.55）

器物长8.9厘米、宽2.1厘米、高3.4厘米，用青铜铸成卧虎状，可中分为二，虎的左、右颈背各有相同的错金篆书铭文12字："甲兵之符，右在皇帝，左在阳陵。"意为此兵符右半存皇帝处，左半存驻扎阳陵（今陕西咸阳市东）的统兵将领处；调动军队时，由使臣持右半符验合，方能生效。

新郪虎符　战国晚期制品，通长8.8厘米、前脚至耳尖高3厘米、后脚至背高2.2厘米，重95克。模铸铜质，伏虎形，前后脚平蹲，头前伸，耳上竖，尾上卷。现藏于法国巴黎。（图1.56）

体有错银铭文39字：

甲兵之符，右才（在）王，左才（在）新郪。凡兴士被（披）甲，用兵五十人□（以）上，［必］会王符，乃敢行之。燔□（燧）事，虽母（毋）会符，行殴。

铭文译文：（调动）甲兵之符。右半在王府，左半在新郪。凡是调动披甲的士兵五十人以上，必须有王府（右半边）的兵符会合，才敢调兵。（但是，）如果遇到火灾险情，即使没有王府的兵符，也可以调兵。

东郡虎符　1953年于陕西省周至县文化馆征集所得，现藏于周至县文物管理所。（图1.57）

▲ 图1.57　东郡虎符

东郡虎符呈卧虎状，虎符长9.5厘米、高4.3厘米。虎背有错金铭文，字体为小篆，左右两半铭文相同："甲兵之符，右在皇帝，左在东君。"从铭文上看，东郡虎符应该是秦始皇时代的用品。但也有人认为东郡虎符是后人伪造的。

⊙ **青铜镜**

据史料记载，自商周时代起，古人就用青铜磨光做镜子，光亮可

▲ 图1.58　鸟兽纹镜

照人，背面雕有精美纹饰。到战国时期已很流行，汉、唐时更加精美。

纹饰内容丰富多彩，从几何纹饰到禽鸟花卉，从神话传说到写实图案，天上人间，人神杂陈，动物植物，交织并列，构思巧妙，包罗万象。龙虎形象是常见的图案。

鸟兽纹镜　春秋时期文物，1957年于河南省三门峡市上村岭虢国墓地1612号墓出土，现藏于中国国家博物馆。（图1.58）

▲ 图1.59　虎鸟螭龙纹阳燧　　　　　▲ 图1.60　四叶八凤佛兽铜镜

该镜直径6.7厘米、厚仅0.35厘米，镜面做得很平直，背面有两个弓形钮，左右各饰一虎，张口露齿，足向上屈，利爪张开。上面是鹿纹，下面是鸟纹。

虎鸟螭龙纹阳燧　春秋战国早期的一面铜镜，1957年于河南省三门峡市上村岭出土。该镜直径7.5厘米，镜面稍微呈凹形，有可能是取火用的"阳燧"。镜的背面有一个环钮，周围环绕两虎形纹；外围是螭纹，有的为龙首，有的是鸟头，极罕见。（图1.59）

四叶八凤佛兽铜镜　西晋文物，1975年于湖北鄂城出土。（图1.60）

这面铜镜直径16.4厘米、边厚0.4厘米，主要纹饰为四叶柿蒂纹，叶间有四对（八只）凤鸟，叶内各有一个佛像（用佛像作为铜镜的装饰始于三国时期）。镜缘内侧是16个弧形，其内分别饰龙、虎和凤。

虎纹绣

罗地龙凤虎纹绣　1982年于湖北江陵马山一号战国（楚国）墓出土，战国中晚期刺绣珍品，系用锁绣针法在"罗"地上刺绣而成，现藏于湖北省荆州博物馆。（图1.61）

龙凤虎纹绣为罗地禅衣，灰白色罗地，其上图案长29.5厘米、宽21

厘米。刺绣由两个对称的花纹单位组成菱形图案，沿四边用褐色和金黄色彩线各绣一龙一凤；中央绣对向双龙和背向双虎，虎身斑纹用红、黑两色相间绣出，虎牙、眼、爪用异色相嵌锁绣。整个图案表现出龙飞凤舞、猛虎腾跃的生动场景，充满神奇色彩。构图匀称，色泽华丽，绣工精细，表现了楚绣的高水平。

此款纹样主题是龙、凤、虎，与其他鸟兽纹样和穿枝花草、藤蔓穿插结合。其中穿枝花草、藤蔓既起着装饰作用，又有着图像骨骼的作用。这类图像组

▲ 图1.61 罗地龙凤虎纹绣

合是战国时期的流行纹样。此款中龙、凤头部写实，身体部分与花草合为一体；龙、虎相对，龙作行走状，肢体呈挺胸立腹式曲线；虎体则绕以朱、黑条形相间，细腰瘦尾，身形矫健；凤则秀体舒展，气宇轩昂。一幅"凤鸣、龙啸、虎吟"画卷栩栩如生。罗地以其轻、薄质感，与满绣纹样的沉稳、扎实形成鲜明对比。

墓葬石象生

明代著名散曲家冯惟敏（1511—1580年）《耍孩儿·骷髅诉冤》曲："自古道盖棺事定，入土为安。"古人风行土葬，死后埋入土里，死者方得其所，家属方觉心安。同时，古人认为阴间有各种鬼魅，会祸害死者的亡魂，因而在墓地设置石象生辟邪镇墓，护卫死者亡魂的安宁，让亡者得到永久的安息。

石象生又称石翁仲，始于秦汉，兴于唐宋，盛于明清，是帝王陵墓

▲ 图1.62　霍去病墓卧虎石雕像

前的主要供祭仪物之一，为石雕人物、动物，成对立于神道①两侧。

石兽放置在墓前，是从西汉霍去病（前140—前117年）墓开始的。霍去病是汉武帝时期的名将，死后陪葬武帝茂陵东侧。墓冢周围置大型石雕像群，目前尚存石刻16件，包括马踏匈奴、卧马、跃马、卧虎（图1.62）、卧象、石蛙、石鱼二、野人、野兽食羊、卧牛、人与熊、野猪、卧蟾等14件，另有题铭刻石2件，是中国迄今发现最早、最大、保存最完整的大型石刻群。其中代表作品之一"伏虎"长212厘米、宽66厘米、高78厘米，根据花岗岩石的原始自然形态，综合运用圆雕、线刻相结合的手法刻画出虎的菱形耳、圆眼，稍凿二小圆孔即为鼻孔，虎鼻梁明显凸起，显示出虎的凶猛。作品着重刻画其机警凶猛、伺机捕获猎物的兽中之王形象。虎身运用线刻手法刻出斑纹，显示皮毛的丰满、轻柔和斑斓；尾粗有力，卷曲在背上，更增添了咄咄逼人的威猛气势。

在中国古代丧葬习俗中，虎常以石刻形式被安置在墓前，作为护墓的神兽。

唐贞观九年（635年），开国皇帝高祖李渊（566—635年）驾崩，葬于献陵。献陵修建之初没有陵邑，分为内外二城，规模宏大壮观。内城四面有门，门内各置石虎一对，把守四门。如今献陵南侧的神道上依然矗立着石虎一只（图1.63），站立在长方形底座上，高约2米、宽约1米、长约2.5米。石虎体形高大，缓步向前行走，头部低垂，两腮鼓起，牙齿外露，眼神机敏，四肢健劲。

───────────

① 神道即指墓道。

◀ 图1.63　献陵石虎

　　汉以后，墓前石象生得到了进一步发展，成为中国古代陵墓的装饰性建筑。石象生的初始意义是作陵墓的标记建筑和驱邪镇墓，进而扩展到表示墓主身份等级、墓前仪卫和表彰墓主功勋的作用，也烘托陵墓庄严、肃穆的气氛。根据墓主的等级地位，石象生的使用制度历代有着严格的规定。明代《明会典》规定：公侯和一品、二品官为石望柱、石虎、石羊、石马、石人各一对，三品官减去石人一对，四品官为石望柱、石马、石虎各一对，五品官为石望柱、石马、石羊各一对，六品以下不准设置石象生。清代《大清律》规定：二、三品官员准立石马、石虎、石羊各一对，四、五品官员准立石马、石虎各一对，六品官员以下者则一律禁立石兽。

　　那么，石虎因何入选为传统墓葬制度辟邪镇墓的石象生呢？这得从源远流长的中国历史文化中寻找缘由。

　　王充《论衡·订鬼》引《山海经》："沧海之中，有度朔之山，上有大桃木，其屈蟠三千里，其枝间东北曰鬼门，万鬼所出入也。上有二神人，一曰神荼［shēn shū］，二曰郁垒［yù lǜ］。主阅领万鬼。恶害之鬼，执以苇索，而以食虎。于是黄帝乃作礼，以时驱之，立大桃人，门户画神荼、郁垒与虎，悬苇索以御凶魅。"

　　讲的是，上古传说沧海之中有度朔山，上有一棵大桃木，盘曲三千里，其枝间东北方向有鬼门，是万鬼出入之地。神荼、郁垒二位神人把守着鬼门，专职阅领万鬼，发现恶鬼就用苇索捆着去喂虎。后来黄帝作礼请神，在门口立一大桃人，上画神荼、郁垒与老虎，把苇索挂在门上，用以驱避恶鬼。在这里，神荼、郁垒二神是守护正义的卫士，被后世尊奉为门神；而虎则充当吞噬恶鬼的执法者。

罔象是中国古代传说中出入陵墓地底，专食亡人肝脑的一种鬼魅，又称罔像、魍象。长相如三岁孩儿，赤目，黑色，大耳，长臂，赤爪。

《封氏见闻录》卷六有"羊虎"条，引东汉末年著名学者应劭（约153—196年）所著《风俗通》云："《周礼》方相氏，葬日，入圹驱罔象，罔象好食亡者肝脑。人家不能常令方相立于侧，而罔象畏虎与柏，故墓前立虎与柏。"方相氏是周代专司葬礼的官职，后成为民间普遍信仰的驱疫辟邪的神祇。举行葬礼时，方相氏进入墓室驱赶专食亡人肝脑的罔象，因方相氏不能常在墓地，而罔象畏惧虎和柏，于是便有了墓前安置石虎和种植松柏的风俗。

应劭所著《风俗通·祀典·画虎》云："虎者阳物，百兽之长也，能执搏挫锐，噬食鬼魅。"故此将石虎的形象置于陵墓前，用来保护墓主的灵魂不被各种厉鬼邪魔侵扰。

▲ 图1.64　虎头帽将军俑

宋人李石《续博物志》说："秦穆公时，有人掘地，得物若羊。将献之，道逢二童子，谓曰：'此名为蝹〔yūn〕，常在地中食死人脑。若欲杀之，以柏东南枝捶其首。'"蝹即罔象，以松柏东南向的树枝插进它的头部，就能将其杀死，由是墓侧皆树柏。

古人认为，阴间有各种厉鬼，会危害死者的亡魂。因此设置镇墓兽来镇凶辟邪，佑护死者亡魂的安宁。镇墓武士俑的葬俗始于唐，功用上与镇墓兽异曲同工。

虎头帽将军俑　1974年于陕西咸阳礼泉县烟霞镇唐太宗爱将尉迟敬德墓出土，现藏于昭陵博物馆。俑高31.5厘米，立姿，高鼻大眼，目视前方，戴虎头帽，身着淡蓝色明光铠，系腰带，胸前两红色圆护，左手贴胯间，右手屈胸前，呈持械状，造型浑厚而质朴。（图1.64）

虎头帽武士俑 河北省内丘县中国邢窑博物馆藏数尊头戴虎头帽的唐代武士俑。"武士"怒目圆睁，霸气外露。其中一件胡人武士俑尤其体形魁梧，体魄健壮，雄姿威武。"他"头戴虎头帽，身穿铠甲战袍，阔口厚唇，浓眉紧锁，圆眼大瞪。戴上虎头帽，本就狰狞的面目愈发狰狞，令人望而生畏。（图1.65）

汉画像石

▲ 图1.65 虎头帽武士俑

西汉时期，厚葬风气极盛，在贵族阶层中，"事死如事生"的观念很强，追求死后"灵魂不灭"，就算肉体不能永生，灵魂也要升入死后世界，继续享受荣华。汉代画像石便是在这种厚葬风气中逐渐产生的。汉画像石是指汉代地下墓室、墓地祠堂、墓阙和庙阙等建筑上雕刻画像的建筑构石，本质上是一种祭祀性丧葬艺术。据统计，中国共发现和发掘的汉画像石墓超过200座，出土汉画像石约1.5万块，主要分布在四个区域，即河南南阳区域，鲁西南、苏北、皖北、豫东区域，陕北、晋西北区域和四川、重庆区域。虎在汉画像石中频繁出现并且具有固定的意义，所在画像的内容包括神话传说、历史故事、祥瑞吉祥、驱魔逐疫、升仙长生、社会生活等各种主题。虎作为中华民族的精神元素之一，自原始氏族社会开始，就被许多氏族部落视作自己的祖先、亲族或保护神，以虎为图腾崇拜盛行于时。人死后也要防备鬼魅的侵扰，通过在墓室刻绘虎等神兽图像以求驱魔逐疫。中国传统文化视虎为"阳物"，具有"噬食鬼魅"的能量，能够拒厉鬼、邪祟于阳宅和阴府门外，画像石墓的门扉上因此常采用白虎与铺首衔环的组合装饰来达到震慑鬼邪和驱魔逐疫的目的，保护墓主的长久安宁。

南阳市是河南乃至全中国出土汉画像石最多的地区，南阳汉画像石集中分布在南阳市卧龙区和唐河、方城、邓州境内。南阳画像石中虎的

▲ 图1.66　东汉逐疫升仙图　　　　　▲ 图1.67　虎车雷公图

形象多以辟邪、搏斗、神话、天象等题材出现。

东汉逐疫升仙图　南阳市汉画馆藏。（图1.66）

两汉时代，升仙思想泛滥。要想成仙，必先逐疫，即清除升仙道路上的一切妖魔鬼怪。画像一边刻有打鬼头目方相氏率众神兽驱逐鬼怪的场景，另一边则是仙人乘龙驾虎升仙的画面。

虎车雷公图　南阳市英庄汉墓出土，南阳市汉画馆藏。（图1.67）

画像中石刻一车，三只翼虎牵引，云气为轮，车中树鼓。车乘二人，前为驭者，后为雷公。古人认为天上的雷声就是雷公敲击天鼓发出的声音。雷公出行画像预示着风调雨顺的好年景。

墓门铺首衔环　南阳出土的汉画像石墓门刻画的铺首衔环中，出现的白虎形象通常有张口翘尾的白虎、白虎柏树、白虎猛豹、白虎人物、白虎神牛、白虎天鹿、白虎云纹、朱雀人牵虎等。[1]（图1.68）

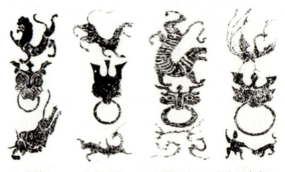

白虎神牛　　白虎天鹿　　白虎云纹　　朱雀人牵虎

▲ 图1.68　墓门铺首衔环图

---

① 史立：《汉画像石中的辅首衔环》，《中国民族博览》2018年第11期。

山东和与其相邻的苏皖北部及豫东是中国汉代画像石遗存分布的一个较大的中心区域，而位于鲁东南与江苏交界的临沂地区，又是这个大区域中汉画像石分布较集中的地方。

　　吴白庄汉墓　位于临沂市罗庄区盛庄街道吴白庄村，最早于1972年公开发掘。该墓出土有画像石49块，早年损坏4块，现实有45块；画面65幅，分布在墓门、前室、中室、横额、支柱、立柱、过梁等处。前室中过梁北壁支柱为胡人虎首画面，上一半蹲状胡人，左手掐腰，右肩扛柱，右手抚柱，下一张口露齿的虎首。中室过梁北壁支柱画面上一大虎圆目巨口，背荷柱，下一肩生羽翼的小翼虎（图1.69）。翼虎是一种神话形象，正如"如虎添翼"，以虎的凶猛震慑灵异。东墓门左扉为白虎铺首衔环。

　　四川汉画像石主要集中分布在成都平原及其周边的新都、邛崃、新津、大邑、广汉、彭山、三台、绵阳等地。

　　东汉西王母画像砖　1955年四川省成都市新都区新繁镇清白乡出土，是汉代四川地区西王母画像砖的代表，现藏于四川博物院。该画像砖长45.5厘米、宽40.3厘米，近正方形，模制。画面正中部瓶形龛内西王母笼袖坐于龙虎座上，周围分别有直立而舞的蟾蜍以及九尾狐，持灵芝的玉兔，执戟的"大行伯"，三足鸟及拜谒的人像。（图1.70）

　　西王母坐于龙虎座上，《焦氏易林》记载："驾龙骑虎，周遍天

▲图1.69　吴白庄汉墓画像石翼虎　　　　▲图1.70　东汉西王母画像砖

下，为人所使，西见王母，不忧不殆。"此座左为虎首，右为龙尾，象征"驾龙骑虎"之说。在升仙思想风行的汉代，龙虎是辅助升仙的脚力，上天入地，与鬼神往来。

陕北已发现的汉画像石出土地点多集中于陕北绥德、米脂、榆林、神木一带，石料上均采用了当地出产的沉积页岩。

狩猎图 东汉永初元年（107年）刻于牛文明墓，1971年于米脂县出土，现藏于西安碑林博物馆。画像石长167厘米、宽40厘米，纹饰为减底阴刻。第一层图以变形的流云纹为主，其中穿插有羽人、鹿、龙、神兽拉车等神话形象。下图刻现实生活中的狩猎场面，中间二人，其中一人手持长矛状武器刺一虎后腿，另一人一手持盾状物，另一手挥短剑正和一熊搏斗。两端的骑士张弓射箭，马在腾空飞奔。此图是陕北狩猎生活和羽化成仙故事的生动写照。（图1.71）

仙人骑龙虎或羽人戏龙虎 此为中国自战国以来的传统题材，发展到汉代达到一个高峰。两汉时期墓室壁画中的升仙思想，主要通过骑神兽飞升和羽人画像来表达，仙人或乘龙驾凤，或骑羊御鹿，或羽翼飞翔，表现形式多样，题材种类丰富，但其往往作为仙界场景的一个要素或主纹的辅助出现。羽人因身有羽翼能飞而与不死同义。（图1.72）

▲ 图1.71 狩猎图

▲ 图1.72 羽人戏龙虎

墓葬壁画

四神云气图 1987年于河南永城芒砀山梁国王陵区柿园墓出土。创作于西汉早期，它是中国目前发现的年代最早、墓葬级别最高的墓葬壁画珍品。墓主人是西汉时期梁国的第二代君主——汉文帝次子梁孝王刘武的儿子刘买。后经考古专家通过科技手段对壁画进行原样切割移至河南博物院，成为河南博物院的"镇院之宝"之一。（图1.73）

▲ 图1.73　四神云气图

▲ 图1.74　西汉白虎壁画

《四神云气图》壁画绘于墓室顶部，南北长5.14米，东西宽3.27米，总面积达16.8平方米。主要内容为青龙、白虎、朱雀、怪兽、灵芝及云气纹等组成的图案——中部一条7米长巨龙飞腾，东朱雀，西白虎，四周则是怪兽、灵芝及云气纹图案围绕。青龙在天，体态矫健，前两足一足踏云气、一足踏翼翅，后两足一足接朱雀之尾、一足长出花朵，龙尾再生长茎花朵。青龙之下是一白虎，仰首张口，作攀缘状，欲吞灵芝，欲"攀龙附凤"；其脚踏云气，跃起飞腾，似欲与龙凤同走天穹。这幅壁画大气磅礴、充满神气，且十分具有灵动性，承载着中国西汉初年人们对死后通达天界、乘龙升仙的美好愿望。

西汉白虎壁画 河南省新安县磁涧镇一座被盗的西汉古墓出土。（图1.74）

壁画长0.70米、宽0.51米，由三块空心砖组成。古人在白灰底上用赭黑色和红色两种颜色勾勒出白虎的雄姿。白虎是中国神话中的四灵之一，是代表西方的神兽，也是战神、杀伐之神，绘于墓中，寄望辟邪镇凶、保护墓主人安宁。

九原岗北朝壁画 位于山西省忻州市忻府区兰村乡下社村东北，

2013年6月下旬经国家文物局批准，由山西省考古研究所与忻州市文物管理处联合组成考古队对其进行抢救性发掘，共清理出约200平方米的壁画，其中壁画狩猎图约60平方米，为中国目前发掘出的最大面积的墓葬壁画狩猎图。

▲ 图1.75　九原岗北朝壁画（狩猎图局部）

狩猎图中，虎熊搏斗最动人心魄，一只猛虎扑向成年熊并咬住它的臀部，而成年熊拼命挣脱，力图挽回生命。这样的动物搏斗场面在以前的壁画中从未展现，实属珍贵。一名骑马猎手正反身对猛扑上来的老虎满弓射箭。（图1.75）

▲ 图1.76　北齐高洋墓壁画（摹本）

北齐高洋墓壁画　高洋是北齐的开国皇帝，其陵墓极其豪华，壁画遍布整个墓葬，面积约700平方米。1987—1989年于河北省磁县湾漳村发掘出土，现藏于河北博物馆。

墓道两壁分别绘有以青龙、白虎为引导的仪仗队列，上方有神兽、灵鸟、云气、莲花，墓道的地面绘有仰莲纹地毯。东壁所绘的一种神兽，其头、身、腿、爪均为兽形，肩生两翼，尾有两长翎。其双眉紧蹙，大眼圆睁，大嘴，颈部有左右两组向后飞扬的长髦。其身似虎，爪有三趾，双翼展开，呈腾跃飞驰之状。（图1.76）

海昏侯墓

海昏侯墓被评选为2015年度中国十大考古新发现。事件的端倪始于2011年1月赣中鄱阳湖西岸的南昌市新建区大塘坪乡观西村东南约1千米远的"堞墩山"（村民称之，意为堆满坟茔的祖坟山墓地）警方侦破的一宗盗墓案。是年春，墓地再次发现盗洞以及从古墓里挖掘出的木炭、胶泥、椁板等高等级墓葬材料，引起文物考古部门的注意，随即启动对被盗墓贼频频光顾的墓地的抢救性考古发掘——再次印证了"考古发掘通常是尾随盗墓者足迹而来"的论调。

不想，这一发掘竟然揭开惊世骇俗的考古发现。2016年春，墓主身份确认为2000多年前的第一代海昏侯——汉废帝刘贺。海昏侯墓的整个墓园占地面积约4万平方米，错落有致分布着以海昏侯墓为核心的大小9座墓葬和一座车马坑。海昏侯墓结构呈居室化倾向，是目前发现的最早的使用汉代葬制的西汉列侯墓。其椁室面积达400平方米，由甬道、东西车库、回廊形藏阁、主椁室构成，布局完整。是年秋，海昏侯墓发掘结束，出土青铜器、金银器、玉器、竹简、木牍等各类珍贵文物1万余件（套），数量之大、种类之多均创中国汉墓考古之最。

海昏侯墓出土的器物中，自然少不了具有吞噬鬼魅力量的虎的形象。[1]

琥珀虎形饰　从考古发掘所掌握的资料来看，目前已知出土的最早的汉代琥珀制品，应该就是海昏侯墓园刘贺墓出土的一件琥珀虎形饰和其嗣子刘充国（病故的年纪大约在15岁）墓出土的两件琥珀虎形饰。琥珀造型为微雕卧虎，血色通红，是主人随身佩戴在腰间的心爱的吉祥物。（图1.77）

中国历史上所使用的琥珀原料基本上都源于国外，以缅甸和波罗的海琥珀为主。中国出土的汉代以前的琥珀制品

▲ 图1.77　海昏侯墓琥珀虎形饰

---

[1] 王金中：《古墓藏虎：刘贺时代老虎饰物的文化含义》，光明网，2018年10月26日。

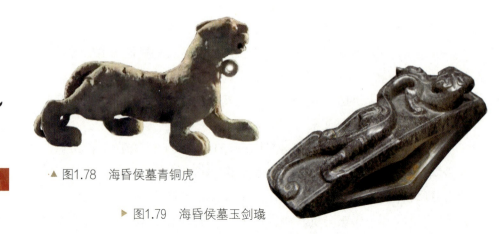

▲ 图1.78　海昏侯墓青铜虎

▶ 图1.79　海昏侯墓玉剑璏

非常罕见，仅几例。在汉代，人们普遍认为琥珀乃虎目之精魄沦入地而化成，故琥珀又被称为虎魄。另外，虎形佩饰早在汉代以前就被皇室贵族普遍使用，又因古人对琥珀是由虎目之精魄化成的误读，再加上虎在古人心中的地位和御凶辟邪的功能，可想见琥珀虎形饰的形成似乎正是这些元素的融合。可能对于当时的汉人而言，用琥珀制作的虎形饰物既能达到御凶辟邪的功能，又有王者之风，还是奢侈的舶来品。[1]

青铜虎　考古工作者在海昏侯墓园5号墓刘充国的棺椁中发掘出一组青铜器物，其中有一件是青铜虎。青铜虎造型昂首踱步，神态优雅，造型逼真，特别是双眼镶嵌着玛瑙，似乎放光，炯炯有神。虎颈上饰有一环，四足下面带有滚轮，显然只要装上绳索，就可以拉着这只青铜虎四处奔跑。原来，这是刘充国儿时喜爱的玩具，死后被带入坟墓。（图1.78）

玉剑璏［zhì］　5号墓刘充国的遗体左右两边，各安放着玉剑璏和马蹄金，推测下葬时被人放在刘充国的双手中。（图1.79）

这对玉剑璏上，有高浮雕的子母虎。活泼的子虎占据着一角，在母虎面前嬉戏玩耍；母虎全身舒展，尾巴高翘，昂头注视着子虎，显示母子情深。

青铜错金当卢　海昏侯墓中发掘出一套青铜错金当卢[2]，共有3件。

① 虎魄造办处：《虎魄造办处：浅谈两汉魏晋南北朝琥珀兽形饰》，"乐艺会"搜狐号，搜狐网，2019年8月27日。
② 当卢，挂在马前额上的装饰物。

每件当卢的纹饰都清晰地描绘着青龙、白虎、朱雀、玄鹤等神兽。神兽图案以白虎最为传神，它全身跃起，奋力奔跑，头颅高昂，尾长如鞭。（图1.80）

青铜虎形镇　海昏侯墓中出土了一套四件卧虎形青铜镇，其功能是压住座席的四个角，保持席面平整。与其他青铜镇相比，这套卧虎镇造型粗犷，结构简单，工艺一般。（图1.81）

青铜虎头带钩　5号墓出土了一件镶嵌着玛瑙、绿松石的青铜带钩，钩背用阴线雕刻着一只完整的猛虎，而钩纽上还刻着另一只威严的虎头，显然，这件虎头带钩是为了给使用它的主人带来平安。（图1.82）

车马器　1号墓的车马坑中出土了许多车马器，如车辕首、车轭首、车衡首、车轴头等，上面都装饰着活灵活现的虎头（图1.83），保佑主人出行平安顺利。

▲ 图1.80　海昏侯墓青铜错金当卢

▲ 图1.81　海昏侯墓青铜虎形镇

▲ 图1.82　海昏侯墓青铜虎头（钩纽刻纹）带钩

▶ 图1.83　青铜辕饰

随葬品之中，还有两只猛虎死死咬住野猪头背造型的双虎噬彘玉雕；有用油漆彩绘一只栩栩如生的老虎图案的丹画盾；有把青龙、白虎、朱雀、玄武巧妙地组合在一起的鞢形玉佩和玉带钩等器物，隐含着虎的威猛和辟邪的文化内涵。

古风遗俗

虎崇拜起源于古老的图腾信仰。时过境迁，沧海桑田，至今它仍存在于一些地区，尤其是少数民族地区民间的生活习俗之中，化为中华民族的文化基因，生生不息。

舞龙舞狮是中国民间传统习俗。龙是古老的图腾，传说龙能行云布雨、消灾降福，象征祥瑞，所以以舞龙的方式来祈求平安和丰收就成为各地的一种习俗。狮子在中华民族心目中为瑞兽，象征着吉祥如意，从而舞狮活动中寄托着民众消灾除害、求吉纳福的美好意愿。因此，每逢庙会或庆典，民间常以舞狮来助兴。然而，也不乏舞虎的民间习俗。较之于虚幻的龙和舶来的狮而言，虎既是中国原产的猛兽，也是古老的图腾，象征着勇武刚阳、浩气凛然，舞虎表演寓意驱魔辟邪的美好愿望。

耍老虎　焦作"耍老虎"在2014年被国务院公布为第四批国家级非物质文化遗产代表性项目，在河南省焦作市广为流传。在每年农历正月初五，焦作市温县西周村的村中祖祠会举行"耍老虎"表演，娱神敬神，祭拜祖先。"老虎"以彩布制皮，以钢鞭作尾，虎头则用竹、铁丝做骨架，纸糊彩绘而成。伴随着锣鼓声，一人举虎头，一人撑虎尾，"老虎"或凌空扑咬，或就地翻腾，活灵活现，充满灵气。"耍老虎"最早可追溯至明朝，人们通过模仿虎的勇猛形象，表达对神灵的崇拜，祈求驱鬼辟邪，迎接新年，含有虎图腾信仰的印迹。

老虎笙　在双柏县，"笙"的意思是舞蹈。2008年"双柏彝族老虎笙"被国务院列入第二批国家级非物质文化遗产保护名录。2009年双柏县和法脿镇被文化部命名为"中国彝族虎文化之乡""彝族老虎笙之乡"。云南省双柏县法脿镇彝族村寨小麦地冲村每年正月初八至十五表演"老虎笙"祭拜虎神。成年男子祭拜土主后，披上画有虎斑纹的披毡，脸、脚、手绘上虎纹，化装为虎，在"虎头"的率领下跳各种模拟生产、生活、生殖的舞蹈，为全村各家各户驱鬼除祟。"老虎笙"是彝族的一个民俗节目，彝族因崇拜老虎而有着"虎的民族"的美称。

海南虎舞 2009年海南虎舞入选海南省省级非物质文化遗产名录。海南虎舞集舞蹈、武术、音乐于一体，相传明朝时由中原传入海南。据说虎舞是为了纪念民族英雄冼太夫人（512—602年），同时也为各家各户祈祷五谷丰收、人畜平安、生意兴隆、顺心顺意。现盛行于海口市美兰区三江镇周边农村，以罗梧村虎舞最为出名。每年的"军坡节"期间是虎舞演出的高峰，从农历二月初六至二月十二，虎舞队环村巡演，十分热闹。虎舞表演大致包括布阵、开场、单人表演、双人对打等内容。每队人数多达二三十人，每只"老虎"由两个人分别扮演虎头和虎尾。此外，还有"土地公""土地婆"以及其余人等扮演的兵勇，手持长矛、长棍、短棍、双刀、大刀、长剑等列队摆阵。整场表演围绕"人虎搏斗、人虎共处"的主题展开，展现出人类以智慧和高超的武艺战胜老虎后与虎和睦相处的画面。

盐垛斗虎 2010年被山东省人民政府公布为省级非物质文化遗产。盐垛斗虎是山东省的民间舞蹈，起源于黄河尾闾的山东省东营市东营区龙居镇盐垛村。每逢春节、元宵等重要节日，村里的斗虎队便自发组织起来在本村和周边村进行串演。"斗虎"又名"打老虎"，是清光绪十三年（1887年）村民张凌云借用老虎的抓、扑、咬、剪、冲、跃、拍等动作编排出的一整套斗虎舞蹈动作，已有100多年的历史。每只老虎由两个人装扮，由两名斗虎英雄引领老虎在场内进行舞蹈表演，两只老虎跑跳翻滚、摇头摆尾，千姿百态，斗虎英雄或赤手空拳，或手握木棒，引逗老虎在锣鼓声中做出各种舞蹈动作。

跳於菟 土族於菟2006年经国务院批准被列入第一批国家级非物质文化遗产名录。每年的农历十一月二十日，青海省黄南州同仁县年都乎村都要举办一项叫"跳於菟"的祭祀民俗活动，在古汉语中，"於菟"即虎。原来，年都乎村是一个有343户、1400多人口的土族村寨，土族继承和保留了古羌部族以虎为图腾的"崇虎"遗俗，活动的仪式内容有平安经朗诵、人神共娱乐、祛疫逐邪等。在这些仪式上跳舞的人就被称为

"於菟"，"於菟"赤裸着上身，身上画着老虎、豹子等猛兽的图案，挨家挨户地表演和跳舞，给全村带去祝福和欢乐。

老虎上山　2020年被列入山西省第二批省级非物质文化遗产名录，是山西省翼城市南梁镇涧峡村的一种传统民俗舞蹈，始于明末，兴盛于清朝和民国，表演历史已有300多年。

该村每年的元宵节表演"老虎上山"。表演开始后，铿锵的锣鼓声响起，在2名"樵夫"的引导下，2只由村民扮演的斑斓猛虎在众人的期盼中呼啸而出。鼓点愈来愈急，表演也进入了最精彩的时刻。"樵夫"来到云梯下，纵身一跃登上云梯，情绪亢奋的"老虎"们也随之开始攀爬。"老虎"们先后爬上"山顶"，在2尺宽的高空平台上表演仰面、回舔、护崽、挠尾、打斗等多种高难度动作，惊险无比。

藏族地毯　与波斯地毯、东方艺术毯并称为世界"三大名毯"。2011年国家质量监督检验检疫总局批准对"藏毯"实施地理标志产品保护。

借助符号辟邪的做法，是藏族地毯区别于世界其他民族地毯的重要标志之一。藏族人使用恐怖的符号向魔鬼宣示虎豹的凶猛，其功用在于威慑鬼祟。（图1.84）对藏族先民来说，对虎的崇拜十分久远，虎皮被赋予了驱魔镇邪的神力。他们使用虎皮威慑鬼怪的做法至少可以追溯到公元前10多世纪的古象雄王国时期。那时的祭礼仪式中，祭祀师打着装饰有老虎皮的旗幡，身穿虎皮围裙，头戴虎皮制作的帽子。人们用虎爪和虎牙作装饰，举行驱魔仪式，同时向神奉献虎肉。

7世纪初，今西藏南部雅鲁藏布流域的吐蕃王国崛起，松赞干布（617—650年）于630年登赞普位。他颁布了新律法《三十六制》。其中，六种告身中提到了

▲ 图1.84　西藏虎毯

善号和恶号六种，"以虎豹皮誉英雄，狐尾以表懦夫"；六种标志中提到"震慑敌人英雄相的标志中各位英雄身着虎皮战袍"；六种褒奖中提到，对大臣和有功人员的奖励包括"侍身本教师与侍寝官、羌塘堪舆师（即风水师）、边防哨兵、城堡警卫为小银书"；六种勇饰，包括虎皮褂、虎皮裙、大麻袍、小麻袍、虎皮袍、豹皮袍。松赞干布的这一律法直接影响了后世对虎皮纹地毯的使用。

唐朝遣使者刘元鼎于822年出使吐蕃。他在进入吐蕃地区后看到很多山坡旁的柏树下有吐蕃将士的墓房，赭色的墓墙上绘有白虎。这些英雄生前穿虎皮衣，死后有白虎守其墓。

在藏区，虎豹之皮、编织有虎头及虎皮纹路的地毯以及绘制于门板、墙壁上的虎豹皮纹路等制品都具有护法神的属性。

西藏早期部落首领的座榻上都有虎皮，自从有了地毯，藏人便把虎皮纹织进了地毯中。这种西藏古老的图案只能在宫廷、寺院和贵族家庭中使用，以象征至高的权利。在布达拉宫东日光殿的门两旁，就挂有用虎皮纹毯卷制而成的"权力棒"，此棒还有辟邪之功用。

崇虎是中国西南少数民族共同的文化特征之一。彝族、纳西族、傈僳族、拉祜族、哈尼族、怒族、阿昌族等崇拜黑虎，白族、土家族、普米族、藏族、羌族等崇拜白虎。

西南边陲滇川黔桂的彝族是一个忠实的崇虎、畏虎、敬虎、奉虎的民族，从神话到传说，从敬畏到信仰，从崇拜到图腾，到名胜古迹、天文历法，到精神生活和意识形态，形成了独具特色而繁杂纷呈的虎文化，有的支系自称是"虎的民族"。

彝族创世史诗《阿细的先基》记载：混沌时代，宇宙间有一只硕大无比的老虎，它的眼变成日月，皮变成天，故银河似虎斑纹，肠胃变成江河湖海，筋骨变成山脉，虎毛变成花草树木。以神话故事编织了虎生宇宙观。

彝族不仅以虎为象征，而且以虎自称。今云南哀牢山上段巍山、南涧、弥渡、景东、南华、楚雄、双柏及滇南石屏、建水、绿春、墨江、蒙自、弥勒、开远等市县的彝族以"罗罗"或"倮倮"作自己的族称，意为"龙族"或者"龙虎族"。世居滇南红河两岸的彝族自称"濮拉颇"，"濮拉"意为虎族人、虎支人，他们自称是虎氏族分下来的一个支系，是虎氏族的后裔。正如明代文献《虎荟》说："罗罗——云南蛮人，呼虎为罗罗。"《山海经·海外北经》载："有青兽焉，状如虎，名曰罗罗。"明代朱谋㙔撰《骈雅》载："青虎谓之罗罗。"

云南南涧县城西南有一座大山名叫老虎山，当地彝族奉之为祖山。每年农历二月十三日至十六日，居住在附近的彝族人民就上山搭灶、搭棚子，杀猪宰羊，烧香磕头，唱歌跳舞，以此来祭祖娱祖。该县乐秋乡境内的嘎步路村，南北各有一石虎，周围的彝人一年一祭，聚者多至万人。在云南巍山县城西40千米处的扎妈古兰彝村也有一石虎，该村彝族于每年农历正月初一和正月十五日前去祭献，平时不准小孩乱爬乱动。该县西山彝族还举行家庭祭虎，每年小春作物即将成熟时，便取来青麦穗，剥出鲜粒，磨出如蚯蚓般的面浆蒸制后用来祭虎。

传说土家族的祖先巴务相被推荐为五姓部落的酋领"廪君"。廪君死后，灵魂化为白虎升天，从此土家族以白虎为祖神奉祀，形成崇拜白虎、以白虎为图腾的信仰文化。

每家的神龛上常年供奉一只木雕的白虎。结婚时，男方正堂大方桌上要铺虎毯，象征祭祀虎祖。除了进行宗教式的虔诚敬祭，土家族人的生活中也随处可见白虎的影子。

古代土家族先民作战时所持的錞于、戈、剑上面，都铸镂有虎头形或虎形花纹。在日常生活中，表现最为普遍的是门神贴"上山虎""下山虎"，以虎驱邪、以虎镇凶；在祭祀活动中有"敬白虎"的环节。如今，小孩穿虎头鞋，戴虎头帽，盖"猫脚"花衾被；门顶雕白虎，门环铸虎头。其意在用虎的形象来镇凶辟邪，守护平安幸福。

白虎图腾是土家族人民比较普遍的图腾信仰。土家族人以白虎为图腾崇拜，尤以"坐堂白虎"为甚。昔日，户户设坛祭虎神，或在神龛上供坐堂白虎，或挂中堂白虎。现今土家族人的习俗中，对白虎有敬、畏之分，其大体分野是鄂西为敬、湘西为畏。

鄂西较普遍地信奉"白虎当堂坐，无灾也无祸""当堂坐的是家神"，民间堂屋里多设有白虎神坐堂。而在湘西，则多信奉"白虎当堂过，无灾也有祸"，以忌虎为特征，永顺、保靖、龙山县一带，不少人认为自己的祖先是"打虎匠"，视白虎为凶神，并忌讳虎字，多以"猫"代之。

白族也以白虎为图腾。白族人盖房常请匠人烧制八寸大小的虎，踞于屋脊；或是绘虎画、刻虎头，以求吉辟邪。打猎不打虎，认为人被虎吃了是"成仙"……

崇拜白额虎，以之为祖先。白族罗姓甚多，大理白族自治州祥云县禾甸一带就流传着白虎图腾的传说："一位美丽的白族姑娘梦与虎交，惊醒后身怀有孕，生下一男孩。孩子生而无父，取名罗尚才（白语"罗"即虎）。罗尚才成年后，化为一只大白虎跑进山林。这只大白虎样子虽然可怕，却处处都在保佑白族，从不伤生害命。今祥云县大溯村、上赤村的罗、骆二姓，自称是罗尚才的直系后代，至今互不通婚。"

傈僳族也是以虎为图腾的民族，称虎为"腊扒"，传说是一女子上山砍柴，遇一虎变青年，与之交配所生的后代；禁猎虎，多虎姓，汉姓称为"腊"或"胡"。其图腾遗迹有虎、熊、猴、蛇等18种，多与大、小凉山的彝族氏族名称图腾制度基本相似，而以虎图腾崇拜为主。傈僳族群众普遍信奉原始宗教，它以自然崇拜和灵魂观念为基本内容。

普米族是中国具有悠久历史和古老文化的民族之一，主要聚居在云南省怒江州的兰坪县、丽江市的宁蒗县、玉龙县和迪庆州的维西县，其余分布在云县、凤庆、中甸以及四川省的木里、盐源、九龙等县。据2021年《中国统计年鉴》统计，普米族的人口为45012人。

"丁巴教"是普米族原始宗教的主要形式。"丁"指土地，"巴"指普米，"丁巴教"是指普米土地上的宗教。"丁巴教"信仰的最高神是"巴丁喇木"，意为"普米土地上的母虎神"，她是白额虎的化身，是普米族崇拜的母系氏族始祖。传说她是一位美丽能干的女神，身穿白衣、白裙，骑着白骡，只饮清泉和牛羊奶，不食五谷。她的化身被认定是位于四川省木里藏族自治县境内喇孜山腰的乌角尼可岩穴里的一尊钟乳石。普米人认为她是万能的神，能保佑人丁平安、家庭和顺、婚姻美满、众畜兴旺，特别是妇女不孕，可以乞求巴丁喇木的帮助。

在现实生活中，普米人视虎年虎月为吉祥日，以此时出生的婴儿为贵。

第二编

民俗文化

四象四神

"四象"是古人糅杂原始信仰、图腾崇拜、社会意识和审美思想，通过对浩瀚宇宙、日月星辰等天象运行规律的长期观测和总结而形成的中国独有的天文历法，在古建筑的瓦当，墓室画像石、壁画，青铜器铭纹等历史文物中，都可以找到它们的蛛丝马迹。

道教又将"四象"名为"四灵"。传说青龙、白虎、朱雀、玄武分别是天上四方镇守东、南、西、北四个方位的神灵，它们各司其职，是保护天地秩序和谐的星神，故又有"四神"之说。

白虎的称谓并非指白化的品种，而是五行学说的用语。因西方七宿其形似虎，西方在五行中属金，色是白的，故称白虎。虎的威武形象，使得它被归类为属阳的神兽，常常跟着龙一起出动，"云从龙，风从虎"，成为降魔伏鬼的一对搭档。而白虎也是战神、杀伐之神，具有辟邪禳灾、惩恶扬善等神力，乃权势和尊贵的象征。

汉代五行学说开始兴起，古人又将"四象"与阴阳、五行、五方、五色相配，故有东方青龙、西方白虎、南方朱雀、北方玄武之说。

青龙在天象中为东方七宿（角、亢、氐、房、心、尾、箕）星君，其形若龙，位于东方，象征甲乙与春季，属木，色青，总称青龙，又名苍龙。

白虎在天象中为西方七宿（奎、娄、胃、昴、毕、觜、参）星君，其形若虎，位于西方，象征庚辛与秋季，属金，主杀伐，色白，总称白虎。

朱雀在天象中为南方七宿（井、鬼、柳、星、张、翼、轸）星君，其形若鸟，位于南方，象征丙丁与夏季，属火，色赤，总称朱雀，亦名"朱鸟"。

玄武在天象中为北方七宿（斗、牛、女、虚、危、室、壁）星君，其形龟蛇缠绕，位于北方，象征壬癸与冬季，属水，主风雨，色黑而为玄武。

四象在中国早期文化中指《易传》中的太阳、少阳、太阴、少阴。《易传·系辞上传》云："是故，《易》有太极，是生两仪，两仪生四象，四象生八卦，八卦定吉凶，吉凶生大业。""太极"即为天地未开、混沌未分阴阳的状态；"两仪"通常指阴阳；"四象"即为太阳、太阴、少阴、少阳；"八卦"就是八个卦相：乾、兑、离、震、巽、坎、艮、坤。易传四象与星宿四象相互融合，青龙表少阳主春，白虎表少阴主秋，朱雀表太阳主夏，玄武表太阴主冬。

道教兴起后，沿用古人之说，将青龙、白虎、朱雀、玄武纳入神系，作为护卫之神，以壮威仪。葛洪《抱朴子·杂应》引《仙经》描绘太上老君形象时说：左有十二青龙，右有二十六白虎，前有二十四朱雀，后有七十二玄武。十分气派，着实威风。道教信仰体系中的太上老君是道教的最高神"三清"之太清道德天尊，也是神格化的被后世奉为道祖的老子（约前571—前471年）。后来，四象逐渐被人格化，并有了封号，据《北极七元紫延秘诀》记载，青龙号为"孟章神君"，白虎号为"监兵神君"，朱雀号为"陵光神君"，玄武号为"执明神君"，统称"四方神"。青龙、白虎也被列入专司镇守道观的门神。道教圣地青城山天师洞（古常道观）巍峨的山门前面，左右各建有一座神殿，左殿塑威武的青龙神像，名孟章神君；右殿塑勇猛的白虎神像，名监兵神君。

在中国风水文化中，风水四象指左青龙、右白虎、前朱雀、后玄武，分别代表东、西、南、北四个方向，被广泛运用于房屋选址、建造、布局等方面，按照"左活、右通、前聚、后靠"的原则，即左边要有溪水河流，右边要有通畅的长道，前面要有池塘湖泊，后面要有山地丘陵，四周一派生机勃勃的吉祥景象。同时，四象要求面南坐北、面水背山。因为南面阳光充足，温暖舒适，适合居住；而面水有丰富的水源，以供生活之需；背山则可以阻挡背面的寒风，同时和山呼应。

十二生肖

提到十二生肖，得先从天干地支说起。

天干地支纪年法源于中国。中国自古便有十天干与十二地支，简称"干支"，取意于树木的干和枝。

十天干、十二地支表

十天干	甲	乙	丙	丁	戊	己	庚	辛	壬	癸		
十二地支	子	丑	寅	卯	辰	巳	午	未	申	酉	戌	亥
位数	1	2	3	4	5	6	7	8	9	10	11	12

天干地支组合成六十个计时序号，作为纪年、月、日、时的名称，叫"干支纪年法"。干支纪年或记岁时，六十组干支轮一周，称一个甲子，共六十年。周而复始，循环往复。

公元纪年换算成干支纪年的方法：

天干算法：用公元纪年数减3，除以10（不管商数）所得余数，就是天干所对应的位数；地支算法：用公元纪年数减3，除以12（不管商数）所得余数，就是地支所对应的位数。比如公元2022年：

天干算法：（2022-3）/10=201……9（余数），对应的位数是壬；地支算法：（2022-3）/12=168……3（余数），对应的位数是寅，因此2022年相应的农历纪年是壬寅年。

十二生肖，又称属相，古人把十二地支用十二个动物表示，分别是：子鼠、丑牛、寅虎、卯兔、辰龙、巳蛇、午马、未羊、申猴、酉鸡、戌狗、亥猪。

十二生肖来源于原始社会的图腾崇拜，原始社会的先民常用某种动物、无生物或自然现象的图形作为本氏族的保护神和标志，即图腾。十二生肖除龙为虚幻之物，其余皆是自然产物。

《旸谷漫录》记载："寅为三阳，阳胜则暴，以虎配之。"中国古代根据一日间太阳出没的自然规律、天色的变化以及自己日常的生产活动、生活习惯而归纳总结、独创于世的十二时辰计时法，将一昼夜划分为十二个时辰，分别是子时、丑时、寅时、卯时、辰时、巳时、午时、未时、申时、酉时、戌时、亥时。寅时相当于今北京时间03:00—04:59，古称平旦，又称黎明、早晨、日旦等。此时太阳停在地平线上，是夜与日交替之际。昼伏夜行的虎这时最活跃、最凶猛，伤人最多，农家常常在此时听到不远处传来的虎啸声。于是，虎与寅时相联系，有了"寅虎"。

生肖属相是按农历的出生年份确定的，以立春开始算，民俗也有按初一开始算的。

近代以来属虎的人的出生年份有：1914年、1926年、1938年、1950年、1962年、1974年、1986年、1998年、2010年、2022年。

属相还与阴阳五行存在直接的联系。

古人认为世间的万事万物都能分为阴和阳。例如，男为阳，女为阴；山南为阳，山北为阴。对于阴阳这种相互转化、此消彼长、生生不息的关系，太极图形表现得最为形象。

古人又从阴阳中继而衍生出了五行。五行中的"五"，指的是金、木、水、火、土五元素，也被称作五气。古人认为它们是万物构成的基础。五行在声、色、味、情等方面都有具体的体现。例如，古代根据五行把声乐定为宫、商、角、徵、羽五种；又分出了青、赤、黄、白、黑，认为它们是五种最基本的颜色；等等。

行则有运动、轮回的意思。在古人看来，每天的朝夕和昼夜，一年春、夏、秋、冬四季的变化，都是五行循环变化的表现。而且，这五种元素不仅具有固定的顺序，还具有各自的属性。

木具有生发、条直的特性，木主仁，其性直，其情和。

火具有发热、向上的特性，火主礼，其性急，其情热。

土具有生养、孕育的特性，土主信，其性重，其情厚。

金具有肃静、杀敛的特性，金主义，其性刚，其情烈。

水具有清凉、向下的特性，水主智，其性聪，其情善。

五种元素依照木、火、土、金、水的生成顺序在五行之中循环作用，产生了相生相克、循环不止的关系。

五行相生的顺序是：木生火、火生土、土生金、金生水、水生木。

五行相克的顺序是：水克火、火克金、金克木、木克土、土克水。

有人用阴阳五行的理论来观察生肖、认识生肖属相的吉凶宜忌。

寅虎年：寅属阳木，所以虎亦属阳木，故在虎年出生的肖虎人，命格都属阳木。

寅虎属相与阴阳五行之间的关系如下：

甲寅乙卯大溪水黑：此年生人，是大溪水命，属相是黑虎和黑兔。

丙寅丁卯炉中火红：此年生人，是炉中火命，属相是红虎和红兔。

戊寅己卯城墙土黄：此年生人，是城墙土命，属相是黄虎和黄兔。

庚寅辛卯松柏木青：此年生人，是松柏木命，属相是青虎和青兔。

壬寅癸卯金箔金白：此年生人，是金箔金命，属相是白虎和白兔。

每一种生肖都相应有着丰富的传说，成为民间文化中的形象哲学，如婚配上的属相、庙会祈祷、本命年等。

龙虎交媾

龙虎交媾是道家炼丹专用术语。炼丹是道家为追求"长生不老"而炼制丹药的方术，分为外丹术和内丹术。

外丹术是在丹炉里烧炼矿物以制造"仙丹"——一种中药剂型，寄望服食不老丹药而成仙。炼丹服食盛行于秦汉魏晋时期，由于引起服食者的广泛中毒而遭到医学家、学术界的反对声讨而趋衰落。

"张天师祈禳瘟疫　洪太尉误走妖魔"为《水浒传》开篇第一回，说的是钦差洪太尉领旨前往江西信州龙虎山，宣请嗣汉天师张真人星夜临朝祈禳瘟疫的故事。龙虎山（今江西省鹰潭市贵溪市境内）相传旧名云锦山，东汉时期正一道第一代天师张道陵（34—156年）曾在此结庐为舍，筑坛炼制"九天神丹"。传说炼到一年的时候，红光满室；炼到第二年时，有五色云彩覆盖在鼎上；炼到第三年时，神丹终于炼成，有一条青龙和一只白虎出现在空中护卫张天师，有"丹成而龙虎现"之说。龙虎山因此得名。

古人称五月为恶月、毒月。南宋时期过端午节时，人们为祛疾辟邪，常将艾草与菖蒲编织成人形，做张天师驭虎的形象挂在门上。自古就有谚语："五月五日午，天师骑艾虎。赤口上青天，百虫归地府。"

张天师在道教中的形象，是一个执剑骑虎的得道仙人。民间年画张天师图中，天师身穿八卦衣，一手捧符水，一手执剑，乘骑白虎，目光炯炯逼人，虎爪踩一"驱邪神印"，下方分布有已被制服的蛇、蝎、蜈蚣等五毒形象，显示出巨大的法力。（图2.1）

内丹术是以人体喻炉鼎，精、气为药物，以神运精气，通过意念修炼而结丹药。王夫之揭示内丹的特点"多隐其辞，托为龙虎，铅汞交媾之说，使以自悟"（《船山遗书·第十函·楚辞通释·卷五·远游》）。内丹的修炼，在后世发展为静养功。

龙虎含意有多种，主要指养生术语。外丹家以龙喻水，以虎喻火。内丹家其说不一。一喻元神、元气。房中家又用以借喻男、女，男为龙，女为虎。

中医古代通过"性"以养生。房中术是中国古代四大方术（占星术，堪舆术，房中术和炼丹术）之一，强调通过对性生活的调节达到养生的目的。长沙马王堆汉墓竹简《养生方》详细记载了十种性交姿势与体位的仿生学具体运用。一曰

▲ 图2.1　张天师执剑骑虎图

"虎游"，即模仿老虎的游走来作为房事体位与动作。中国古代性学著作《素女经》描述的九种姿势，龙翻、虎步、猿搏、蝉附、龟腾、凤翔、兔吮毫、鱼接鳞、鹤交颈等，也是模仿动物活动的姿态。

交媾——天地以阴阳交媾而生物，丹法以阴阳交媾而生药。盖未有不交媾而用以成造化者也。

文字"虎"

文字的出现标志着人类文明时代的开端。中国的文字是世界最古老的文字之一，河南安阳小屯村出土的距今约3000年的殷墟甲骨文是中国现存最早的文字，古人用刀器契刻在坚硬的龟甲或兽骨上，遗存于今。自1899年发现甲骨文，殷墟等地共出土甲骨文单字约4500字，已能辨认的约2000字。殷墟甲骨文的残片中就已经出现了虎的象形字。

现代汉字是从甲骨文、金文、篆〔zhuàn〕文、隶书演变而来。在形

体上逐渐由图形变为笔画，象形变为象征，复杂变为简单。在造字原则上从表形、表意到形声。

甲骨文"虎"字像大口、长足、纹身（有的略去兽身的斑纹）的猛兽，字形如一只直立的猛虎。

金文，亦称铭文或钟鼎文，乃铸或刻于青铜器上的文字。金文中的"虎"字侧重虎的巨口、利爪和刚尾。

篆文将金文字形底部的尾形写成"人"，表示虎是会袭击人类的猛兽。

隶书将篆文字形中的"人"写成"巾"，全无虎形可象。

楷书则将篆文的"人"形写成"几"，字形如一只回首长啸上山猛虎的左侧视图。

草书虎字如一只拖着一条长尾巴行走的虎。（图2.2）

甲骨文　　金文　　　小篆　　　　　隶书　　　　　　　楷书　　　草书

▲ 图2.2　虎字的演变

部首为"虍"部与"虎"部的汉字有：虞［yú］、虢［guó］、虣［bào］、虐［nüè］、號［hào］、虏［lǔ］、虑［lù］、虔［qián］、虝［hǔ］、虚［xū］、虤［yán］、虘［cuó］、處［chǔ］、彪［bīn］、虍［hū］、虎［hǔ］、虩［xì］、虙［fú］、虓［xiāo］、虏［lǔ］、虗［xū］、虥［zhàn］、虪［shù］、虡［jù］、虖［hū］、虧［kuī］、虓［jiāo］、虥［zhàn］、虒［sī］等。

以下述几个字例，来说明部首为"虍"的汉字的表形和表意。

"虍"的本义是虎皮上的斑纹，是虎皮的形象描摹。

"虐"从虍（指虎头），表意爪人，即虎足反爪伤人。

"虞"是上古一个官职名，即所谓"虞人"——春秋战国时掌管山泽鸟兽的官吏。源自远古时代，人们在狩猎之际每每要披虎皮、戴虎首以威慑野兽。

"虢"字借意剥虎皮，这个字形被古文字学家考释为在描摹一手执虎、一手持兵器，剥去虎皮毛的形象。

"盧"（卢）通"廬"（庐），简陋的房屋。远古时，卢氏人以虎头为图腾，以耕田为生，以藤条编器皿——"卢器"。

虎字成语

成语是语言中经过长期使用、锤炼而形成的固定短语。其中有很大一部分是从古代相承沿用下来的，它代表了一个故事或者典故。有人做过统计，含有"虎"字的成语数量多达272个，其中第一个字是虎的有37个；第二个字是虎的有81个；第三个字是虎的有96个；第四个字是虎的有45个；虎字在其他位置的有13个。比如：

虎口余生：老虎嘴里幸存下来的生命。比喻逃脱极危险的境地侥幸活下来。

虎头燕颔：旧时形容王侯的贵相或武将相貌的威武。

虎口拔牙：从老虎嘴里拔牙。比喻做十分危险的事情。

虎不食儿：老虎凶猛残忍，但并不吃自己的孩子。比喻人皆有爱子之心，都有骨肉之情。

虎头虎脑：形容壮健憨厚的样子（多指儿童）。

虎踞龙蟠：形容地势雄伟险要。同"虎踞龙盘"。

为虎作伥：替老虎做伥鬼。比喻充当恶人的帮凶。伥，伥鬼，古时传说被老虎吃掉的人死后会变成伥鬼，专门引诱人来给老虎吃。

如虎添翼：好像老虎长上了翅膀。比喻强有力的人得到帮助变得更加强有力。

纵虎归山：把老虎放回山去。比喻把坏人放回老巢，留下祸根。

画虎画皮难画骨：比喻认识一个人容易，了解一个人的内心却难。

养虎贻患：比喻纵容敌人，自留后患。同"养虎遗患"。

官虎吏狼：官如虎，吏如狼。形容官吏贪暴。

燕颔虎头：形容相貌威武。借指武将、勇士。同"燕颔虎头"。

狐假虎威：狐狸假借老虎的威势。比喻依仗别人的势力欺压人。假，借。

龙争虎斗：形容斗争或竞赛很激烈。

将门虎子：比喻父辈有才能，子孙也身手不凡。也指后生子弟不辱门庭。将门，世代为将的人家。

豺狼虎豹：泛指危害人畜的各种猛兽。也比喻凶残的恶人。

鲸吞虎噬：像鲸鱼和老虎一样吞食。多比喻吞并土地财物。

生龙活虎：形容活泼矫健，富有生气。

降龙伏虎：原是佛教故事，指用法力制服龙虎。后比喻有极大的能力，能够战胜很强的对手或克服很大的困难。

畏敌如虎：害怕敌人如同怕虎一般。

敲山震虎：指故意示警，使人震动。同"敲山振虎"。

如狼似虎：像狼和虎一样凶狠。比喻非常凶暴残忍。

割肉饲虎：割下身上的肉喂老虎。比喻即使舍弃生命也无法满足对方的贪欲。饲，喂。

苛政猛于虎：指残酷压迫剥削人民的政治比老虎还要可怕。政，政治。

前怕狼后怕虎：比喻胆小怕事，顾虑太多。

初生牛犊不怕虎：比喻年轻人没有畏惧，敢作敢为。

拉大旗作虎皮：比喻打着革命的旗号来吓唬人、蒙骗人。

一山不容二虎：比喻在一个地方两个强者不能相容。同"一山不藏二虎"。

三夫成市虎：三个人谎报城市里有老虎，听的人就信以为真。比喻说的人多了，就能使人们把谣言当事实。

歇后语

歇后语由劳动人民在日常生活中创造，具有鲜明的民族特色和浓郁的生活气息。它一般将一句话分成两部分来表达某个含义，前一部分是隐喻或比喻，后一部分是意义的解释。在一定的语言环境中，通常说出前半截，"歇"去后半截，就可以领会和猜想出它的本意，所以称它为歇后语。比如 "老虎借猪"，听者就会明白意指"有去无还"。选录下述含有"虎"字的经典歇后语：

带崽的母老虎——分外凶。

放虎归山——后患无穷。

虎嘴上拔毛——好大的胆子。（比喻胆量大）

画上的老虎——吃不了人。

猫儿教老虎——留一手。

下了山的老虎——不如狗。（比喻失去了当年的威势）

照猫画虎——差不离。

纸老虎——一戳就穿。

老虎进村——没人敢理。

林冲误入白虎堂——有口难辩。

民间谚语

民间谚语是一种形式独特的固定语句，它们语言简练、韵味和谐、寓意深刻，以特有的魅力受到人们的喜爱。选录下述含有"虎"字的民间谚语：

老虎进了城，家家都闭门。

不入虎穴，焉得虎子。

山中无老虎，猴子称大王。

虎落平阳被犬欺。

伴君如伴虎。

老虎的屁股摸不得。

两虎相斗，必有一伤。

前门拒虎，后门进狼。

老虎门下官难做。

老虎打瞌睡，难得的机会。

谜语

谜语主要指暗射事物或文字等供人猜测的隐语。老虎谜语多属民间风格的题材，以人们常见、熟悉的老虎为谜材，谜面语言朗朗上口，易记易传。选录下述谜底是老虎的谜面（打一动物）：

黄忠老将本领高，定军山上称英豪，人人见了都奔逃，下山只怕被犬咬。

身穿花皮袄，山上到处跑。人称百兽王，凶猛脾气暴。

性情躁烈爆，常披黄皮袄，山中称大王，我说那是猫。

像猫不是猫，身穿皮袄花。山中称霸王，寅年它当家。

身穿皮袍黄又黄，呼啸一声百兽慌，虽然没率兵和将，威风凛凛山大王。

猫脸老大爱食肉，生性威猛王者兽。

生性凶猛爱食肉，兽中之王最爱吼。

长着尖尖牙，森林称霸王。

什么动物是打麻将高手？

儿歌童谣

脍炙人口的经典儿歌童谣，多少含有虎的题材，陪伴着一代又一代的孩子们健康快乐地成长。

上山打老虎

一二三四五，上山打老虎。

老虎没打到，打到小松鼠。

松鼠有几只？让我数一数。

数来又数去，一二三四五。

两只老虎

两只老虎，两只老虎，

跑得快，跑得快，

一只没有眼睛，

一只没有尾巴，

真奇怪！真奇怪！

猫虎歌

小猫遇见大老虎，

摇头摆尾装师傅。

狮子豹子都是猫啊，

老虎被弄得稀里糊涂。

小猫遇见大老虎，

摇头摆尾装师傅。

只凭一招会上树啊，

森林之王你服不服！

童话寓言

中国民间童话寓言故事极为丰富，一般的都比较短小。故事通常都是假托的、创造的、幻想的，多采用夸张、拟人、象征等表现手法，富有教育意义。

《猫和老虎》《老虎拔牙》《老虎和青蛙》《母虎乳人》《老虎报恩》《义虎送亲》《虎守杏林》《老虎听经》《虎媒》《孙思邈为虎治病》《赵城虎》《为虎作伥》《谈虎色变》《三人成虎》等等，都是喜闻乐见的以虎为题材的经典童话寓言故事，其中不少还是成语典故。选录下述几则故事：

老虎学艺

从前，老虎空有一身蛮力，却技艺平平，很难成功捕食猎物来填饱肚子。而猫呢？看似体态纤弱，却动作敏捷，衣食无忧。老虎于是诚心仰慕，要拜师学艺。猫见老虎虚心诚恳，又祖根同源，不好拒绝。猫也在想：虎性凶狠，不可轻易得罪。如果做了虎的师父，那自己岂不就成了太上皇？喜上心头，遂收虎为徒。

老虎每天用功地跟随师父学习捕猎技艺，长进神速，很快就学会了真本领，渐渐变得骄傲自大起来，心目中再也瞧不起师傅了。俗话说：教会徒弟，饿死师傅。这时，机警的猫又在想：我不可以把功夫统统传授给它，还得留一手才稳妥。所以老虎从师傅那里学会了扑、掀、抓、咬等百般捕猎技艺，唯独没学会爬树。老虎也在盘算，以为上树没多大用处，又不喜爱吃果子和飞禽，况且自己体重大，万一从树上掉落地下会摔死的，所以也没有执意要学。

老虎学成后，开始妄自尊大。一次，跟猫照面，平素见师行礼的老虎竟然毫无敬意，于是猫怒而叱之："畜生，可不知礼！"这时，忘恩负义的老虎暴露出凶恶的本性，根本不把师傅放在眼里，大声一吼，向猫扑去，欲置之死地而后快。说时迟，那时快，机敏的猫纵身向身边的大树一跃，跳到树上，躲过了一劫。这时，它惊恐万状地自语道："幸亏留有一手！不然就要落入虎口了。"俯身往下看，不会爬树的老虎围在树下急得团团转，干瞪着眼，无可奈何。

遭见贤尊

选自隋朝（581—618年）学者侯白（生卒年不详）撰写的笑话集《启颜录》。鲜活地表现了觅食的虎被刺猬硬刺扎到鼻子后的惊慌失措，以及其后见到橡果而产生的联想反应和窘态。

一只虎野外觅食，见地面仰卧着一只刺猬，以为是一坨肉，刚想叼走，忽然被刺猬蜷身刺住了鼻子，吓得狂奔起来，不敢停歇，一直跑进深山，直到困乏倒下昏睡。这时，刺猬才放开虎鼻走了。老虎睡醒后发现刺猬没了，很开心，走到橡树下，低头看着地面带刺的橡果，赶紧侧身对它说道："早晨遇见过令尊，愿意为公子让道！"

战胜老虎的刺猬

战胜老虎的刺猬是中国的邻邦朝鲜家喻户晓的童话故事，其内核含有"以小胜大，以弱胜强"的斗争策略。

古时候，某座山的动物们打赌比谁的力气大。老虎当仁不让地夸口说自己的力气最大，在动物们慑于老虎的威严，谁也不敢说话的时候，刺猬站了出来，它把尖刺扎在老虎最怕疼的鼻尖上，老虎哀号着逃跑了，结果刺猬击败了老虎，赢得了胜利。

狐假虎威

典出《战国策·楚策一》，原义是狐狸假借老虎的威势吓唬百兽，后比喻仰仗或倚仗别人的权势来欺压、恐吓他人。

老虎统治着森林，数不清的飞禽走兽供养着它，任它捕食。

一次，它轻松地捕捉到了一只狐狸，正当张口要吞下那只利爪下可怜的猎物时，狡猾的狐狸忽然开口说道："嘿！你别自以为是百兽之王，就胆敢把我吞进肚里。你要知道后果多严重！我现在告诉你，天帝已经任命我统领百兽，是王中之王，如果你胆敢吃了我，就是违抗天命，必将遭受天帝的谴责和惩罚！"

老虎听罢狐狸的假话，顿时给懵住了，一时真假难辨。犹豫迟疑之时，给狐狸抓到了弱点。于是狐狸马上摆出一副高傲的姿态，神气十足地对着老虎说："怎么，难道还有疑虑吗？如果不信，现在就随我来，我在前，你在后，看看山中百兽见了我是什么个表现，是不是个个被吓得四下逃散？"为了证实此话虚实，老虎只得照办。

于是，老虎跟着狐狸走进了山林。野兽见到它们，纷纷避而远之，唯恐避之不及。目睹此情此景，老虎竟然愚蠢到难以置信的程度，以为百兽真的害怕狐狸，而不知自己的威风被狐狸假借了，百兽畏惧的是自己，而不是狐狸。狐狸也因此欺骗了老虎，从而成功从虎口逃生。

黔之驴

选自唐代文学家柳宗元（773—819年）《柳河东集·卷一九》。文章原意是讽刺无能而又肆意逞志的人。

黔（唐代黔中道）地原本没有驴子，有个喜欢多事的人用船把一头驴运进了黔地，运到后驴子一直闲着，没有派上什么用场，于是就把它放养在山下。山中老虎见之身形庞大，而此前闻所未闻，见所未见，以为是什么神异之物，不敢轻易接近。于是老虎躲藏在树林里偷偷看它，渐渐接近它，动作小心翼翼，唯恐惊动了它，不知究竟是何物。

一天，驴嘶叫了一阵，老虎听到后惊慌失措，远远地躲开，认为驴子要来吃掉自己，很害怕。然而老虎来来回回反复观察，觉得驴子并没有什么特别的本领和威胁。老虎渐渐地习惯了驴的叫声，就又走近它，出没在它的身前身后，但始终不敢跟它搏斗。老虎再次渐渐地靠近它，态度变得越来越轻侮，试探性地碰撞、倚靠、冲撞、冒犯它，驴禁不住发怒起来，用蹄子猛踢老虎。这时，老虎却高兴起来了，算计道："这东西的本领不过如此罢了！"于是跳起来大吼一声，咬断了驴子的颈喉，吃光了它的肉才离去。

唉！驴子身形庞大好像很有道行，声音洪亮好像很有本领。如果驴子当初不使出它的那点本领，老虎虽然生性凶猛，但多疑、畏惧，终究不敢猎食驴子。如今落到这样的下场，真的可悲啊！

文化·体育

⊙ 影视剧及动漫

以"虎"字为片名的国内电影作品有《大虎》《虎域》《灵虎爱》《驯虎女郎》《雪虎任务》《龙虎小霸王》《奇袭白虎团》《卧虎藏龙》《阿虎》《运虎记》等；国外电影作品有《虎！虎！虎！》《虎口脱险》《虎胆龙威》《虎兄虎弟》《虎面人》等。

以"虎"字为剧名的京剧作品有《虎牢关》《牧虎关》《恶虎村》《打虎上山》《智取威虎山》《武松打虎》《龙虎斗》《苏龙魏虎为媒证》等。

与虎相关的电视剧作品有《虎符传奇》《飞虎》《大虎》《老虎伊甸园》《少年派的奇幻漂流》《猎人兽》《西伯利亚虎最后的怒

吼》等。

与虎相关的动漫作品有《小虎历险记》《奇幻森林》《十二生肖》《天眼神虎》《喜羊羊与灰太狼》《小熊维尼与跳跳虎》《小老虎丹尼尔》《功夫熊猫》《狮子王》等。

《智取威虎山》由上海京剧院出品，是根据曲波的长篇小说《林海雪原》中的部分内容改编而成的革命现代京剧剧目。该剧讲述了解放军某部团侦察排长杨子荣改扮成土匪打入威虎山，最终与追剿队联手歼灭匪众的故事。京剧电影《奇袭白虎团》讲述志愿军侦察排长严伟才率领一支侦察队，在朝鲜人民军联络员韩大爷、战士金大勇和朝鲜群众金大嫂的协助下，在志愿军某营的密切配合下，化装成美、李伪军，机智冲破敌人的道道关卡，插入敌人"心脏"，捣毁了"白虎团"团部，为我军全线反击创造了条件的故事。

30集电视连续剧《虎符传奇》以战国时期群雄逐鹿为背景，讲述了战国四公子之首信陵君为解邯郸之围，请求魏王爱妃如姬"窃符救赵"所发生的故事。

动画片《小虎还乡》又名《小虎历险记》，讲述了一只小白虎逃脱偷猎魔爪，寻找回家之路的涉险历程。

⊙ 小说诗歌

以"虎"字为书名的文学作品有：沈从文《虎雏》、李克威《中国虎》、王家珍《虎姑婆》、温燕霞《虎犊》、张爽《白虎》、周大新《左朱雀右白虎》、李唐《菜市场里的老虎》、袁博《猛虎雪中行》、董宏《虎伢子》、牧铃《丑虎》、沈石溪《老虎哈雷》《虎女蒲公英》等，以及古龙《白玉老虎》、柳残阳《牧虎三山》、醉乐天《白虎鞭》、猎衣扬《虎辞山》等武侠小说。

《苛政猛于虎》是著名的古文作品，出自《十三经注疏》本《礼记·檀弓下》。

孔子过泰山侧，有妇人哭于墓者而哀，夫子式而听之，使子路问之，曰："子之哭也，壹似重有忧者。"而曰："然。昔者吾舅死于虎，吾夫又死焉，今吾子又死焉。"夫子曰："何为不去也？"曰：

第二编
民俗文化

"无苛政。"夫子曰:"小子识之:苛政猛于虎也。"

译文:孔子路过泰山边,见有个妇人在坟墓旁哭得很悲伤。孔子扶着车前的扶手板听着,派子路问她说:"听你的哭声,好像不止一次遭遇到不幸似的。"她说:"是啊!前有我的公公葬身虎口,我的丈夫也死于虎口,现有我的儿子又死于虎口。"孔子于是问她:"那你为何不愿离开这里呢?"妇人回答道:"因为这里没有残暴的政令啊。"孔子马上说:"子路你千万要记住:残暴的政令比猛虎还要可怕!"

《诗经》里的诗句不少写到虎,比如:

有力如虎,执辔如组。(《简兮》)

诗意:(舞师)动作有力如猛虎,手握缰绳真英武。

不敢暴虎,不敢冯河。(《小旻》)

诗意:不敢空手搏虎,不敢涉水过河。"暴虎冯河"衍变为汉语成语,比喻有勇无谋、冒险蛮干,也比喻勇猛果敢。

彼谮〔zèn〕人者,谁适与谋。取彼谮人,投畀〔bì〕豺虎①。豺虎不食,投畀有北。(《巷伯》)

诗意:那个造谣害人者,是谁为他出计谋?抓住这个害人的家伙,扔到野外喂豺虎!如果豺虎不肯吃,就把他扔到荒凉的北方去!

匪兕〔sì〕匪虎,率彼旷野。(《何草不黄》)

诗意:不是野牛不是虎,行军旷野不停步。

进厥虎臣,阚〔kàn〕如虓虎②。(《常武》)

诗意:进攻部队如猛虎,虎怒吼声震天地。

《离骚》诗句中也能找到虎的踪迹。

屈原(约前340—前278年)在《离骚》开篇就宣称自己的生日是:"摄提贞于孟陬兮,惟庚寅吾以降。""摄提"是太岁星运行的轨迹,太岁在寅曰摄提格。"孟陬"是正月,夏历以建寅之月为岁首,说明这年正月是寅月;"庚寅"则说明这一天是寅日。屈原用诗句叙述自己生于寅年正月庚寅日,恰好生肖属虎,似以此为荣。也有学者运用四分历

---

① 豺虎,泛指猛兽。

② 虓虎,咆哮的老虎,用于形容将领的作战勇猛。

法推算屈原出生日期在公元前343年（楚宣王二十七年），戊寅年正月（寅月）二十一日（庚寅）。

"魂兮归来！"古人迷信，认为人有会离开躯体的灵魂，人生病或死亡，灵魂离开了，就要举行招魂仪式，呼唤灵魂归来。屈原模仿民间招魂习俗写成的《招魂》诗，就有虎的形象描述：

魂兮归来！君无上天些。虎豹九关，啄害下人些。

诗意：魂啊归来吧！你千万别升上天。虎豹镇守着九重天的关门，咬死下界的人尝鲜。

古人认为天有九层，因此泛言天为"九重天"。天门门禁森严，九重天门都驻守着虎豹，专司啄杀下界欲升天界之人。

参目虎首，其身若牛些。此皆甘人，归来！恐自遗灾些。

诗意：还有三只眼的虎头怪，身体壮硕像头牛。这些怪物以吃人为乐，回来吧！恐怕自己要遭受灾祸。

土伯是中国神话中后土手下的侯伯，阴间幽都的看守。土伯的样子很可怕，手上拿着九条绳子，头上长着尖锐的角，隆背血手，飞快地追逐着人，三只眼，老虎头，身如牛，把人当美味佳肴。

清朝著名小说家蒲松龄（1640—1715年）创作的文言短篇小说集《聊斋志异》中，不少篇章有描写老虎的内容。比如，《二班》《苗生》《向杲［gǎo］》《大人》《黑兽》等故事。较著名的有《赵城虎》：一虎误食七旬老妇人的独子，后来居然良心发现，俯首领罪，愿供养老人。先是把捕到的鹿等猎物送给老人卖钱作生活费，有时还送来金银布匹。老妇人从此富足起来，生活比她儿子在世时还宽裕。老妇人死后，老虎还到坟前致哀。

《华南虎》是现代著名诗人牛汉（1923—2013年）于1973年6月创作的抒情新诗。诗人以华南虎作为象征，通过描写被囚禁在铁笼中的华南虎，来表现自己在困境中对精神自由、人格独立的极度渴望。

诗歌的最末一段这样写道：

恍惚之中听见一声
石破天惊的咆哮，
有一个不羁的灵魂
掠过我的头顶

第二编
民俗文化

腾空而去，
我看见了火焰似的斑纹
和火焰似的眼睛，
还有巨大而破碎的
滴血的趾爪！

虎名拳术

中国传统武术兼具竞技搏击、艺术观赏和运动健身等特色，其中不乏模仿动物行为而产生的套路拳术。相传早期养生功法《五禽戏》为东汉名医华佗（约145—208年）所创，《后汉书·方术列传·华佗传》记载："吾有一术，名五禽之戏：一曰虎，二曰鹿，三曰熊，四曰猿，五曰鸟。"五禽戏套路中的虎戏包括虎举、虎扑二式。虎举口诀：双手伸展变爪状，外旋下按至腹前；虎扑口诀：双爪划弧体前倾，屈膝成虚猛虎扑。中医脏腑学说认为虎戏主肝，能疏肝理气、舒筋活络。虎戏通过手型（撑掌、虎爪、握拳）的变化和两目（肝窍）的注视，对肝的功能进行有效的调节。

虎在传统文化中的地位是"主杀伐"，因此以"虎"字命名的拳术较为普遍，包括虎拳、虎形拳、金虎拳、黑虎拳、青虎拳、白虎拳、饿虎拳、猛虎拳、飞虎拳、伏虎拳、五虎拳、八虎拳、虎啸拳、神虎术、回头虎拳、侧面虎拳、车马虎拳、隐山虎拳、少林虎拳、猛虎下山拳、虎鹤双形拳、青龙玉虎拳等。其中虎拳、虎形拳都是福建省的传统拳术之一，仿效猛虎扑食、跳跃、奔串等动作，突出指掌（虎爪）功力和刚猛出击之势，特点是以形为拳、以意为神、以节发劲、以气催力，拳势凶猛，颈喉用劲极其强烈。

姓氏"虎"

"虎"属罕见姓氏，虎姓群体主要分布在宁夏、甘肃、云南、贵州、河南、陕西、四川、安徽、青海等省区。

2020年第七次全国人口普查结果显示，全国人口总数为1443497378人，"虎"姓在姓氏前300位没有查到。据资料介绍，2018—2019年统计的全国虎姓人口约3万，人口排名第548位。

虎姓群体是一个多民族、多源流的古老群体。姓源其一出自上古舜臣"八元"之一伯虎的后人，以虎为氏，为今日虎姓家族的重要来源。其二出自回族虎姓，取自祖上回族名首音。成都、云南等地区的虎姓读猫（māo）音。

据《风俗通》载：有"合浦太守虎旗"。虎旗为汉代人氏，传为"八元"伯虎之后人。元代有虎秉，为河内知县。明代有大将虎大威，榆林人，曾为山西总兵。清代有虎坤元，四川人，为咸丰年间提督。

云南省昭通地区的虎姓则是取祖上"虎威将军"封号的"虎"字为姓。甘肃环县虎洞乡的虎姓人居多，自称先祖是姬姓后裔。

中国人给男孩取名也常用虎字，以示虎虎生威。比如：

虎国、虎彪、虎祥、虎啸、虎猛、虎兴、虎文、虎智、虎君、虎涛、虎跃、虎强、瑞虎、伯虎、祥虎、兆虎、大虎、二虎、虎娃。

地名街名

以虎为地名、街名司空见惯，中国各个省区市都可以找到，以下述为例：

北京市含"虎"字的地名，据学者统计有50多处。因养虎而得名的有虎坊桥、虎坊路、虎坊里、虎城、虎城胡同；因石雕老虎而得名的有大石虎胡同、小石虎胡同、大黑虎胡同、小黑虎胡同、石虎巷、石虎胡同、三虎桥；因有老虎出没而得名的有花虎沟、上虎叫、下虎叫、老虎沟门；因地形地貌而得名的有石虎山、虎头山、卧虎山、黑虎峪、虎山、老虎嘴、卧虎桥、龙虎台；因谐音而得名的有老虎涧、虎背口胡同、石虎胡同、卧虎山；因庙宇而得名的有五虎庙、老虎庙、老虎洞。

天津市有蓟州区西龙虎峪镇虎峪村、北辰区集贤里街道虎林里社区、河东区中山门虎丘路。

内蒙古自治区有呼伦贝尔市陈巴尔虎旗、新巴尔虎右旗、新巴尔虎左旗；乌兰察布市集宁区虎山街道。

黑龙江省有鸡西市虎林市、嫩江县座虎滩乡、牡丹江市宁安市沙兰镇老虎洞村。

上海市不少地名被冠以"虎"字，有虎丘路、虎林路、虎山弄、打虎山路、伏虎村、四虎桥、白虎头村、飞虎淇江等。

江苏省跟虎有关的地名、路名有南京市的养虎巷、龙虎巷、老虎桥、龙虎村、龙虎营、虎桥路、虎丘路、虎贲仓、虎奔右、虎啸路、虎啸花园、虎踞路、虎踞南路、虎踞北路、虎踞关等；苏州市姑苏区虎丘街道虎阜社区、虎丘路社区、虎丘社区，阊门外山塘街虎丘山。

浙江省有杭州市萧山区闻堰街道老虎洞村；宁波市含有"虎"字的地名至少有14个，因曾有猛虎出没而得名的有虎啸刘村、龙虎草堂等，以山形地貌为名的有青虎湾岗、虎屿山、虎屿公园、虎山、虎头岭山等。

福建省厦门市是华南虎的发现地，以"虎"为名的街道巷道有虎园路、虎仔山路、龙虎山路、虎屿路、虎巷、虎溪岩等；福州市晋安区宦溪镇降虎村；泉州市安溪县虎邱镇；龙岩市永定区虎岗乡；宁德市蕉城区虎贝乡。

江西省有南昌市进贤县虎江口、虎臣路，安义县虎岭；鹰潭市贵溪市龙虎山镇龙虎山（道教名山）；抚州市广昌县驿前镇高虎脑村。

山东省有聊城市东昌府区斗虎屯镇；青岛市李沧区虎山路；济宁市邹城市大束镇老虎村、嘉祥县虎头山村；德州市禹城市梁家镇张老虎村；东营市利津县虎滩乡虎滩嘴。

湖南省有长沙市宁乡市虎形洲；株洲市茶陵县虎踞镇；衡阳市常宁市宜潭乡虎洲村；株洲市醴陵市富里镇富里村老虎冲组；郴州市资兴市滁口镇老虎冲村。

广东省有广州市花都区花城街道虎岭头；深圳市宝安区松岗街道办塘下涌村老虎坑；东莞市虎门镇；云浮市云安区富林镇老虎坳；清远市连南瑶族自治县寨岗镇老虎冲村。

广西壮族自治区有北海市银海区银滩镇和平村委会大老虎村、小老虎村；百色市西林县古障镇妈蒿村那虎屯。

重庆市有沙坪坝区虎溪街道、北碚区歇马街道虎头村、渝中区虎歇路。

云南省有大理州南涧县宝华镇虎街村；楚雄州永仁县猛虎乡猛虎村；文山州丘北县曰者镇新寨行政村老虎冲村。

西藏自治区有林芝市墨脱县老虎嘴瀑布、工布江达县老虎嘴隧道。

陕西省有西安市周至县虎峪梁、蓝田县焦岱镇老虎沟村；安康市白河县麻虎乡；宝鸡市陇县天成镇老虎沟村。

宁夏回族自治区固原市原州区云雾山一带有老虎嘴、虎洼、小老虎沟、大老虎沟、老虎湾、虎狼台、虎狼沟等多个与虎相关的自然地名。

香港特别行政区有香港岛南区老虎山。

台湾省有云林县虎尾溪。

著名景点

虎头山 较知名的有山西省昔阳县大寨虎头山、广东茂名虎头山、福建三明虎头山、甘肃迭部虎头山、台湾花莲虎头山等。

大寨虎头山因毛主席发出的"农业学大寨"的号召而闻名于世。1996年大寨虎头山建起森林公园，公园内坐落着周恩来总理登山纪念亭、叶剑英（1897—1986年）元帅纪念亭、郭沫若（1892—1978年）纪念碑、陈永贵（1915—1986年）墓、作家孙谦（1920—1996年）墓和大寨纪念馆、陈永贵半身雕像等一批历史名胜。还有叶剑英元帅书写的"虎头山"三个大字镌刻在山间的一块天然巨石上。

威虎山 位于黑龙江省海林市横道河镇，是张广才岭伸向牡丹江边余脉的峻峰，海拔757米，总面积40万平方米。因著名小说《林海雪原》以及京剧《智取威虎山》而闻名。是小说《林海雪原》中所描写的剿匪遗址所在地，杨子荣等英雄人物曾长期在这里战斗和生活。

龙虎山　位于江西省鹰潭市贵溪市龙虎山镇，为道教名山。东汉中期，张道陵偕弟子到云锦山修炼"九天神丹"，传说三年丹成，"丹成而龙虎见"，因此改名龙虎山。现为国家AAAAA级旅游景区，主要风景区有上清宫景区、天师府景区、龙虎山景区、仙岩水岩景区、岩墓群景区、象鼻山排衙石景区、独峰马祖岩景区。

虎丘　位于江苏省苏州市城区西北郊，距城区中心5千米。据《史记》记载，吴王阖闾［hé lú］（？—前496年）葬于此，传说葬后三日有"白虎蹲其上"，故名。一说"丘如蹲虎，以形名"。

虎丘山是风景名胜区，最为著名的是云岩寺塔和剑池。高耸入云的云岩寺塔已有1000年历史，是世界第二斜塔，古朴雄奇，早已成为古老苏州的象征。剑池幽奇神秘，埋有吴王阖闾墓葬的千古之谜以及神鹅易字的美丽传说，风壑云泉，令人流连忘返。

虎门　广东省东莞市虎门镇因林则徐（1785—1850年）虎门销烟而闻名。虎门销烟指1839年清政府委任钦差大臣林则徐在广东虎门集中销毁鸦片的历史事件。此事后来成为第一次鸦片战争的导火线，《南京条约》就是此次战争后签订的。虎门销烟成为打击毒品的历史事件，销烟结束翌日即6月26日是国际禁毒日。

虎跳峡　位于云南省香格里拉市虎跳峡镇境内，距香格里拉市96千米，距丽江市80千米。虎跳峡有香格里拉段和丽江段之分。发源自青海格拉丹东雪山的金沙江迢迢千里奔波到此，突遇玉龙、哈巴两座雪山的阻挡，原本平静祥和的江水顿时变得怒不可遏，虎跳峡是万里长江第一大峡谷，横穿于哈巴、玉龙雪山之间，因猛虎跃江心石过江的传说而得名。

虎跑泉　位于浙江省杭州市西南大慈山白鹤峰下慧禅寺（俗称虎跑寺）侧院内，距市区约5千米。相传，唐元和十四年（819年），高僧寰中（780—862年，亦名性空）来此，喜欢这里风景灵秀，便住了下来。后来因为附近没有水源，他准备迁往别处，一夜忽然梦见神人告诉他："南岳有一童子泉，当遣二虎将其搬到这里来。"第二天，他果然看见二虎跑（刨）地作地穴，清澈的泉水随即涌出，故名"虎跑泉"。

黑虎泉 位于山东省济南市历下区解放阁南护城河南岸陡崖下，在济南市黑虎泉东路。

黑虎泉泉群是城区四大泉群中规模与流量均较大的一个。它沿南护城河两岸，东起解放阁，向西长约700米，共有白石泉、玛瑙泉、九女泉、黑虎泉、琵琶泉、南珍珠泉、任泉、豆芽泉、五莲泉、一虎泉（缪家泉）、金虎泉、胤嗣泉、汇波泉、对波泉等十四泉。

人体和动植物

☉ 人体

人类的犬牙也称虎牙，位于门齿和臼齿之间，上下左右一共有4颗。它也是所有牙齿当中牙根最长的牙齿，为圆锥状的尖齿，具有撕裂食物、支撑口角等功能。

人体也有以"虎"命名的穴位。比如，"虎口"是医学上合谷穴的别名，在食指关节的后方桡侧。《中国针灸学》载："虎口，拇指与食指之间，合谷穴之前，中央白肉际。灸五壮。主治头痛、眩晕。"

☉ 动物

蜂虎 蜂虎科鸟类，因嗜食蜂类而得名。飞行敏捷，善于在飞行中捕食。中国有2属6种，南方常见栗喉蜂虎和栗头蜂虎。

虎皮鹦鹉 全世界最普遍的鹦鹉，价格便宜，顽皮可爱，受到大众广泛喜爱。在中国是大众最喜欢的宠物鸟之一。

虎蛇 属眼镜蛇科，产于澳大利亚。其毒液含凝血剂和神经麻痹剂，常使人毙命。

飞虎 又称鼯鼠，外形像松鼠，生活在高山树林中。当爬到高处后，飞虎将四肢向体侧伸出，展开飞膜，就可以在空中向下往远处滑翔，因而俗称飞鼠。

大壁虎 俗称蛤蚧，体形较大，体长可达30厘米以上，头长大于尾长。主要分布于亚洲东南部和南部，在印度东北部到澳大利亚群岛也有发现。

虾虎鱼 又名千年鱼，其特点是身体细长，体形小，大多数短于10厘米。有两条脊鳍。

老虎斑 是石斑中的普通品种，体长，呈椭圆形，侧扁而粗壮，广泛分布于印度洋和太平洋的热带、亚热带海域。

虎鲸 一种大型齿鲸，身长为8～10米，体重9吨左右，善于进攻猎物，是企鹅、海豚、海豹等动物的天敌。

虎鲨 居氏鼬鲨的俗称，鲨鱼家族中体形仅次于大白鲨的凶猛食肉动物。捕杀各种海洋鱼类、哺乳类、海鸟、海龟甚至人，被喻为"海中老虎"。

虎纹蛙 别名田鸡，水栖蛙类，国家二级保护动物。虎纹蛙是肉食性动物，背面黄绿色略带棕色，背部、头侧及体侧有深色不规则的斑纹，腹面白色，也有不规则的斑纹，四肢横纹明显。这些斑纹看上去略似虎皮，故名。

虎斑蝶 其翅膀腹面为鲜橙色，翅脉和翅边缘为黑色，这种警告色的花纹与老虎身上的花纹相似，因而得名。

⊙ **植物**

以"虎"字命名的植物，通常是根据其形态特征与虎具有相似之处而取名的。

20世纪70年代，中国科学院科研人员在广东阳春鹅凰嶂进行植被考察时，首次发现了虎颜花。这种花形态奇特，叶大花小，并且叶面布满虎纹斑点，植物界给它起名"虎颜花"，现为国家一级濒危保护植物。虎斑木的叶面有银灰色横斜斑纹，状似虎斑而得名。老虎须是热带雨林中一种引人注目的有花植物，它花型、花色独特，细状的小苞片长几十厘米，紫黑色，飘逸下垂，形如虎须，整个花序看上去像一张老虎的面孔，故名"老虎须"。虎皮兰的叶片表面存在着一些斑纹，而这些斑纹与老虎的皮毛纹路相似，将其称为虎皮，又因为其植株属于龙舌兰科，所以人们称它为虎皮兰。虎耳草的外形就像老虎的耳朵一样，故得名。

虎刺梅 *Euphorbia milii* Des Moul.，蔓生灌木植物。原产非洲（马达加斯加），广泛栽培于旧大陆热带和温带，中国南北方均有栽培。

虎耳兰 *Haemanthus albiflos* jacq.，多年生常绿草本植物。原产非洲热带，中国引种栽培。

虎耳草 *Saxifraga stolonifera* Curt.，多年生草本植物。生于海拔400～4500米的林下、灌丛、草甸和阴湿岩隙。产于河北（小五台山）、陕西、甘肃东南部、江苏、安徽、浙江等地。

虎尾兰 *Sansevieria trifasciata* Prain，百合科虎尾兰属多年生草本观叶植物。原产非洲西部和亚洲南部，分布于非洲热带和印度。中国各地有栽培。

虎尾草 *Chloris virgata* Sw.，一年生草本。遍布于中国各省区，两半球热带至温带均有分布。

虎舌红 *Ardisia mamillata* Hance，矮小灌木。生于山谷密林下阴湿的地方。分布于中国四川、贵州、云南、湖南、广西、广东、福建。

虎杖 *Reynoutria japonica* Houtt.，多年生草本植物。生于山坡灌丛、山谷、路旁、田边湿地。产于中国陕西、甘肃、华东、华中、华南、四川等地，朝鲜、日本也有分布。

虎掌 *Pinellia pedatisecta* Schott，天南星科半夏属多年生草本植物。生于海拔1000米以下的地区林下、山谷或河谷阴湿处。分布于北京、河北、山西、陕西、山东、江苏、上海、安徽、浙江、福建、河南、湖北、湖南、广西、四川、贵州、云南东北部。

虎尾铁角蕨 *Asplenium incisum* Thunb.，铁角蕨科铁角蕨属植物。生于林下湿岩石上。分布于中国东北、华北、西北及长江以南，河北、山东、江苏、安徽、浙江、江西、福建、四川、湖南等地。

虎头兰 *Cymbidium hookerianum* Rchb. f.，兰科，附生草本植物。生于山坡林下石上或附生于树上。分布于中国西南及西藏，各地有栽培。

虎爪花 *Artabotrys hexapetalus* (L. f.) Bhandari，秋海棠科植物。生于山谷水沟边阴湿处、山地灌丛中石壁上和河畔或阴山坡林下，海拔320～800米。产于江西安福、上犹、遂川、井冈山、永新、武功山。

虎颜花 *Tigridiopalma magnifica* C. Chen，野牡丹科虎颜花属多年生常绿草本植物。分布于海拔约480米的山谷密林下阴湿处、溪旁、河边或岩石上积土。虎颜花的模式标本采自广东阳春。产于广东阳春市、茂名市、高州市。

虎眼万年青 *Ornithogalum caudatum* Jacq.，百合科虎眼万年青属多年生草本植物。原产南非，现世界各国多有栽培。

虎斑木 *Dracaena surculosa* Lindl.，龙舌兰科常绿灌木，俗称南美黄花梨。原产于巴西。

虎皮楠 *Daphniphyllum oldhamii* (Hemsl.) Rosenthal，长绿乔木或小乔木。产于长江以南各省区，朝鲜和日本也有分布。

虎尾珍珠菜 *Lysimachia clethroides* Duby，报春花科多年生草本植物。生于山坡林下及路旁。东北、华北、华东、华南、西南各省有分布。

虎舌兰 *Epipogium roseum* (D. Don) Lindl.，腐生草本植物。中国产虎舌兰与裂唇虎舌兰2种，从东北至南部均有分布。

老虎须 *Tacca chantrieri* André，箭根薯科多年生草本植物。生于水边或雨林阴湿处。产于云南、海南、广东、广西等地。

老虎耳 *Gomphostemma chinense* Oliv.，唇形科多年生草本植物。生于海拔460～650米的山谷湿地密林下。分布于江西、福建、广东、广西等地。

老虎刺 *Ilex cornuta* Lindl. & Paxton，豆科藤本植物。生于山坡林中或路旁，分布于河南、江西、湖北、湖南、广东、广西、贵州、四川、云南。

老虎皮草 *Zoysia sinica* Hance，多年生草本植物。原产于辽宁、河北、山东、江苏、安徽、浙江、福建、广东、台湾，日本也有分布。

老虎俐 荨麻科植物全缘火麻树[*Dendrocnide sinuata* (Bl.) Chew]的茎叶，灌木或小乔木。生于海拔700～800米的河谷两岸混交林中，分布于海南、广西、云南、西藏等地。

老虎泡 红毛悬钩子（*Rubus pinfaensis* Levl. et Vant.）的根，红毛悬钩子的根，落叶蔓生小灌木。生于山坡、沟边，分布于四川、湖北、云南、贵州、台湾。

老虎芋 *Alocasia cucullata* (Lour.) Schott，常绿多年生大草本植物。

生于湿润山谷，或栽培于房前屋后或庭院。产于云南、四川、贵州、广西、广东、海南、福建、台湾。

黄老虎 *Forsythia suspensa* (Thunb.) Vahl，木樨科落叶灌木。生于山地、谷地或河谷边林缘，溪沟边或山坡路旁灌丛中。长江流域一带栽培较为普遍。

黑老虎 *Kadsura coccinea* (Lem.) A. C. Smith，木兰科四季青绿藤本植物。生于海拔1500～2000米的林中，分布于越南和中国。

金虎尾 *Malpighia coccigera* L.，金虎尾属直立灌木。原产于美洲热带地区，中国广东广州、海南海口等地有栽培。

金琥 *Echinocactus grusonii* Hildm.，仙人掌科金琥属多年生草本多浆植物。适生于海拔高、阳光充足、冬季气候温和环境。原产于墨西哥沙漠地区，中国南方、北方均有引种栽培。

银琥 *Gibbaeum shandii*，番杏科驼峰花属多年生草本植物，非常肉质、丛生。原产于南非小卡鲁高原。

爬山虎 *Parthenocissus tricuspidata*，多年生大型落叶木质藤本植物。多攀缘于岩石、大树、墙壁和山上。原产于亚洲东部、喜马拉雅山区及北美洲，后引入其他地区。

虎纹凤梨 *Vriesea splendens* (Brongn.) Lem.，凤梨科丽穗凤梨属多年生常绿附生植物。喜温热、湿润和阳光充足环境。原产于南美圭亚那。

建筑·居家

⊙ 瓦当

古建筑屋顶的覆盖层称瓦，具有遮挡雨水、及时排水和保护木构架的功能。瓦当是瓦的头端，兼具保护木制檐头的作用；瓦当是建筑的外观，又要求具有美化屋面轮廓的美观性。汉代瓦当纹饰题材多有四神、翼虎、鸟兽、昆虫、植物、云纹、文字，以及云与字、云与动物等图案，既体现了建筑的实用性和视觉的艺术性效果，也表达了人们祈吉避凶的文化心理以及追求吉祥如意的民俗文化风格。列举下述几例精品虎纹瓦当：

战国·秦　虎食雁纹瓦当　陕西省内凤翔县雍城遗址出土。当面直径约15.5厘米，一虎一雁，呈相逐状。虎跃回首，圆睛怒睁，虎口大张，欲吞飞雁，虎腿肌肉突出，身上有斑纹；飞雁展翅狂鸣。（图2.3）

汉　陶白虎纹瓦当　直径19.3厘米、边轮宽2.1厘米，现藏于故宫博物院。雄壮的虎身躯围绕着中心圆，姿态威武，口张目瞪，利齿露出，首与爪前后对立，虎尾弯曲向上，正巧填补了多余的空间，使整个画面协调，构图均衡。（图2.4）

▲ 图2.3　战国·秦　虎食雁纹瓦当　　　　▲ 图2.4　汉　陶白虎纹瓦当

⊙ **铺首衔环**

"铺首"之名最早出现在汉代。《汉书·哀帝纪》记载："孝元庙殿门铜龟蛇铺首鸣。"铺首衔环在古代建筑门饰与墓葬的墓门和棺椁上可以看见，具有实用价值、美学意义和信仰习俗等丰富内涵。

铺首衔环是中国传统建筑门扉上的环形饰物，它由铺首和门环两部分组成。固定镶扣在大门上的底座称为铺首，底座所衔之环为门环，门环是用来把持大门开闭和磕门呼唤主人的。铺首造型各异，常见题材是兽面嘴衔一圆环，冶狮、虎、螭、龟、蛇等猛兽、毒虫头像的獠牙、舌头叼住门环，形态逼真、栩栩如生。人们认为铺首象征司职看守门户、驱逐妖魔的门神，含有镇凶辟邪的意义。

◀ 图2.5　汉代四神纹玉铺首

汉代四神纹玉铺首　1975年7月陕西兴平南位公社道常大队第一生产队在汉武帝茂陵东南约1000米处集体平整土地时出土，是汉代蓝田玉雕中最精美的一件，现藏于陕西茂陵博物馆。（图2.5）

该铺首通高34.2厘米、宽35.6厘米、厚14.7厘米、重10.6千克。灰绿色，下有凸钮，四角略弧圆，分别碾琢其时流行的青龙、白虎、朱雀、玄武四神像。器物下方以环钮为鼻梁，上连粗眉和暴起双眼，形成形象甚为凶猛的大兽面，下缘则以8条竖纹勾勒出宽大的排牙。左上角为白虎，昂首长啸，两前腿踩在上端右侧的云纹上，身躯矫健，形象威猛。

⊙ **贴门神**

贴门神是个很古老的传统习惯，上自天子，下至庶人，皆崇拜门神。门神是道教和民间共同信仰的司守门户的神灵，古人将其神像贴于门上，用以镇凶辟邪，守护家宅，保佑平安，是民间最受人们欢迎的保护神之一。中国春节除夕年夜饭前，按照传统习俗，家家户户要贴上对联和门神，渲染节庆气氛，祈福新年。

中国最古老的人形门神是神荼和郁垒（图2.6），汉画里有其形象。相传远古时候，神荼和郁垒擅长捉鬼，如有厉鬼出现，他俩便将其擒伏并捆绑拿去喂老虎。最早的门神其实不是画，而是用桃木雕刻成的木刻人形，置于大门上震慑鬼祟。这个传说在《搜神记》佚文中有记载：

"今俗法，每以腊终除夕，饰桃人，垂韦索，画虎于门，左右置二灯，象虎眼，以驱不祥。"后世便把神荼、郁垒奉为门神，把桃枝作为辟邪之物。而虎为"百兽之王"，能够"执搏挫锐，噬食鬼魅"，"故画虎于门，鬼不敢入"，形成信

▲ 图2.6　邮票上的郁垒和神荼

仰习俗世代相传。春节除夕之时家家户户便在门板贴上画有二神与虎的画像，并挂桃枝或桃人和韦索。有所不同的是，后来敬奉的门神渐渐丰富起来，画中神人除了神荼、郁垒外，还有唐代出现的钟馗，元代以后出现的秦琼、尉迟恭等。

⊙ 居家

中国是一个崇尚虎的国家，龙与虎常常相提并论。虎被赋予力量和权力的含义，民间信仰虎有震慑鬼魅之功力。在工业品、食品、药品等相关领域不乏以虎为商标的品牌，并为广大消费者所认同和喜爱。知名的有虎头牌手电筒、虎牌啤酒、虎标万金油（清凉油）（图2.7）等生活用品，不胜枚举。

居家生活所用桌、椅、柜、台、床等大型家具的承重支脚常有选用饰以虎脚造型的支脚（图2.8）。虎脚之形静若虎步，四平八稳，稳健

▲ 图2.7　虎标万金油

▲ 图2.8　虎脚造型支脚的家具

如山。它既能满足实用性和艺术性的要求，又符合传统文化对于威慑妖孽、清除灾祸的追求，象征着吉祥、如意，幸福、和谐。

军事

虎在中国传统文化中被视为"百兽之王"，被赋予了征战杀伐、勇武取胜的精神价值，虎的形象更是代表征服者的雄风霸气，因此在军事领域广泛以虎为尊。

军事行动要以"虎符"为凭据来征调兵将、传达军令，视见虎符如见君王。自汉至隋，兵符为铜质虎形，虎符也因其形而赋名。虎符一剖为二，右半部掌握在皇帝手里，左半部由统兵将领掌握。虎符构造有榫卯结构，两半部组合得严丝合缝方能使军令生效。皇帝若派人前往兵营调动军队，就需带上右符，持符勘合，军将才能听命而动，军队不执行执皇帝金符节者行兵令，除非皇帝亲临现场调兵。

与虎符性质相近的还有节、牌。节作为一种信物，证明持节者得到了君主赐予的某些权力。节有龙、虎、马、竹形，也有作牛形、鸾［luán］形、燕形和凫［fú］形的。现存最早的虎形符节是战国时期的"辟大夫虎节"和"韩将庶虎节"，其形制、作用与虎符皆同，可视为虎符的前身。隋朝时改为麟符；唐代因避李渊之祖李虎讳，改用鱼符，武则天（624—705年）时曾一度流行龟符；南宋时恢复使用虎符；元朝则用虎头牌；到了后世，逐渐演变成令牌等物，风行一时的兵符最终退出了历史舞台。

临袁侯铜虎符　西汉早期制品，现藏于北京故宫博物院。（图2.9）

该虎符高8厘米、宽2.7厘米，作卧虎形，虎目圆睁，昂首卷尾。此为符的左半，侧有方形凹槽。虎背上有错银隶书九字："与临袁侯为虎符，第二。"其左授予统军的临袁侯，其右在皇帝手中。史料记载，临袁侯名戚鳃，西汉开国将领，随同汉高祖刘邦南征北战，为夺取汉朝天下立下汗马功劳。

王命传任虎节　战国制品，现藏于北京故宫博物院。（图2.10）

▲ 图2.9　临袁侯铜虎符

▲ 图2.10　王命传任虎节

　　虎节是古代用于军事和外交等方面的信物，是中国古代使者所持的凭证。该虎节通高10.7厘米、宽15.7厘米，形体扁平，作伏虎形，昂首张口，长尾从臀部向脊背弯曲。此虎节全形铸造，轻便雅致。一面刻铭文五字："王命，命传赁（任）。"铭文表示持虎节者身负王命，所经过的驿站要负责接待。

　　虎节是使者持之远行可得食宿的证物，驿站是古代供传递文书、官员来往及运输等中途暂息和住宿的地方。

　　现代版"金玉虎符"是根据中国国家博物馆收藏的战国时期"阳陵虎符"复制而成。选用上等和田青玉为托盘，以三九纯银镀纯金雕铸，上雕铭文"治国平天下　修身福自家"，并配有天然红木底座。2009年11月18日，由中国人民革命军事博物馆等机构主办的"金玉虎符赠送百位将军"仪式在北京中国人民革命军事博物馆举行，中国百位将军获赠这一象征兵权国威的特殊纪念品。同期到访中国的美国第44任总统奥巴马（Barack Hussein Obama）也在北京获赠此礼。

　　古代盾牌的作用是防止远程的弓箭打击，常绘饰以面目狰狞的虎头，借以恐吓敌方，令敌方望而生畏，同时也增强盾牌的防护效能。

　　明代综合性兵书《武备志》记载了8种盾牌。其中虎头木牌（图2.11）是附带火器的盾牌，其外形为长五边形，表面蒙生牛皮并绘画

▲ 图2.11　虎头木牌

老虎。虎头木牌上挖有两个相邻的小孔，是用来发射火箭的，木牌的背部附有8个火箭匣。

清朝乾隆年间编撰的古籍《皇朝礼器图式》卷十五记载了6种盾牌的造型图式，其中绿营虎头牌（图2.12）、绿营燕尾牌、绿营挨牌的表面均以色漆彩绘伸出双爪的虎头。

虎为"百兽之王"，战斗力强悍的部队称"猛虎之师"，行军战旗称"虎旌""白虎幡"，军帐称"虎帐"，骁勇军官称"虎将""虎牙将军""虎威将军"，勇士称"虎士""虎贲"，不胜枚举。

▲ 图2.12 绿营虎头牌

白虎堂 古时商议机密重事的节堂，一般设在帅府之右，左青龙右白虎，故称为白虎堂。《水浒传》中的林冲是梁山泊108条好汉座次排位第六的英雄，他曾因携刀私入太尉府白虎堂被定罪刺配沧州，故后人以"误入白虎堂"比喻被人设计陷害。

青龙、白虎、朱雀、玄武这四方之神常被运用于军容军列，成为行军打仗的保护神。《礼记·曲礼上》曰："行。前朱鸟（雀）而后玄武，左青龙而右白虎，招摇在上。"陈满注曰："行，军旅之出也。朱雀、玄武、青龙、白虎，四方宿名也。"又曰："旒〔liú〕数皆放之，龙旗则九旒，雀则七旒，虎则六旒，龟蛇则四旒也。"即说其表现形式是将"四象"分别画在旌旗上，以此来表明前后左右之军阵，鼓舞士气。《十三经注疏·礼记曲礼上》论及其作用时说："如鸟之翔，如龟蛇之毒，龙腾虎奋，无能敌此四物。"可见其作用之大。

虎帐 旧时指将军的营帐。唐代诗人王建（约767—约830年）《寄汴州令狐相公》诗："三军江口拥双旌，虎帐长开自教兵。"

虎步 指像老虎那样迈步。龙行虎步，步子大而缓慢且沉稳有力，很威武雄壮的样子。《三国志·姜维传》："姜伯约忠勤，时事思虑精密……须先教中虎步军五六千人。"

猛虎 常被用来称誉军中勇猛的将士。《三国演义》描述三国时期蜀汉名将张飞的形象是：豹头环眼，燕颔虎须，声若巨雷，势如奔马。英雄豪杰的气概特征自古略同，《水浒传》描述八十万禁军枪棒教头林冲外貌亦是：豹头环眼，燕颔虎须。

虎侯、虎痴　三国魏许褚〔chǔ〕的别号。其勇猛而痴愚，故有是称。曹操宛城战张绣时许褚屡建战功，赐关内侯。后与马超大战于潼关，威名大振，因勇猛知名，军中外号"虎痴"。曹丕称帝时，封万岁亭侯，升为武卫将军，总督中军禁兵。曹睿即位后，又进封许褚为牟分侯。许褚病死后，被追谥为壮侯。

虎将　典故名，典出《汉书》卷九十九《王莽列传下》。王莽（前45—23年）曾拜将军九人，皆以虎为号，号曰"九虎"。泛指勇猛的军官，特指英勇的将军和将士。

虎贲〔bēn〕　贲同奔，意思是虹虎舞跑，像虎一样勇猛有力，古指勇士、武士。《尚书·牧誓序》："武王戎车三百两（辆），虎贲三百人。"孔颖达疏："如虎之贲（奔）走逐兽，言其猛也。"根据《周礼·夏官》的记载，当时有虎贲氏，是护卫王的专职人员。汉平帝元始元年更名为虎贲郎，属虎贲中郎将统领，守卫皇宫。

《虎贲万岁》是2007年团结出版社出版的抗战纪实小说，作者是张恨水（1895—1967年）。该书作于1945年。作品描写代号"虎贲"的国民党74军57师在日军6万余人的包围中，同仇敌忾，背水一战，"以一敌八"，苦战10余日，与日寇浴血巷战，得以使援军合围，保卫了常德。全师8000余人，仅有83人生还，全书写得可歌可泣，气壮山河。

军旅之中，也常用"虎"来授名作战部队。

夜老虎团　中国工农红军第一方面军第一军团二师五团，前身组建于1927年南昌起义。1933年8月被中华苏维埃共和国临时中央政府和中央革命军事委员会授予"模范红五团"荣誉称号（图2.13）。1936年2月26日，五团在山西中阳县关上村与阎锡山部独立第二旅遭遇，战至午夜，五团和兄弟部队全歼该敌。战后被第一方面军第一军团授予"夜老虎团"荣誉称号。

攻如猛虎英雄连　1949年8月25日，中国人民解放军第一野战军第四军十师三十团一营三连作为预备队参加兰州战役沈家岭战斗。三连随团在主阵地上与敌反复争夺，打退敌人排、连、营规模的反扑20余次，出色地完成了任务，为解放兰州作出了贡献。战后，第一野战军授予该连"攻如猛虎英雄连"荣誉称号（图2.14）。

▶ 图2.13 "夜老虎团"
——模范红五团锦旗

▲ 图2.14 "攻如猛虎英雄连"锦旗

▲ 图2.15 朝鲜战争中被中国人民志愿军缴获的韩军"虎头旗"

奇袭"白虎团" 1953年7月朝鲜战争金城战役二青洞一战中，韩国"白虎团"被中国人民志愿军全歼。"虎头旗"（图2.15）也被缴获，如今收藏在中国人民革命军事博物馆里。"首都师"是韩国4个主力师之一，是头号"王牌"师，其师徽就是一只血口獠牙的白色虎头，美军高级将领称其为"韩国第一荣誉师"，在韩国享有"无敌猛虎"的美称。"首都师"1团是"王牌"团，兵员充分，装备精良，绰号"白虎团"。

飞虎队 1941年8月1日，"中国空军美国志愿援华航空队"成立，正式名称为"美籍志愿大队"。11月，指挥官陈纳德将志愿大队编为3个中队。12月7日，陈纳德率第一中队和第二中队到昆明。12月20日，一批

▲ 图2.16 "飞虎队"队徽　　　▲ 图2.17 国民党军队的"飞虎旗"

日机向云南方向飞来，警报网不断将情报传递过来，昆明机场所有的飞机都升空迎击，出师告捷。日军入侵飞机10架，被击落6架，3架负伤，只有1架平安落地。志愿队仅有1架飞机因无油迫降在稻田里，飞行员负轻伤，其余人员无恙。志愿队初战告捷，昆明各报相继报道战斗经过，称美国志愿队的飞机是"飞虎"，从此"飞虎队"成为志愿队的代称。"飞虎队"战机机首被绘画成张开血盆大口、怒目裂齿的凶猛恐怖的鲨鱼头形象。后来，美国志愿队在解散前夕（1942年7月）设计了队徽——"一只张着翅膀的老虎跃起扑向目标，老虎的尾巴高高竖起，与身体共同构成了象征胜利的V形"的图案（图2.16）。

飞虎旗　系中华民国政府授予军队的荣誉旗奖励，因蓝缎上绣有老虎，故称（图2.17）。由于其获得难度要远远高于青天白日勋章，且数量稀少，因此被视为特殊战功部队最高荣誉。荣誉旗的形制为长方形蓝缎，旗面中央有一个大的白色五角星，中心绣有一站立姿态的黄色老虎（虎头朝向不一）。在五角星的左右两肩，书写有黄色或红色的"荣誉"二字。

官服补子

在中国古代的服饰礼仪制度中，最能反映封建等级制度的，要数文武百官的官服了。官服就是官员所穿的服装，有朝服、公服、常服之分。官服最常见的就是圆领袍加乌纱帽，此为常服。明代给每级官员都

◀ 图2.18 明 四品武官虎补

设计了一种动物图案作标志，把它绣在两块正方形的锦缎上，官员常服的前胸后背各缀一块，就是补子，这种官服就叫补服。

各级官员按照文武品级的不同，装饰在官服上的补子图案纹样也各不相同，明清时代规定四品武官的官服装饰为虎纹补服。虎为"百兽之王"，有王者智慧，具有仁、智、信之范，因此人们视之为吉祥的神兽，能守诚信、驱邪气、纳祥瑞。

据《明会典》记载，洪武二十四年（1391年）规定，补子图案：公、侯、驸马、伯为麒麟、白泽。文官绣禽，以示文明。一品仙鹤，二品锦鸡，三品孔雀，四品云雁，五品白鹇，六品鹭鸶〔sī〕，七品㶉鶒〔xī chì〕，八品黄鹂，九品鹌鹑。武官绣兽，以示威猛。一品、二品狮子，三品、四品虎豹（图2.18），五品熊罴，六品、七品彪，八品犀牛，九品海马。杂职绣练鹊。风宪官绣獬豸〔xiè zhì〕。除此之外，还有补子图案为蟒、斗牛等题材的，应归属于明代的"赐服"类。明代补子尺寸通常是40厘米见方的丝织品，文官补子用双禽，相伴而飞；武官补子用单兽，或立或蹲。

明代的补子为清代所沿用，图案内容大体一致，但改为单禽。各品级略有区别，通常是，文官：一品鹤，二品锦鸡，三品孔雀，四品雁，五品白鹇，六品鹭鸶，七品㶉鶒，八品鹌鹑，九品练雀。武官：一品麒麟，二品狮，三品豹，四品虎，五品熊，六品彪，七品、八品犀牛，九品海马。另外，御史与谏官均为獬豸。明清官员所用补子都是以方补的形式出现的，与明代相比，清代的补子相对较小，一般为30厘米左右，前后成对，但前片一般是对开的，后片则一整片，主要原因是清代补服为外褂，形制是对襟。

布艺·手工

布老虎、虎头帽、虎头鞋、老虎抱枕、虎围嘴、虎面肚兜等童装系列服饰都是中国民间传统手工艺品，具有鲜明的民族特色。它们以虎为形象，造型生动，在民间有镇凶辟邪、保护孩子平安健康等丰富的文化内涵。

祈福辟邪是每年农历端午节的传统习俗之一。这天，家家户户在门楣插上艾蒿与菖蒲等药用草本植物，还要将绫罗布帛制成的"虎符"形小布老虎系在孩童的脖子或胳膊上，据说可以辟邪消灾、招福禳毒。清代小说家曹雪芹（？—1763年）在《红楼梦》第三十一回里记载了端午节的这个习俗："这日正是端阳佳节，蒲艾簪门，虎符系臂。"

布老虎 供儿童玩耍和做睡枕，2008年入选第二批国家级非物质文化遗产名录。常见的制作工艺是挑选合适的布料（棉布、丝绸），再画出虎的形状并裁剪出来，然后将各种装饰的部位粘贴或者用针线缝好固定，就做成了。内部装填珍珠棉，棉花、香草，或锯末、谷糠等填充物；表面用彩绘、刺绣、剪贴、挖补等手法描绘出虎的五官和花纹。布老虎以头大、眼大、嘴大、尾巴大的造型来突出勇猛的神态，虎头及五官显示出天真和稚气，表现出童稚般可爱的憨态。

山西省长治市黎城县有制作布老虎的习俗，当地人也将之称作"黎侯虎"（图2.19）。1998年被选为国家邮电部虎年生肖邮票发行。

布老虎有一个称"万福虎"的地方品种。其品类有上山虎、下山虎、立虎、卧虎、双头虎、虎背虎、虎虎生威送幸福，还有双头老虎枕，更是吉祥又增福。"万福虎"身上的图案也很有风味，有八仙庆寿、五福临门、摇钱树、聚宝盆、文昌帝君、四季平安等寓意吉祥平

▲ 图2.19 "黎侯虎"

安的图案，还有石榴蹦子、莲生贵子、鸳鸯戏水、鲤鱼共莲等寓意多子多福的图案。"万福虎"在布料选用上也各有不同，有棉布、绸缎、金丝绒等布料。

黎城布老虎（黎侯虎）入选国家级非物质文化遗产代表性项目保护单位名单（2019年）；浚县万福虎布艺入选河南省第四批省级非物质文化遗产名录（2020年）；浚县伾山街道办事处田庄村民黄贵莲是市级非物质文化遗产项目"浚县万福虎"传承人。

虎头帽 以老虎为形象，一般用丝绸或棉布缝制而成。（图2.20）帽顶为立体形虎头模样，帽身下垂，长及过耳；虎的面庞位于头顶之中，虎眼有神；在背面有帽帘护颈、脖部位，帽帘顶端缝制两条宝剑形彩带，缀有彩色流苏，行走时流苏微微颤抖。颔下用绳带（都用彩色棉绳）系扎，以起到固定虎头帽、保证穿戴安全的作用。

杜集区虎头鞋虎头帽民间手工技艺入选安徽省淮北市第二批市级非物质文化遗产名录（2013年）；淄川区虎头帽制作技艺入选山东省淄博市第六批市级非物质文化遗产名录（2019年）。

2022年北京冬奥会的开幕式上引导员小姐姐所佩戴的礼帽，就采了用来自河北民间的传统虎头图案，展现了中国民间传统服饰元素。

虎头鞋 鞋头呈虎头模样，通常为1～3岁孩童穿用。（图2.21）幼童满周岁或生日时要穿新做的虎头鞋，民间认为这样可为孩子壮胆、辟邪，护佑孩子健康成长。制作一双地道的虎头鞋须经过剪样，粘样，纳

▲ 图2.20 虎头帽

▲ 图2.21 虎头鞋

底，做鞋头、鞋面，镶边，上楦头，修整等多道较为复杂的工序，仅虎头上就需用刺绣、拨花、打籽等多种针法。鞋面的颜色以红、黄为主，虎嘴、眉毛、鼻、眼等处常采用粗线条勾勒，夸张地表现虎的威猛。北方的虎头鞋多采用棉、缎、动物毛作材料，形象古朴、憨厚。而南方的虎头鞋多采用丝线和绸缎作材料，绣工精致，图案精美，形象秀气、灵动。

鹿邑虎头鞋虎头帽入选第四批河南省非物质文化遗产代表性项目名单（2015年）；商丘虎头鞋虎头帽布艺入选第五批河南省非物质文化遗产代表性项目名录扩展项目名录（2021年）；溧阳市天目湖镇虎头鞋制作技艺入选第三批常州市非物质文化遗产名录（2010年）。

面老虎　河北省平定县有一习俗，即每年腊月人们要制作各种花样的面塑，这当然少不了生肖吉祥物。当地新生儿百天或过生日的时候，姥姥、舅舅家要给孩子送"面老虎"（图2.22），希望孩子身体强壮，成人后像虎一样威风，再就是把虎当成保护神，护佑孩子健康成长、一生平安。面团经过揉、搓、捏、切等步骤，变成了独具特色的面老虎；上锅蒸熟出笼，面老虎变成了面塑馒头，既祭且食，亲朋好友互相馈赠。

泥塑虎　泥塑是中国泥塑之乡陕西省宝鸡市凤翔区六营村的民间传统艺术，2006年被确定为首批国家级非物质文化遗产。虎是凤翔泥塑中的主要题材。凤翔人把泥塑虎视为镇宅、护子、增寿、辟邪的吉祥物（图2.23）。当地风俗，遇到小孩满月、百天、周岁等日子，亲友通常

▲ 图2.22　面老虎

▲ 图2.23　泥塑虎

用坐虎作赠品，置于炕头，以表达对小孩长命富贵的祝福。

剪纸虎 剪纸是中国民间艺术的一种，用剪刀把纸张裁剪成各种各样的图案，寓意吉祥欢乐和镇凶辟邪等。每逢过节或新婚喜庆，人们便将构思丰富、色彩鲜艳的剪纸贴在家里窗户、墙壁、门和灯笼上，烘托热烈的气氛。剪纸虎在民间被视为吉祥物和保护神，寓意平安吉祥（图2.24）。

▲图2.24　剪纸虎（刘静兰《艾虎》）

虎画

中国人崇虎爱虎，视虎为吉祥与平安的瑞兽，虎画自然成为收藏鉴赏、家居装饰不可或缺的题材。历来有许多擅长画虎的名家，也涌现出画虎专业村。不同的老虎绘画作品有着不同的含义。上山虎意味着不断进步，有致富的寓意；下山虎则被认为能够驱邪，保佑家人安康。享誉中国画坛的画虎名家宛若璀璨繁星，大师辈出，画作流芳千古。画虎名家及其画作主要有：

石恪（生卒年不详），五代末宋初画家。其作《二祖调心图》（图2.25）现藏于日本东京国立博物馆。画中丰干禅师倚靠在温驯如猫的老

◀图2.25　五代《二祖调心图》

▲ 图2.26 南宋 牧溪
《墨虎图》

▲ 图2.27 元 佚名
《元人画虎轴》

▲ 图2.28 明 朱端
《弘农渡虎图》

虎背上，人、虎均双目紧闭，酣然入睡。画中丰干形象邋遢懒散，一副万事不关己的神情。画家借此来表现超脱一切的禅定境界，以及万物和谐共生的哲学思想。

牧溪（？—1281年），南宋画家，擅长画龙虎。牧溪的《墨虎图》（图2.26）似有四幅，分别藏于美国俄亥俄州的克利夫兰美术馆、美国印第安纳州的印第安纳波利斯美术馆、日本德川美术馆以及日本京都大德寺。

元代佚名《元人画虎轴》（图2.27）现藏于台北故宫博物院。松林石涧间，一巨虎黄皮黑纹，毛色鲜丽，体态威武雄壮。树梢，二山鹊见状，相与惊跃鸣叫，更为此猛虎出山的场景平添紧张、不安的气氛。虎之双眼，俱以金粉涂饰，并略染汁绿，显得格外神气逼人。其背隆起，宛如张弓欲发，隐然有即将出击之势。虎口微启，低吟而未啸。

朱端（生卒年不详），明代画家，浙派名家之一。其作《弘农渡虎图》（图2.28）现藏于北京故宫博物院。此图绘东汉时人刘昆任弘农（位于今河南省）太守时，因政绩卓著，深得民众爱戴，猛虎都不忍再在此地为非作歹，驮幼虎渡河而去的故事。画面中，正在泅渡的老虎半隐在水里，渐渐远去。身着红衣的刘昆骑在马上观看这一情景，周围的随从和百姓讶异而兴奋，指点着禀报。四周枯木荒滩，一片野兽出没的僻野景象。

戴进（1388—1462年），明代著名

画家，绘画临摹精博。其作《伏虎罗汉图》（图2.29）现藏于台北故宫博物院。这幅画描绘一位罗汉坐在寺院门前，右手持杖、左手抚摸依偎在膝前的老虎，一副泰然自若的样子，而躲在门后窥视的童子看到这幅景象，则面露惊恐的表情。戴进笔下的罗汉，像是一位饱经世故、隐居山林的高僧或隐士，与一般罗汉像多半粗眉大眼、丰颊高鼻的"胡人"相貌表现大不相同。

马负图（1614—？），清代画家，善画山水。对其创作的《虎图》（图2.30，现藏于台北故宫博物院），有评者曰："此作，一胖虎立于山涧之中，神情聊赖，似山中已无敌手。"

高其佩（1660—1734年），清代官员、画家。其作《猛虎图轴》（图2.31）现藏于旅顺博物馆。画家以水墨绘猛虎背影，不见其面部，角度非常新颖。老虎皮毛黑棕相间，体格肥硕，虎腿蹬直，尾巴无力地拖在地上，它的四周杂草丛生，林木茂密，从老虎的姿态看，应是要回山休息。

华嵒［yán］（1682～1756年），清代杰出绘画大家，扬州画派代表人物之一。其画作《峰虎》（图2.32）表现老虎受到野蜂攻击后的狼狈模样。

郎世宁（1688—1766年），天主教耶稣会修士、画家，意大利米兰人，1715年来中国传教，随即入皇宫任宫廷画家，在中国从事绘画50多年。其擅画虎，代表作有《乾隆皇帝刺虎图》《虎》（图2.33）等作品。

齐白石（1864—1957年），近现代中国

▲ 图2.29 明 戴进 《伏虎罗汉图》

▲ 图2.30 清 马负图 《虎图》

第二编 民俗文化

▲ 图2.31　清　高其佩
　《猛虎图轴》

▲ 图2.32　清　华嵒《蜂虎》

绘画大师，世界文化名人。他的虎画作品不多，极其珍贵。（图2.34）

　　高剑父（1879—1951年）、高奇峰（1889—1933年），"岭南画派"创始人和杰出代表。高剑父的虎画如《君威》细腻、工整，深得汉赋神韵。（图2.35）

　　张善孖（1882—1940年）一生爱虎，绘虎成癖，豢虎以供写生，写虎各种形态，作品精妙沉雄，尤著神韵。（图2.36）

　　刘奎龄（1885—1967年），中国近现代美术史开派巨匠，动物画一代宗师。他画虎的特点是常把它安排在一个松柏苍翠、溪水淙淙的优美环境中，虎悠闲安逸，或卧或行，神形兼备，姿态异常动人。（图2.37）

▲ 图2.33　清　郎世宁《虎》

图2.34 齐白石《虎图》

图2.35 高剑父 《君威》 1919年
（注：高剑父早年之作多款署高麟）

图2.36 张善孖虎画

图2.37 刘奎龄虎画

徐悲鸿（1895—1953年），中国现代画家、美术教育家。其画作《骑虎财神像》（图2.38）表现民间传说中能够招财进宝的赵公元帅身着盔甲，外罩蓝袍，足蹬官靴，威风凛凛地骑在老虎背上的形象。

胡藻斌（1897—1942年）将老虎的各种情态通过中西结合的技法，表现得栩栩如生。（图2.39）

河南省商丘市民权县王公庄号称"中国画虎第一村"。据媒体报道，王公庄村大多数村民靠画虎形成"一村一品"的产业格局：2018年统计有1366名村民，其中超过600人在作画，另外至少200人从事着与画虎相关的行业。村中夫妻画家、父子画家、兄弟画家比比皆是，村民以工笔画虎为主，兼画花草。该村已形成了以画虎为主的农民画家群。

▲ 图2.38　徐悲鸿《骑虎财神像》1943年

▲ 图2.39　胡藻斌虎画

邮票

⊙ 中国虎年邮票

1974年（甲寅年）中国香港发行两枚不同图案的虎年邮票（图2.40），图案各为一只写实的老虎。

1986年（丙寅年）中国发行第一轮生肖邮票中的 T 107《丙寅年》（图2.41），图案为由张国藩创作的装饰画虎图；中国澳门则发行首轮第三枚生肖邮票——《虎年》邮票（图2.42），图案是一只写实的老虎。

1998年（戊寅年）中国发行生肖邮票1998-1《戊寅年》（图2.43），一套两枚，设计者为王虎鸣、马刚。以山西黎城布老虎玩具和唐颜真卿行书"虎"字构图，票名为"虎虎生威""气贯长虹"；中国香港发行《岁次戊寅》邮票（图2.44），共四枚，为不同图案的刺绣虎；中国澳门发行《虎年》邮票（图2.45），一枚邮票以老虎的脸部为图，左上角有篆字"虎"印，一枚小型张的邮资图与邮票图案基本相同，而边纸则补足了老虎的整个身体。

▲图2.40　中国香港虎年邮票

▲图2.41　生肖邮票
T 107《丙寅年》

▲图2.42　中国澳门
生肖邮票《虎年》

▲ 图2.43　生肖邮票
1998-1《戊寅年》

▶ 图2.44　中国香港
《岁次戊寅》邮票

　　2010年（庚寅年）邮票的设计者是马刚。邮票中的卡通虎双手叉腰神气十足，威风凛凛，华丽优美的条纹，透露出老虎天生具有的王者气概。卡通虎形象突出现代感，寓意美好和富足。（图2.46）中国香港发行一套四枚"岁次庚寅（虎年）"为主题的特种邮票（图2.47）以及相关集邮品。这套特种邮票绘有四只不同品种的"傲虎"，神态活灵活现，突出老虎作为"百兽之王"的特点。中国澳门发行五行生肖邮票（图2.48），一套五枚。以金、木、水、火、土五个主题为设计风格，为虎年生肖邮票设计出五种形式各异的邮票，将五行观念融入生肖邮票，票面设计精美绝伦。

　　2022年（壬寅年）邮票的设计者是冯大中。第一图"国运昌隆"描绘了一只气宇轩昂的上山虎形象，传达出国家蒸蒸日上、满怀雄心壮志的寓意。第二图"虎蕴吉祥"描绘了面容温婉的虎妈妈带着两只小虎的温馨场景，寓意儿孙兴旺、家庭美满（图2.49）。中国香港以"岁次壬寅（虎年）"为题发行贺岁生肖邮票（图2.50）。一套四枚生

◄ 图2.45 中国澳门《虎年》邮票

图2.46 卡通虎图案庚寅年生肖邮票 ►

▲ 图2.47 中国香港"岁次庚寅（虎年）"特种邮票

肖邮票分别展示了绒毛虎玩偶、瓷制福虎、陶制福虎及纸雕福虎，另推出"心思心意"邮票小版张及丝绸邮票小型张和以"健牛福虎"为题的十二生肖金银邮票小型张。中国澳门发行一套四枚邮票及一枚小型张，以霸气的黑纹白虎衬以色彩缤纷的季节象征，黄花、太阳、枫叶、雪花分别代表春夏秋冬（图2.51），而小型张上的"2022"年份设计融合了四季的色彩图案。

▲ 图2.48 中国澳门五行生肖邮票

▲ 图2.49　冯大中设计的虎年生肖邮票

▲ 图2.50　中国香港"岁次壬寅（虎年）"贺岁生肖邮票

▶ 图2.51　中国澳门2022
年四轮生肖壬寅虎年
邮票

⊙ 全球虎年邮票

1950年（庚寅年）日本发行了世界第一枚虎年生肖邮票（图2.52），还发行了一枚含有五枚邮票的小全张。图案选用日本著名画家圆山应举（1733—1795年）的画作《龙虎图》中的虎形象为主图。

1962年（壬寅年）只有日本发行了一枚虎年邮票和一枚小全张。主图为一只用纸做成的虎形工艺品（图2.53），这是日本岛根县的民间传统玩具。

1974年（甲寅年）韩国发行了两枚不同图案的贺年邮票（图2.54），其中一枚为老虎玩具和蜡烛。

1986年（丙寅年）韩国发行的一套一枚贺年邮票（图2.55），为韩国古墓十二生肖守护石中的虎神浮雕；日本贺年邮票仍然以民间工艺品为图，名叫"神农的虎"（图2.56）。

▲ 图2.52　日本虎年生肖邮票

▲ 图2.53　日本虎年邮票

▲ 图2.54　韩国贺年邮票（1）

▲ 图2.55　韩国贺年邮票（2）

1998年（戊寅年），发行"贺岁虎"邮票的国家和地区开始增多。有韩国、日本、朝鲜（图2.57）、蒙古（图2.58）、越南、泰国、菲律宾、新加坡、柬埔寨、不丹（图2.59）、哈萨克斯坦、吉尔吉斯斯坦、美国、加拿大、古巴、格林纳达、圣诞岛、多米尼克、南非、坦桑尼亚、赞比亚、新西兰、帕劳、塞拉利昂、土瓦鲁、汤加、圣文森特等30多个国家或地区发行了虎年邮票。

2010年（庚寅年）全球发行中国虎年生肖纪念邮票的有法国（图2.60）、美国（图2.61）、加拿大、新西兰、爱尔兰（图2.62）、荷兰、斯洛文尼亚、塞尔维亚、日本、韩国、朝鲜、泰国、菲律宾、新加坡、越南等国家和地区。

2022年（壬寅年）联合国邮政管理局在纽约发行中国农历壬寅虎年特别版邮票版张（图2.63），庆祝中国农历新年的到来。邮票左半部分为联合国会徽图案，右半部分为中国设计师潘虎创作的"虎嗅蔷薇"图，描绘了一只猛虎徜徉在蔷薇丛中的情景。全球发行中国虎年生肖纪念邮票的有法国、白俄罗斯、越南、列支敦士登、新加坡、澳大利亚（图2.64）、亚美尼亚、蒙古、新西兰（图2.65）、奥兰群岛、日本、泰国、美国、匈牙利、吉尔吉斯斯坦、英国、

▲ 图2.56　日本贺年邮票

▲ 图2.57　朝鲜发行中国虎年纪念邮票

▲ 图2.58　蒙古发行中国虎年纪念邮票

▲ 图2.59　不丹发行中国虎年纪念邮票

◀ 图2.60
法国发行
中国虎年
纪念邮票

◀ 图2.61
美国发行
中国虎年
纪念邮票

◀ 图2.62　爱尔兰发行中国
虎年纪念邮票小全张

▶ 图2.63　联合国发行中国
农历壬寅虎年特别版邮票
版张

▲ 图2.64　澳大利亚发行中国虎年纪念邮票

第二编
民俗文化

◀ 图2.65　新西兰发行
中国虎年纪念邮票

根西岛（英国的海外属地）、泽西岛（英国的海外属地）、马恩岛、尼日尔、乍得等国家和地区。

⊙ 中国"虎"邮票

1952年特3《伟大的祖国(第一组)敦煌壁画》特种邮票第四枚"乘虎天人·唐"　图案选用了敦煌壁画第329窟中初唐（618—712年）的一幅龛顶作品，画面描绘了乘虎天人的雄姿。（图2.66）

1954年特9《伟大的祖国(第五组)古代文物》特种邮票第二枚"石磬·商代"　石磬是商代的一种打击乐器，用青石或玉制成，片状，悬挂起来敲击，底缘能发出清脆悦耳的声音。该邮票选图为正面器身上雕琢着一只伏虎形象的石磬。（图2.67）

▲ 图2.66　乘虎天人·唐

▲ 图2.67　石磬·商代

▲ 图2.68　婴儿

▲ 图2.69　布老虎

▲ 图2.70　尊

1958年中国特18《儿童》特种邮票第一枚"婴儿"　婴儿旁有一只布玩具虎。（图2.68）

1963年特58《民间玩具》　第七枚：小虎（布，青岛）、大虎（布，北京）；第九枚：不倒娃（泥、纸，石家庄）、虎（布，北京）（图2.69）。画面抓住老虎的神态、形象及想象中的特点——明亮的眼睛、长长的胡须、头上的王字等，加以合理的夸张和变形，使得现实生活中凶猛可怕的老虎，变成威武驯服、神态生动的小乖虎。

1964年特63《殷代铜器》特种邮票第七枚"尊"　图案中尊身上的纹饰是"虎噬人纹"。（图2.70）

1979年T40《东北虎》特种邮票　全套三枚，邮票设计者为刘硕仁，邮票主图采用著名画家刘继卣的原画，图案分别为"岩谷回声""呼应原野""喧啸草莽"。（图2.71）

▲ 图2.71　东北虎

1980年T51《童话——"咕咚"》特种邮票第三枚"'咕咚'！？"　图案上出现一只被"咕咚"吓得随兔子乱跑的老虎。（图2.72）

1986年J135M《中华全国集邮联合会第二次代表大会》纪念邮票　全套一枚为小型张（图2.73）。主图采用故宫博物院收藏的战国邮驿凭证"王命传虎节"，装饰则为战国用的封泥印。画面简练古朴，寓意深刻，耐人寻味。

1989年T138《中国古典文学名著——〈水浒传〉（第二组)》特种邮票第一枚"武松打虎"　武松在景阳冈赤手空拳打死一只恶虎，选图刻画了其勇猛刚烈的性格。（图2.74）

1998年1998-15T《何香凝国画作品》（3-1)"虎"　画面中，一只猛虎昂首长啸，立刻就要纵身跃出高山草丛，既赞美了革命者勇猛斗争的精神，也预示了中华民族正在崛起的历史必然趋势。（图2.75）

2000-3T《国家重点保护野生动物（1级）》特种邮票第（10-9）T"东北虎"　东北虎体魄强健，勇猛阳刚，素称"森林之王"。（图2.76）

▲ 图2.72　"咕咚"！？

▲ 图2.73　王命传虎节

▲ 图2.74　武松打虎

▲ 图2.75　何香凝虎画

▲ 图2.76　东北虎

2003-9T《中国古典文学名著〈聊斋志异〉》(6-2)T"赵城虎"　《赵城虎》塑造了一个误食老妪之子后主动赡养老妪、为老妪养老送终的义虎形象。邮票图案中，一只老虎端坐在衙门外边，老妪、县宰等形象也栩栩如生。（图2.77）

▲ 图2.77　赵城虎

2004-22T《漆器与陶器》特种邮票　中国与罗马尼亚联合发行，中国邮票设计者为王虎鸣。虎座鸟架鼓属中国国家一级文物，是战国时期楚国重要的乐器。架鼓以两只昂首卷尾，背向而踞的卧虎为底座，虎背上各立一只引颈高歌的鸣凤。（图2.78）

▲ 图2.78　虎座鸟架鼓

2004-19T《华南虎》特种邮票　国家邮政局于2004年8月23日发行《华南虎》特种邮票（图2.79），一套两枚，邮票设计者为刘继彪。这套邮票的发行旨在呼吁人们保护大自然，爱护动植物。第一枚的虎头威风凛凛却不凶猛的印象。第二枚的母子虎则凸现温情，一只大虎卧在碎石地上，一只小虎趴在大虎后背露出半身，另一只小虎卧在大虎前面，露出几乎整个背面，略仰起头部与另只小虎形成呼应。邮票设计构图新颖，分别表现了华南虎雄壮风姿和洒脱风采，给人以生机盎然、欣欣向荣的美好感受。

▲ 图2.79　华南虎

2011-2T《凤翔木版年画》特种邮票第二枚"纳祥童子"　年画以夸张的手法塑造了一个俊秀健康的骑虎娃娃，头大身小，扭动身躯，挥舞胖胖的小手，形象惹人喜爱（图2.80）。其形象服饰极富关中地区特色。整幅作品画面生动活泼，富有情趣，旁边还画有一个如意。整张年画寓意驱虎辟邪、纳祥平安、生活如意。

▲ 图2.80　纳祥童子

银行卡

2022年银行发行的以虎为主题的生肖银行卡，应用剪纸、卡通、国画，或写实或抽象，还有以字表意等丰富多彩的形式表现虎的艺术形象，融合了中国传统文化内涵和现代时尚感，突出贺岁迎新的理念，传达虎年虎虎生风的昂扬精神，更好地吸引金融客户。

工商银行推出全套工银生肖信用卡，以中国最早的汉字"甲骨文"和现代化生肖造型为基础，通过几何网格的构成与甲骨文图形相呼应的方式进行设计，展示了甲骨文中的"虎"字（图2.81）。

建设银行信用卡卡面随心换还推出了生肖系列之虎虎生威版、吉虎迎瑞版（图2.82）。虎虎生威版面采用国画的表现手法，运用书法的笔墨艺术打造抽象的上山虎形象，简约生动；吉虎迎瑞版面采用国潮插画的形式，描绘了头戴虎头帽的胖虎形象，憨态萌动、俏皮可爱。

农业银行推出生肖虎年主题信用卡（如虎添翼）（图2.83），以国潮风重塑生肖形象，寓意虎气勃发，如虎添翼。

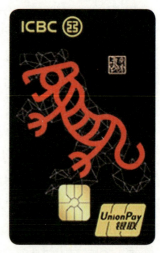

▲ 图2.81　工行生肖信用卡（虎年印章版）

◀ 图2.82 中国建设银行虎年生肖主题信用卡（虎虎生威，吉虎迎瑞）

▲ 图2.83 中国农业银行生肖虎年主题信用卡（如虎添翼）

▲ 图2.84 中国银行长城生肖借记卡

▲ 图2.85 浦发银行国潮主题卡—虎百赢版

中国银行推出长城生肖借记卡（2022虎年版）（图2.84），即壬寅虎年版长城生肖卡。设计以国风手绘幼虎作为视觉主体，虎的形象萌感十足，双眼明亮有神，情绪喜悦开朗。

浦发银行2022年发行的生肖虎年借记卡，突出虎虎生风的气势。浦发银行国潮主题卡共推出"一虎百赢"（图2.85）、"吉祥登场"两个版面，卡面设计结合了国粹京剧元素，兼具传统文化感与现代潮流感，卡通形象时尚可爱、趣味十足。

　　民生银行推出的生肖虎年主题信用卡采用了传统的剪纸风格（图2.86）。

　　中信银行信用卡创新助力文化传承，从生肖寓意出发，推出"颜"系列信用卡虎虎生威版（图2.87）。

　　邮储银行推出《壬寅年》生肖信用卡（图2.88），卡面采用了壬寅年生肖邮票第一枚"国运昌隆"的图案，传达出国家蒸蒸日上、雄心壮志的含义。

　　平安银行悦享白金信用卡·虎年主题卡卡面采用贝壳镶嵌及UV浮雕等特色工艺，打造光彩熠熠的卡面质感（图2.89）。

▲图2.86　民生银行生肖虎年主题信用卡

▲图2.87　中信银行颜卡
虎虎生威无界信用卡

▲图2.88 邮政储蓄银行生肖
主题信用卡（壬寅年-虎）　▲图2.89　平安银行悦享白金信用卡·虎年主题卡

▲ 图2.90　广发银行ONE卡虎
年纪念版（如虎添[亿]）

▲ 图2.91　北京银行生肖虎年白金信用卡

广发银行为礼赞虎年，顺应潮流推出2022年广发ONE卡虎年纪念版：
如虎添「亿」（图2.90）。以生肖文化为创作灵感，设计威风凛凛的虎形
印花专属标识，版面以红色为主题色，寓意虎虎生威，如虎添"亿"。

北京银行发行生肖虎年白金信用卡（图2.91），图案为一只小萌虎。

纪念币

⊙ 虎年纪念币

对于每一个中国人来说，生肖属相是其与生俱来的标记和烙印。生
肖文化源于古人对自然的信仰和对动物的图腾崇拜，并发展成为中国人
民共同的文化观念，称得上是最深入民心的文化精粹。在十二生肖中，
虎排行第三，称为寅。中华民族崇虎的文化意识根深蒂固，虎在人们的
心目中是威武、勇猛、雄健和阳刚的象征。贺岁生肖纪念币自推出以来
就深受国人喜爱，而虎年纪念币张扬崇虎的民俗文化，让人倍感活力四
射、精神振奋。

1986中国丙寅（虎）年生肖金银纪念币　中国人民银行于1986年发
行中国丙寅（虎）年生肖金银纪念币一套（图2.92）。该套金银币共有

一金一银两枚，均为中华人民共和国法定货币。

纪念币正面图案：中华人民共和国国名、北京故宫太和殿、年号；背面图案：何香凝（1878—1972年）所绘《猛虎图》、面额。

何香凝不仅是中国民主革命的先驱，更是著名画家。原作《猛虎图》创作于1953年。她在画里抒发理想，以画寄情，"中国各族人民应如睡狮之觉醒，如猛虎之雄伟"。币面上一只猛虎从山林中呼啸奔出，身形矫健，扬尾如鞭，贴着峭壁而行，面廓半侧，阔口利齿，耳目灵动，虎须飘展。跃然于币面的虎形象凶猛、狂野，精神抖擞，气势勃然。寓意吉祥昌盛、奋发进取。

1998中国戊寅（虎）年金银铂纪念币 中国人民银行于1998年发行中国戊寅（虎）年金银铂纪念币一套（图2.93）。该套纪念币共十四枚，其中金币六枚，银币五枚，彩色银币一枚，彩色金币一枚，铂币一枚，均为中华人民共和国法定货币。

纪念币正面图案为长城八达岭楼景，背面图案是写实的虎形象：

选用了三幅张善孖所绘虎画，分别应用在五枚币上：1千克梅花金币上是一长两幼三只虎，它们在山林间安逸地休息，但母虎的神情还是高度警惕。5盎司金银币背面是《虎啸图》，此虎立于岩石之上，虎身为半倾斜之态，虎口大张，虎眼圆瞪，两颗虎牙在月光下刺目耀眼，凶猛威武。1/2盎司梅花形金币和2/3盎司梅花形银币图案中，老虎攀上石崖，回首低吼。这是从背影略带仰视的角度来看虎，这种威严并不张

▲ 图2.92 1986中国丙寅（虎）
年生肖金银纪念币

▲ 图2.93 1998中国戊寅（虎）
年金银铂纪念币（部分）

扬，但却比直白的表达更加令人生畏，大面积的留白更凸显虎立于天地的豪迈。1盎司圆形铂质纪念币背面图案也是《虎啸图》，币面一虎攀爬在石崖之上，回首右望，平视山林奋力嘶吼，凸显唯我独尊的王者风范。

12盎司金银币背面选用的是张善孖的弟子胡爽庵（1916—1988年）所绘之虎，币面上的猛虎立在巨石之上，虎尾甩起，回首长啸，一副肃杀之气。币面刻画极其细致，突出猛虎威严形象的同时，又淡化了戾气凶猛的野性。

1/10盎司圆形金质纪念币背面图案是一只小老虎，四足立地，长尾竖起，扭头左望，双目有神。周围饰以高山、云雾和花草。

这套币种出现两枚彩色金银币，为生肖币中首次采用彩色币：1盎司圆形彩色银质纪念币背面图案是彩色小老虎；1/10盎司圆形彩色金质纪念币背面图案是彩色老虎头部正视图。

2010中国庚寅（虎）年金银纪念币 中国人民银行于2009年10月22日发行庚寅（虎）年金银纪念币一套（图2.94）。该套纪念币共十五枚，其中金币八枚，银币七枚，均为中华人民共和国法定货币。

纪念币正面图案：

十三枚金银纪念币正面图案均为中华人民共和国国徽，衬以连年有余吉祥纹饰，并刊国名、年号；两枚金银纪念币（1/2盎司扇形金质纪念币、1盎司扇形银质纪念币）正面图案均为甘肃酒泉鼓楼，并刊国名、年号。

纪念币背面图案：

以下十一枚金银纪念币背面图案均为卧虎造型衬以装饰虎头，并刊面额：1/10盎司圆形金质纪念币、1/2盎司梅花形金质纪念币、1/2盎司扇形金质纪念币、5盎司长方形金质纪念币、1千克梅花形金质纪念币、

▲ 图2.94　2010中国庚寅（虎）年金银纪念币（部分）

10千克圆形金质纪念币、1盎司圆形银质纪念币、1盎司扇形银质纪念币、1盎司梅花形银质纪念币、1千克圆形银质纪念币、5盎司长方形银质纪念币。

以下四枚金银纪念币背面图案均为民间传统装饰虎造型衬以吉祥花卉图案（局部彩色），并刊面额：1/10盎司圆形金质彩色纪念币、5盎司圆形金质彩色纪念币、1盎司圆形银质彩色纪念币、5盎司圆形银质彩色纪念币。

本色纪念币背面图案的卧虎造型，充满灵性和野趣的意境；画面上方的虎头，雄浑朴拙。一动一静的山野气象，充斥着原始的野性及大自然的和谐之美。

彩色纪念币背面图案采用民间传统装饰虎造型衬以吉祥花卉图案，装饰虎造型体现强烈的民间剪纸艺术风格，其构思的想象，造型的大幅度夸张，装饰手法的随意自然，使之洋溢着浓厚的浪漫气息。

2022中国壬寅（虎）年金银纪念币 中国人民银行于2021年11月18日发行中国壬寅（虎）年金银纪念币一套（图2.95）。该套金银纪念币共十三枚，其中金质纪念币八枚，银质纪念币五枚，均为中华人民共和国法定货币。

该套金银纪念币正面图案均为中华人民共和国国徽，衬以中国传统吉祥纹饰，并刊国名、年号。

背面图案共十三幅，均刊"壬寅"字样及面额。其中：

10千克圆形金质纪念币、2千克圆形金质纪念币和1千克圆形银质纪念币背面图案均为写实风格母子虎造型，衬以远山等设计元素。

500克圆形金质纪念币和15克梅花形金质纪念币背面图案均为由线条、图案构成的装饰老虎造型。

150克长方形金质纪念币

10千克圆形精制金质纪念币背面图案

1千克梅花形精制金质纪念币背面图案

500克圆形精制金质纪念币背面图案

15克圆形精制银质纪念币背面图案

▲ 图2.95 2022中国壬寅（虎）年金银纪念币（部分）

和30克扇形银质纪念币背面图案均为行走中的虎与特写虎头造型，衬以树木、山水等设计元素。

10克扇形金质纪念币背面图案为民俗布老虎造型，衬以吉祥花卉装饰图案。

3克圆形金质纪念币和15克圆形银质纪念币（彩色）背面图案均为卡通风格小虎造型，衬以吉祥花卉等装饰。

150克长方形银质纪念币（彩色）背面图案为蹲坐的幼虎造型，衬以树林、远山等设计元素。

这套金银纪念币背面主图案分别采用写实风格母子虎、独虎造型，卡通风格小老虎造型，装饰风格老虎造型，以及民俗布老虎造型等，花样繁多，令人耳目一新。部分背面图案还配以树林、远山等辅助元素，灵巧生动、浑然天成，展现极高的观赏性与艺术性。据设计者称，生肖虎寓意祈福辟邪，虎与"福""富"谐音，寓意福运亨通、富贵盈门。两枚纪念币背面呈现抱虎姿势，借谐音寓意"抱福"。

⊙ "虎"纪念币

1989年"珍稀动物"纪念币（第二组）8克金币　正面图案为国徽图案，并刊国名、年号；背面图案为华南虎图案，并刊"华南虎"字样及面额（图2.96）。这枚金币的图案设计简洁，以一只正在咆哮的华南虎为主图，其张口露牙，神态凶神恶煞，野性十足。身边饰以山石、草木，展现华南虎在自然环境中的状态。

▲ 图2.96　1989年"珍稀动物"纪念币（第二组）8克金币

1992年"中国出土文物（青铜器）"纪念币（第二组）1/4盎司金币与15克银币　正面图案均为中华人民共和国国徽、年号，并刊"中国出土文物青铜器"主题文字；背面图案均为"虎符"图案，并刊"公元前476—前221"字样及面额（图2.97）。

先秦时期著名的青铜虎符原器物是战国时期青铜器，1973年在陕

◀ 图2.97 1992年"中国出土文物（青铜器）"纪念币（第二组）1/4盎司金币与15克银币

西省西安市南郊北沈家桥村出土，是古代传达命令或调兵遣将所用的凭证，现藏于陕西省博物馆。币面"虎符"之虎作走形，正面凸起如浮雕，背面有槽。币面表现为典型侧身之体，虎头向左，虎尾向右，四足立地，昂首翘臀。该币设计简洁大气、凝重阳刚，一眼便可深感"虎"之霸气。

1996年中国珍稀野生动物华南虎纪念币　正面主图案是由中华人民共和国国徽、国家名和年号组合而成，背面主图案是一只华南虎站立在岩石上，彰显了兽中之王的霸气和勇猛（图2.98）。

2010年贺岁普通纪念币　正面图案刊"中国人民银行""1元"和汉语拼音字母"YIYUAN"及"2010"年号；背面主景图案为一个戴着虎头帽的儿童敲打腰鼓，背景为燃放的鞭炮和布老虎图案，内缘下方刊"庚寅"字样（图2.99）。图案栩栩如生，画面十分饱满。

2010年中国古典文学名著——《水浒传》彩色金银纪念币（第二组）1盎司彩色银质纪念币　正面图案为中华人民共和国国徽及中国传统纹样组合设计，并刊国名、年号；背面图案为武松打虎故事画面（局部彩色），并刊"行者武松"中文字样及面额（图2.100）。

该币生动地还原了《水浒传》故事景阳冈武松打虎的瞬间，突出了其非凡的身手。武松跨坐老虎腰背，左手压住虎头，右手抡拳痛击。币面上武松高举的拳头、胸前偾张的肌肉，都能让人感受到武松的威武形象。胯下的老虎惶恐地张开血盆大口，一副被制伏后失态的面目。

◀ 图2.98 1996年中国珍稀野生动物华南虎纪念币

◀ 图2.99 2010年贺岁普通纪念币

◀ 图2.100 2010年中国古典文学名著——《水浒传》彩色金银纪念币（第二组）1盎司彩色银质纪念币

◉ **港澳与境外的"虎"纪念币（章）**

　　2013年美国金币总公司特制圆明园十二生肖兽首纪念银币　全套十二枚，全部由999纯白银铸造，每枚银币重1盎司、币面值为10美元（图2.101）。2014年美国金币总公司特别授权北京民生泉集币公司为十二生肖兽首纪念银币在中国范围内唯一发行单位。纪念币背面采用美国纪念币统一图案——美国鹰，详细标明重量和面值。

▲ 图2.101 2013年美国金币总公司特制圆明园十二生肖兽首（虎首）纪念银币

2021年纽埃虎符纪念币　　纽埃共和国首推一套以中国战国杜虎符为原型的虎符银币（图2.102），每枚重1盎司，尺寸66毫米×32毫米。2022年又推出镀金款虎符纪念币一套两枚，不仅整体高浮雕镀金，还运用凹凸嵌合工艺，两枚币可以合并，做工非常精美。

2022年圆明园十二生肖兽首（虎）纪念银章　　中国澳门钱币学会发行圆明园十二生肖兽首系列银章一套十二枚，虎纪念银章正面图案为虎首铜像（以"圆明园十二生肖虎首铜像"为原型），刊"中国·澳门钱币学会壬寅虎年纪念"文字及澳门钱币学会Logo；背面刊"圣保禄教堂　大三巴牌坊"文字，下方是澳门市花——荷花（图2.103）。该币加厚双面高浮雕虎首银章重60克，999纯银，直径40毫米。

▲ 图2.102　2021年纽埃虎符纪念币

▲ 图2.103　2022年圆明园十二生肖兽首（虎）纪念银章

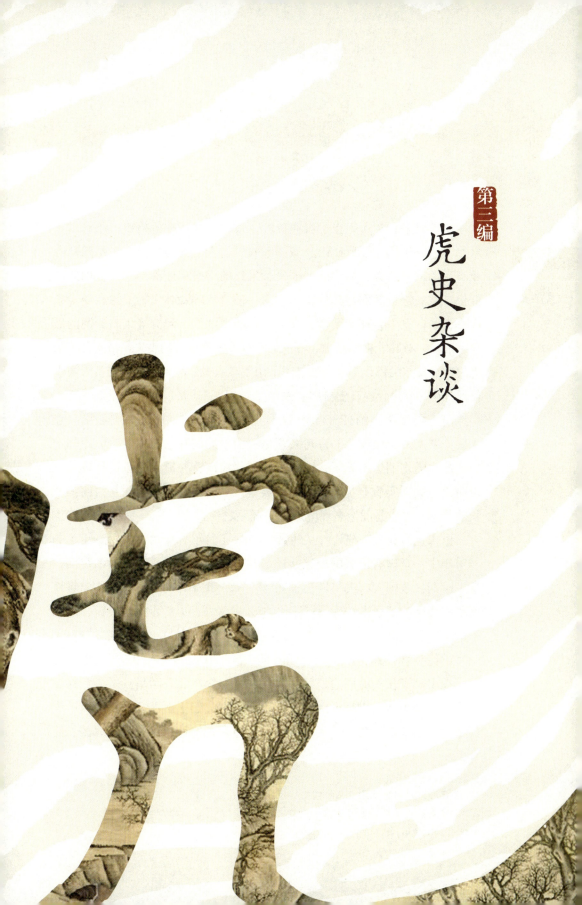

第三编
虎史杂谈

历代虎患

自古以来，焚火田猎、农业耕种、伐薪烧炭、战争损毁，还有水利水库、道路桥梁、工厂矿山、城镇和农村的人居环境建设等一系列社会经济活动造成了森林的锐减和消失，人口的增殖和经济的繁荣，加速和催化了这一进程。虎与其他森林动物一样，依赖森林生物资源和环境条件取食、栖息、生存和繁衍，森林、草原、湖泊、河流等生态资源的破坏和消失，意味着食物来源、栖息地等基本生存条件的丧失，由此，人与虎的冲突日益尖锐，不断发生老虎下山吞噬人畜的恶果。老虎伤害人畜事件通常称为虎患，也有史料称之为虎灾、虎害、虎乱、虎荒、虎暴。

南宋周文璞（约1216年前后在世）写道："林麓已尽虎不见，迩〔ěr〕来流民所蹂践。"诗句大意是：山下的树林已被伐毁殆尽，林中的老虎也随之消失不见了，皆是近来因受灾而背井离乡的流民导致的。说明人虎关系实质上是人地关系的表现，人与虎的生存空间互为此消彼长的关系，虎患是虎生态环境退化的现象之一。

据宋正海先生[1] 统计，从北魏（386—534年）至元末（1368年）的近千年中，全国有记载的虎患共16起，说明虎患古已有之，但不突出。这一时期，全国人口最多增长了108%，森林覆盖率减少约30%，但耕地面积不增反减了至少4%。表现为土地开发萎缩，人地矛盾不尖锐，虎患不严重。

梁诸英教授称，魏晋南北朝时期，虎患在南北均有分布。[2] 隋唐时期，虎出没于长安城周边地区。唐代北平（今河北省顺平县）、登封、韶州、桐城等地均出现虎患。宋辽金时期虎患趋于严重，与唐宋以后中国经济中心南移有关。《元史》记录虎患存在的地点还有余杭地区、建

---

[1] 宋正海，中国科学院自然科学史所研究员。
[2] 梁诸英：《正史所见晋唐宋元时期"虎患"》，《东北师大学报》（哲学社会科学版）2013年第1期。

德地区、枣阳地区，以及松州、长泰、漳州、饶州路、寿州、颍州、余姚、建宁、信阳等地。

明朝中后期，美洲的玉米、番薯、马铃薯、辣椒、烟草等农业品种相继传入中国，农业开发强度增大，垦殖纵深向山区蔓延，开荒造地出现新的局面。虎开始面临栖息地日益缩小的威胁，人与虎的冲突逐渐显现。

明末时期始终伴随着旱灾、寒流、蝗灾、水灾、鼠患、瘟疫等灾害，同时，极端气候造成食草动物锐减，以有蹄类动物为食的虎因食物匮乏而经常闯入人类领地祸害人畜，于是这段时期便成为虎患频发时期。

闵宗殿先生查阅了东南地区的479种方志，对明清时期东南地区发生的虎患进行了描述和分析。[①] 他指出，到明清时期，东南地区（浙江、江苏、安徽、江西、福建五省）的虎患记载多达514起，是前一千年该地区发生虎患次数（6起）的85倍，几乎平均每年发生一次。从年代看，明代205次，占39%；清代309次，占61%。清代虎患频率明显高于明代，这反映了明清时期东南地区人口增加与耕地面积增长同虎的自然栖息地的矛盾十分突出。（图3.1）

上海如今是个繁华的国际大都市，很难想象260年前却是个老虎频繁出没的乡村，不时有虎伤损人畜。据学者对地方志等文献的统计，从元末顺帝至元二年（1336年）至清乾隆二十六年（1761年）间，方志上共有25次老虎在上海活动的记载，上海西北部的嘉定和宝山，南部和西南部的金山和松江，是历史上老虎活动最频繁的地区，大部分的老虎活动都是在这些区域内。乾隆二十六年后，上海地区再没有虎迹。[②]

据刘正刚博士考述[③]，四川的虎患也是以山区为多。《荣昌县志》卷十九记载，康熙二十一年（1682年），张懋尝主仆8人赴荣昌县（今重庆市荣昌区）上任，入城后竟然看不到人的踪迹。天将暮，一群老虎突然窜出，其中的5人当即丧生虎口。川北地区也是虎患重灾区。据顺庆府附郭南充县（今四川省南充市）知县黄梦卜声称："原报招徕户口人

①　闵宗殿：《明清时期东南地区的虎患及相关问题》，《古今农业》2003年第1期。
②　方志上海：《上海的野生老虎活动 | 生物多样性》，转引自澎湃新闻·澎湃号·湃客，2022年2月1日。
③　刘正刚：《明末清初西部虎患考述》，《中国历史地理论丛》2001年第4期。

▲ 图3.1　1903年美国人Joseph Clark Grew 到福建厦门旅行期间，拍摄到当地猎人捕杀到华南虎后抬进村里的照片

丁506名，虎噬228名，病死55名，现存223名。新招人丁74名，虎噬42名，现存32名。"

清人刘石溪在《蜀龟鉴》卷五对明末清初四川死于虎患的人口做过粗略估计，自崇祯五年（1632年）至康熙三年（1664年）的30余年中，川南"死于瘟虎者十二三"，川北"死于瘟虎者十一二"，川东"死于瘟虎者十二三"，川西"死于瘟虎者十一二"。

明末清初贵州也常发生虎患。万历二十六年（1598年），兴隆卫发生过"虎食百余人"的恶性惨案。

据地方志记载，明清时期云南至少有近50个厅、州、县有虎出没。

据杨玉秋考述[1]，明代广东84个府、州、县，共发生虎患43年次、45县次，以广州府、韶州府、肇庆府三地最甚。据刘正刚考述[2]，清代潮州府是虎患重灾区，珠江三角洲时闻虎患，高州府虎患惊人。

① 杨玉秋：《明代广东地区虎患考述》，《农业考古》2012年第4期。
② 刘正刚：《明清时期广东虎患考》，《广东史志》2001年第3期。

▶ 图3.2　民国廿一年
（1932年）山西虞乡县
白坊村捕杀的一只虎

　　据郑维宽教授考述[①]，明代广西有23年次的虎患记录，虎患分布地区主要集中在桂林府、柳州府、梧州府、南宁府等地。清代有55年次的虎患记录，主要暴发在清前期（1644—1679年，顺、康、雍、乾四朝）和清末期（1861—1908年，同、光两朝）。清前期镇安府（今那坡县、德保县）虎患猖獗，虎甚至就在村民的房前屋后等待捕食村民。因为多虎，谷仓门外都无须看护——"人家禾仓多在门外，以多虎，故无窃者"。

　　明清至民国，湖南县志中有虎出没的记录161起。

　　到了民国时期，虎患问题比明清时期已经有所减轻，但重灾区依旧是南方，北方偶有发生。（图3.2）

　　福建南平、建宁县有虎噬人的记载。福建省永春天湖山林区1947年至1949年间因老虎横行伤人，民众无法维持正常的生产和生活，当地百姓被迫放火烧山驱赶老虎，造成了绵延20多里的荒山。

　　民国时湖南有10条虎出没记录，涉及澧州、汝城、蓝山等地。1927年，"（蓝山县）南平乡塔水葫芦冲有猛虎三只，噬死蒋某二人"。

　　在虎患最严重的广东徐闻县，1916年至1933年，随着县辖区内老虎的活动范围从林区扩展到沿海，全县每年约有300人丧生虎口。20世纪30年代，徐闻宿虎村就曾经有几名村童误将一只老虎崽当作野猫崽抱了回来喂养，由此导致一大群老虎围攻村庄。村民们回忆说，当时村庄周围全是猛虎此起彼伏的狂啸声，具体多少数量村民们也不敢外出清点，后

① 郑维宽：《明清时期广西的虎患及相关生态问题研究》，《史学月刊》2007年第1期。

▲ 图3.3　1915年3月香港新界粉岭捕杀到一只老虎，宝灵翰（中）与一众警察和外籍人士跟虎尸合照

来，村民们将老虎崽放出，群虎才逐渐离去。1946年3月，一名张姓商人从徐闻买到一只被活捕的虎，这只体形巨大的老虎被运到湛江市霞山区试图展览赚钱。由于看管不严，老虎清晨破笼而逃，沿街奔走，霞山区市民惊恐万状。这头巨虎最后在海头圩附近被民兵击毙，虎尸被屠宰分割，虎肉在海头圩售卖。

　　如今的香港是一座高度繁荣的自由港和国际大都市，然而60年多前那里竟然也有野生虎出没。1915年3月，香港上水、粉岭龙跃头一带出现虎踪，三名外籍警员上山巡视期间，被一头长达2.6米、重131千克的华南虎袭击，造成一死一伤。事件引起时任新界指挥官宝灵翰（Donald Burlingham）的注意，他亲自带队上山展开猎虎行动，其间一名警员遭抓伤当场死亡。经过连场恶斗，最终成功将老虎射杀（图3.3）。香港最后一次捕到老虎是1954年在新界。直到20世纪70年代，香港与深圳之间的梧桐山还有老虎出没。

　　民国时期广西东南部北流县（今北流市）县长表示对老虎已深恶痛绝：“叼为患者虎也，噬民畜，余深恨之。”民众也是见虎就打。据说在今北流镇新城一带就曾先后打死老虎近20只。

　　20世纪30年代，曾有一只老虎贸然闯入川军长官唐式遵摆的待客酒宴，瞬间被唐式遵射杀，第二天便被摆上了餐桌成了"虎肉宴"。

1949年新中国成立之初，即废除地主阶级封建剥削的土地所有制，实行农民的土地所有制。土地改革极大地提高了农民的政治觉悟，解放了农村生产力，发展了农业生产，增加了粮食种植面积，土地开发以前所未有的速度推进。1958年，全国掀起轰轰烈烈的全民大炼钢铁运动。这一时期，由于煤炭燃料不足，只好砍伐树木烧炭炼钢，森林植被遭受严重破坏。

据历年统计数据，全国耕地面积1949年为146822万亩，1957年达到167745万亩，增长14.3%。与之相对应的全国森林覆盖率则呈下降趋势，1959—1962年统计为11.81%，比1949年的初次统计数据减少0.69%，降到低谷。而人口数量1949年为54167万人，1959年为65495万人，10年间人口增长了20.9%。土地开发、人口大量增殖，导致森林资源锐减，同时虎的栖息地严重丧失，局部地区人虎冲突仍然严峻。

据报道，1952年至1962年，湖南省恶虎伤人事件频发，10年间全省共有2000多人命丧虎口。1953年，福建永春和安溪两地被老虎咬死、咬伤的民众竟达2000多人。经历过虎患恐惧的老人回忆说："不要说夜里不敢出门，白天都不敢下地干活，怕被老虎吃了。"1952年，广西北流县也常常发生老虎伤人事件，据政府通报："一年中被虎咬死的耕牛有294头，被咬死的人有10个。"

传说湖南省在1957年9月发生过一起"百虎围村"事件。故事来源于常年在通道县雪峰山一带收山货的货郎谢耀宗亲历险情的回忆，虽有夸张不实之嫌，但情节不失惊心动魄。

那天，他刚走进通道县高坪村不久，突然看到放牧在村外的牛都疯狂逃了回来，村子里所有的狗全部瑟瑟发抖不敢出声，这时候，村口开始有人拼命敲锣，大声呼叫村民们赶紧进村躲避。

原来，竟然有100多只老虎将一个不足80人的小村子围了个水泄不通，无论村民如何燃起火堆和敲打铜锣，老虎就是不肯离去。在持续整整三天三夜后，惊恐的村民们才搞清原委：原来是村子里有人在山上捡了几只老虎崽带回了村里。然而，就在村民将几只小老虎放出去后，围攻的虎群不仅没有散去，反而像是没有了顾虑，开始集体疯狂冲进高坪村，将村子里的牲畜全部咬死拖走，还叼走了村子里的母女共3个人。

伏虎史话

《虎与人》是元末明初刘基（1311—1375年）所著《郁离子》中的一篇古文，寓意"人定胜虎"。因为虎依靠的是锐利的爪牙，而人会运用智慧与工具，比虎更有优势。

上古传说中的老虎并非傲视群雄的王者，它的天敌是一种被称作"驳"的异兽。

《水浒传》是元末明初著名作家施耐庵（约1296—1370年）创作的白话文小说，他笔下的武松是个响当当的英雄人物，排名梁山泊108好汉第14位。该书第二十三回"景阳冈武松打虎"写道：武松返河清县探亲，途经阳谷县境时，因贪杯醉酒，不顾店主劝阻，硬闯景阳冈。与虎不期而遇，展开殊死搏斗。躲闪过猛虎的"扑、掀、剪"三般攻势之后，武松双手揪住虎头皮肐腌［gē dā］，猛按在地。然后"把只脚望

▼ 图3.4　《水浒传》景阳冈武松打虎

大虫面门上、眼睛里只顾乱踢。那大虫咆哮起来，把身底下扒起两堆黄泥，做了一个土坑。武松把大虫嘴直按下黄泥坑里去。那大虫吃武松奈何得没了些气力。武松把左手紧紧地揪住顶花皮，偷出右手来，提起铁锤般大小拳头，尽平生之力，只顾打"。最终以一己之力，赤手空拳搏杀老虎，消除虎患，成为"为民除害"的英雄人物。（图3.4）"武松打虎"的故事广为流传，对后世产生了深远影响，衍生成为民除害、不畏强敌、英勇斗争的精神文化遗产。

毛泽东曾评价道："在野兽面前，不可以表示丝毫的怯懦。我们要学景阳冈上的武松。在武松看来，景阳冈上的老虎，刺激它也是那样，不刺激它也是那样，总之是要吃人的。或者把老虎打死，或者被老虎吃掉，二者必居其一。"（《论人民民主专政——纪念中国共产党二十八周年（一九四九年六月三十日）》）

武松打虎之外，《水浒传》还有两次描写猎虎的场面。第四十三回写道，黑旋风李逵夜间背娘奔走沂岭，娘喊渴要水喝，李逵岭下取水回来时，发现娘已被老虎拖去吃了。他寻到虎的巢穴，用朴刀和腰刀先宰了两只小虎，再杀了两只大虎。第四十九回写到猎户兄弟解珍、解宝猎虎的故事情节：他们领了杖限文书捉捕登州山上的老虎，埋下窝弓药箭，守候埋伏到第三日四更[1]，窝弓发响，老虎中箭后药性发作滚下山去。

窝弓是猎人用以猎取猛兽的大型弓弩，因架设于地上，又称地弩。这种弩前引一伏绳，预先在虎出没之处埋设好箭镞，虎经过时一旦触动伏绳，则绳动机发，箭即射出。弩箭猎虎使用的毒药，民间通常是用草乌熬成的，有见血封喉之功效。草乌母根叫乌头，乌头中有毒成分为乌头碱，它主要对神经及心血管系统造成严重损害，如严重的心律失常、室颤乃至猝死。据说一个体重60千克的人，只需口服1.6毫克，大约相当于1/5粒米分量的乌头碱就会致死。

《水浒传》的作者对于运用虎的形态特征来比喻出场人物的个性形象可谓情有独钟。梁山泊108个好汉中，有12人以虎为绰号，分别是：插翅虎雷横、矮脚虎王英、花项虎龚旺、青眼虎李云、中剑虎丁得孙、跳

---

① 古代计时单位，对应凌晨01:00～03:00。

▲ 图3.5　贺兰山岩画"围猎猛虎图"

洞虎陈达、锦毛虎燕顺、打虎将李忠、笑面虎朱富、母大虫顾大嫂、病大虫薛永、金眼彪施恩。古时称虎为"大虫"；"彪"在中文里字义同虎，"金眼彪"指眼睛是金黄色的猛虎。

　　人们在早期岩画中发现了记录古代游牧民族狩猎的画面。猎虎的画作以贺兰山岩画"围猎猛虎图"（图3.5）最为恢宏壮观，该岩画作于商周或商周以前，是中国至今发现的原始狩猎岩画中的稀有珍品。该岩画位于宁夏中卫苦井沟一座山梁的条层状裸露基岩上，画面由 1 只花斑猛虎、3 名弯弓射虎的猎人和 7 只猎犬构成。情节围绕猎虎展开，虎的头部夸张，其长度几乎是虎身的1/3，牙齿突出，利爪张开，尾拖在地，全身为蹲踞状。众犬将虎团团围困，分别撕咬虎尾、虎爪、虎颈和虎耳等部位。猎人射出三支长箭，一支命中虎颈，另两支正向虎头飞来。猎人还在从容地张弓搭箭，准备射出第二轮箭矢。看出是一幅精心组织的狩猎场面的写实画，表现原始先民征服自然的团结力量和英勇斗争精神。[1]

　　中国最早的文字史料是甲骨文卜辞。商代（约前1600—约前1046年）盛行占卜，凡祭祀、气候、征伐、田猎、出门诸事，无不求神问卜，以得知吉凶、祸福、成败，再决定行止。占卜后，用刀子把占卜的

---

① 胡邦铸：《一场震撼山林的搏斗——贺兰山岩画〈围猎猛虎图〉试析》，《宁夏社会科学》1994年第1期。

内容和结果刻写在龟甲或兽骨之上成为卜辞。殷商遗址发掘的甲骨文卜辞里面，就发现了关于虎的题材。

如占卜虎对人是否造成祸害的卜辞：

丁巳卜，贞虎其有祸。

贞虎亡其祸。

占卜"我"的马遇到虎会不会受到伤害的卜辞：

贞我马有虎，佳祸。

贞我马有虎，不佳祸。

记录猎获老虎的手段：

王其焚□廼〔nǎi〕麓，王于东立（位），虎出，擒。大吉。

上述刻辞记录了商王在一次狩猎活动中，采用在山脚下焚烧草木的方法，并亲自守于山的东边，待老虎被驱赶出，将其擒获的事件。"焚"是田猎的方法之一，也就是焚烧山林，使动物无处藏身。

下述刻辞记录了商王三年十月辛酉日，在鸡麓打猎，获得一只大老虎，并在该虎的上膊骨上记录此事，以炫耀狩猎功绩的事件：

辛酉，王田于鸡麓，获大霾虎。才（在）十月。

已发掘到的武丁时期的甲骨文卜辞中有一条有关田猎的活动的记载：

翌戊午，焚擒？

戊午卜，㱿贞：我狩敏，擒？之日狩，允擒。获虎一、鹿四十、狐百六十四、麑五十九。

这是预测即将发生的事件的一道与狩猎有关的卜辞，大意是：第二天戊午，能否焚树林擒获野兽？戊午这一天占卜，史官问道："商王在这地方去打猎，能否擒获野兽？"于是这一天就去打猎，结果擒获1头虎、40头鹿、164头狐、59头小鹿。

《容斋随笔·容斋续笔》卷十三《汲冢周书》描写了规模浩大的武王狩事，宣示周武王（？—约前1043年）的强大武力：

擒虎二十有二，猫二，麋五千二百三十五，犀十有三，氂〔máo〕七百二十有一，熊百五十一，罴百一十八，豕三百五十有二，貉十有八，麂十有六，麝五十，鹿三千五百有二。

成书于春秋（前770—前476年）中期的中国古代第一部诗歌总集《诗经》的《国风·郑风·大叔于田》写道："叔在薮，火烈具举。祖褵暴虎，献于公所。将叔勿狃，戒其伤女。"以一段诗句记载了"大叔"——郑国青年猎手跟随国君焚林而猎的恢宏场面。猎手在草木丰茂的湖泽四周燃烧起熊熊烈火，升腾的烈焰把藏匿林间草丛的野兽驱赶了出来。虽然擅长射箭，但彪悍的青年选择赤膊上阵，徒手围猎搏杀逃窜的猛虎，然后把所获猎物献到国君的公朝。令人胆战心惊的描写之后，谨慎的诗人不忘告诫伏虎的勇士：我的大叔啊，可别逞强轻敌，谨防猛兽伤命。

与"大叔"赤膊猎虎方式不同的是，《国风·周南·兔罝［jū］》以"肃肃兔罝，椓［zhuó］之丁丁""肃肃兔罝，施于中逵""肃肃兔罝，施于中林"等优美动听的诗句，记载诸侯领主动用武士布网捕虎的场面。诗文围绕着"肃肃兔罝"——严密布阵一张张捕兽网，描写一群雄赳赳的武士敲击固定网具的木桩，叮叮作响，把捕兽网布放在那四方交汇的岔路口，布放在那广袤的丛林中央。布网狩猎的"兔"通指"老虎"，古代楚人有呼虎为"於菟［tú］"的习惯。

古代社会崇尚"力大"，以有"缚虎擒龙"之力作为评判"力大"的指标。相传夏朝（约前2070—前1600年）的末代君主夏桀力大无穷，能拉直铁钩，徒手擒缚猛虎。

《史记·殷本纪》记载商纣王帝辛（前1075—前1046年在位）力大过人，热衷徒手格杀虎熊之类的猛兽。毛泽东曾评价他"是个很有本事、能文能武的人"。

西周中期，有一猛士名唤高奔戎，周穆王（约前1054—前949年）闻其名，收之为卫士。《穆天子传》卷五记载：有一次，穆王去郑圃打猎，众人见沼泽芦苇中有虎。高奔戎自告奋勇，孤身而入，徒手将猛虎生擒了回来。周穆王命人将猛虎囚禁在捕猎地点偏西的峡谷地带，故名虎牢关。此地是古典名著《三国演义》"三英战吕布"故事情节中激战血拼的沙场，位于今河南省荥［xíng］阳市区西北部16千米的汜［sì］水镇。

西汉文学家刘向（约前77—前6年）所撰《列士传》记载：战国时期，秦昭王（前325—前251年）要会见魏王，魏王不敢去，就派壮士朱亥前往晋献玉璧一对。结果秦王见魏王这么不给面子，派个小人物来打发自己，盛怒之下，把朱亥关进了老虎笼子里。朱亥瞪大眼睛盯着老虎，眼眶迸裂，鲜血喷溅到了老虎脸上，老虎被吓得动都不敢动。文章借此表现朱亥勇武刚烈的气质。

《史记·李将军列传》记载：西汉名将李广（？—前119年）一次外出打猎，看见草丛里有一物，以为是老虎，向它射去，过去一看，原来是石头，且箭头都射进去了。接着重新再射，却始终不能射进石头。李广驻守各郡时，听说有老虎便常常亲自去射杀。到驻守右北平时，一次射虎，老虎跳起来伤了李广，但李广最终还是射死了老虎。

汉代之时，喜欢与猛兽搏击的勇士遍及社会各阶层，朝野上下，都以与猛兽相斗展现力量和勇气。汉武帝（前156—前87年）时期建立了规模庞大的上林苑——中国最早期的皇家动植物园，供帝王游玩、打猎。苑内设有虎圈、狮圈、野猪圈、熊馆，还设有专门的斗兽场。朝廷设有专门管理机构——水衡都尉，配备有主管苑中宫馆、禽兽的属官上林令，具体负责治理苑中禽兽宫馆的上林诏狱，负责苑内禽兽的虎圈啬[sè]夫等官职。据说汉武帝本人曾徒手与熊搏击，他的儿子、广陵王刘胥身强体健，力能扛鼎，也以格斗猛兽为平生乐事。如《西京杂记》云："广陵王胥有勇力，常于别圃学格熊，后遂能空手搏之。"

汉武帝时，李广的孙子李禹酒后欺负宫中太监，武帝大怒，罚他下圈斗虎。当李禹被绳索绑住徐徐往虎圈放时，汉武帝动了恻隐之心，下诏把他拉出来。谁知李禹负气恃勇，用剑砍断绳索一跃而下，挺剑与猛虎相斗。武帝被这个将门少年的勇猛打动，下令勇士们进入虎圈，赶开猛虎，拉出李禹。

公元前87年，汉武帝病逝。其寝陵建筑宏伟，墓内殉葬品极为豪华丰厚，《史记·武帝本纪》记载："金钱财物、鸟兽鱼鳖、牛马虎豹生禽，凡百九十物，尽瘗[yì]藏之。"他的陵墓中竟生殉虎豹190只，足见其生前对猛兽的偏爱。

汉王朝时，由于关中地区猛兽特别多，给人畜造成了极大的危害，朝廷曾颁布奖励搏杀豺狼虎豹的法令，规定捕杀豺狼一只奖励一百钱，捕杀老虎一只则奖励三千钱。

北宋开宝五年（972年）四月，宋太祖面对虎患，"遣使诸州捕虎"。即使官方捕虎队伍加入，依旧没有扭转虎患频发的状况。熙宁六年（1073年），朝廷再次下诏："应有虎豹州县，令转运使度山林浅深，招置虎匠，仍无得它役。遇有虎豹害人，即追集捕杀，除官给赏绢外，

虎二更支钱五千，豹二千，并以免役剩钱充。"（《续资治通鉴长编》卷二百四十二）

明清两代，许多地方长官都把消除虎患作为重要职责。明末，陕西宜君县屡遭兵变，人逃地荒，虎狼食人。在兵部尚书洪承畴部下任职的宜君人孙英士，因驱除虎豹有功，被授予坊州守备之职。清代武探花韩良辅在宜君任参将期间，共捕杀老虎99只，因此升任总兵之职。清顺治十七年（1660年），同官知县因猛虎伤害人畜甚多，便虔诚地祈祷于土地神庙，请求土地神制止虎患。康熙四十年（1701年），宜君知县也因虎患而入神祠祈祷。

古代君王，在开疆拓土及行军打仗之余，也常领兵狩猎。狩猎继而衍生为和平年代行军布阵、指挥作战的军事行动，以猎虎来宣示无上的君权、强大的军威以及出色的作战能力，深受统治君王的喜好。

曹操（155—220年）（被追封为太祖）视虎为敌，常使用大戟（短矛、大刀）搏杀猛兽，他的墓葬中就遗存有"格虎"的兵器。2009年11月，位于河南安阳县安丰乡西高穴村的曹操墓（即高陵）出土了一件"魏武王常所用格虎大戟"石牌，石牌高10.8厘米、宽3.1厘米、厚0.8厘米。一起出土的尚有"魏武王常所用格虎短矛""魏武王常所用格虎大刀"等文物。

《三国志·曹真传》记载："常猎，为虎所逐，顾射虎，应声而倒。太祖壮其鸷勇，使将虎豹骑。"曹真（？—231年，三国曹魏名将）和众人出去打猎，突然，跑出一只猛虎在后面追逐，曹真毫无惧色，张弓搭箭，回身一射，老虎应声而倒。曹操看到曹真如此勇猛强悍，非常赞赏，于是，将自己最精锐的骑兵部队"虎豹骑"交给曹真来统领。

《三国志·吴主传》记载："二十三年十月，权将如吴，亲乘马射虎于庱〔chěng〕亭。马为虎所伤，权投以双戟，虎却废，常从张世击以戈，获之。"建安二十三年（218年）十月的一天，孙权（182—252年，三国时东吴的建立者）至庱亭射虎。所乘的马被老虎咬伤，孙权奋起，把双戟投向老虎，老虎受伤试图逃走，孙权的侍从张世趁机用戈再击，最终把老虎抓获。

唐高祖李渊（566—635年）痴迷田猎活动，《新唐书·褚亮传》记载："高祖猎，亲格虎，亮悬慆〔tāo〕致谏，帝礼纳其言。"高祖外出打猎时，亲自与老虎格斗，褚亮诚恳地劝谏，高祖便礼貌地采纳了他的建议。

《辽史·营卫》记载，因伏虎林（今内蒙古巴林右旗西北察罕木伦河源之白塔子西北）一带经常有老虎出没伤害居民牲畜，辽景宗（948—982年）在一次秋季射猎时率领数名骑手前去猎虎。在林中，他们还真的发现了老虎。只见有一只老虎在草丛中，发现辽景宗一行后便俯伏在草丛中浑身战栗，不敢仰视辽景宗一行。辽景宗看到此种情况，顿起怜悯之心，没有弯弓射虎，终止了猎杀此虎的行为。人们为了歌颂辽景宗舍虎不猎的美德，就把这片树林叫作"伏虎林"。

《清太宗实录》记载皇太极（1592—1643年）亲自射杀的老虎有14只。一次，皇太极一个人快马向前跑，前方20步左右是御前侍卫詹土谢图。这时，一只老虎突然冲过来。詹土谢图用箭射中了老虎，但是老虎没死，反而将詹土谢图扑到马下，张口就咬。皇太极大喝一声直冲上前，老虎受惊逃跑，后被其他侍卫射死，詹土谢图得救。

康熙皇帝（1654—1722年）总结自己一生在木兰围场的射猎成果时说："朕自幼至今，凡用鸟枪弓矢获虎一百三十五、熊二十、豹二十五、猞猁狲十、麋鹿十四、狼九十六、野猪一百三十二，哨获之鹿凡数百，其余围场内随便射获诸兽不胜记矣。"

雍正皇帝（1678—1735年）、乾隆皇帝（1711—1799年）承袭骑射尚武祖制，热衷猎虎，存世有刺虎图。（图3.6、图3.7）

▶ 图3.6　《胤禛行乐图册·刺虎》：胤禛（时为雍亲王）头戴西洋假发，穿西洋装，在悬崖山洞旁举叉刺虎

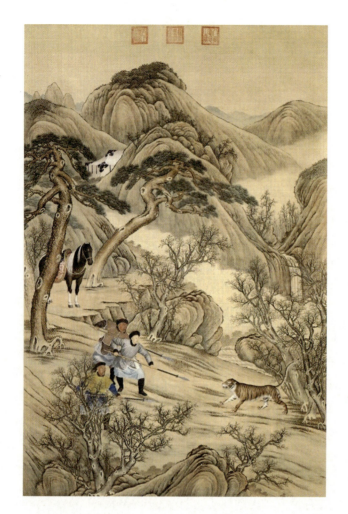

◄ 图3.7 郎世宁
《乾隆皇帝巡狩
刺虎图》：乾隆
皇帝与侍卫手握
长戟，跨步向前
欲刺猛虎

　　清朝皇帝组织围猎，不在乎收获多少猎物，而在于传承先祖尚武好勇的精神，既习骑射，又习劳苦，用以保持八旗官兵骁勇善战、淳朴刻苦的本色，抵御骄奢颓废等恶习的侵蚀，做到安不忘危、常备不懈。每年秋天，清帝会率领八旗兵将在位于北京以北400余公里的皇家猎场——木兰围场中，举行一场持续近一个月的大规模围猎活动。

　　猎虎的特殊部队虎枪营置于清康熙二十三年（1684年），是护从皇帝围猎的禁卫军。凡皇帝行围则随从前导，遇虎列枪以备，得旨即射击，或追踪或寻山，得虎具奏以献；凡驻御营则分两路伏设地弩，以防虎豹；凡出巡则前引扈从，分巡御道，谒陵则任巡哨、搜山及进陵前引阿虎枪等项差务。

猎虎的兵器称虎枪（图3.8），亦名阿虎枪。枪头铁质，长九寸，前锐后锋，中起脊，有血槽，白蜡木制柄，长七尺四寸，头缠黑皮，两侧横系两个一寸长鹿角，枪头附带皮套。枪锋锐利，可刺穿虎身，枪刃处设鹿角，以防止刺杀猛虎时入枪太深，无法施展。使用时数人一起，逼得老虎无法接近，然后击杀。

前导的士兵发现隐藏在草丛中的老虎后，首先要用骲［bào］箭将它驱赶出，然后皇帝便可以按照自己的喜好将其猎杀。猎虎的工具除前述虎枪之外，还可以使用火枪、弓和弩。

骲箭（图3.9）以圆钝的木骲（哨子）代替箭镞。骲为桦木制成，长一寸七分，外部起棱，环穿四孔；箭杆为杨木制成，长二尺九寸；箭羽为花雕翎，括髹［xiū］朱漆。骲箭射中老虎后不会伤及毛皮，仅能让其疼痛。骲箭射出后，木骲上的孔会发出声响，也能起到惊吓老虎的作用。

《皇朝礼器图式》中记载的用于射虎的箭有三种，分别为大鈚［pī］箭、射虎鈚箭、射虎弩箭。大鈚箭的箭镞为菱形，长二寸五分，宽一寸五分；箭杆为杨木制成，长二尺九寸，杆首包黑桃皮；箭羽为黑雕翎，羽间髹朱漆和黑漆；括部包裹绿茧。大鈚箭的箭杆比较坚固，可以用强弓（图3.10）发射，除了射虎之外，还可以用来射熊和公鹿。射虎鈚箭的箭镞为五边形，锈涩不磨，长一寸五分，宽九分；箭杆为杨木

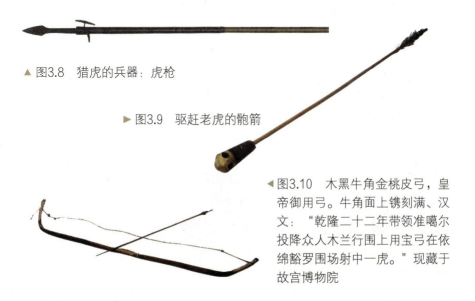

▲ 图3.8　猎虎的兵器：虎枪

▶ 图3.9　驱赶老虎的骲箭

◀图3.10　木黑牛角金桃皮弓，皇帝御用弓。牛角面上镌刻满、汉文："乾隆二十二年带领准噶尔投降众人木兰行围上用宝弓在依绵豁罗围场射中一虎。"现藏于故宫博物院

制成，长二尺九寸，杆首包黑桃皮；箭羽为黑雕翎，羽间髹朱漆。射虎鈚箭能够射得比较远，如果卧虎没有被驱赶起来，或者皇帝不愿驱赶，可以用射虎鈚箭直接射杀草丛中的卧虎。射虎弩箭的箭镞前端略圆，后部有倒刺，长三寸；箭杆为杨木制成，长二尺九寸，杆首包黑桃皮；箭羽为左右相对的两条黑雕翎（普通的箭箭羽有三条）；括髹朱漆。射虎弩箭是射虎弩配备的箭矢。

猎犬作为皇帝在木兰秋狝中的主要助手，深受皇帝的喜爱。行围时，除了持有长枪、火器的八旗子弟辅助皇帝猎获猛兽外，另有鹰狗处（平日为皇帝豢养鹰犬的机构）随扈左右。赵翼所著《檐曝杂记》中有"犬毙虎"一篇，是他扈从乾隆皇帝至木兰围场狩猎时亲眼所见。围猎中使用的是一种非常勇猛的猎犬，三只相互配合，过程不需要人的参与，就可以抓到老虎。（图3.11）

古代文学中有"稚犬毙虎"的故事。清代作家钱枝桂所著《警心录》中的"稚犬斗虎"短文写道：某村有一赵姓人氏，家里的狗生了三只小狗，刚两个月，小狗随着母狗出来走动。有一只老虎呼啸着从树林冲出来，飞快地奔向母狗。母狗急忙召唤小狗躲伏在其身子下面，然而一只小狗已经被老虎吃掉。赵姓人叫来村里年轻力壮的人，拿着矛来追老虎。两只小狗跑过去咬住老虎的尾巴，老虎拖着两只小狗跑。小狗被荆棘挂住胸部，身上的皮毛几乎掉光了，始终不肯脱口。老虎因为尾巴被小狗咬住，尾巴摆动还是不能摆脱，越走越慢。众人呐喊着冲上前，追上了老虎，老虎终于死在大家刀下。

◀ 图3.11 "毙虎"的猎犬画（绵亿《猎骑图册》册页）

搏虎斗兽的英雄事迹也为文学作品收录记载并广为传播，蕴含着敢于斗争、无所畏惧的精神力量，激励人们面对强敌时远离懦弱，鼓起勇气。

"卞庄子刺虎"故事见于西汉史学家司马迁（前145—前90年）《史记·张仪列传》：卞庄子想要去刺杀老虎，旅馆的童仆制止他，说："两只老虎正在吃一头牛，吃得香甜后必定会争斗，那么打斗的结果是大虎受伤，小虎死亡，你再朝着受伤的老虎刺去，一个举动（就）一定能有杀死两老虎的名声。"卞庄子认为童仆的话是对的，就站着等待它们相斗。一会儿，两只老虎果然斗起来了。大虎负伤，而小虎死了，这时卞庄子朝那只受伤的大虎刺去，一个举动果然获得刺杀两只老虎的功劳。

"冯妇搏虎"故事见于《孟子·尽心下》：东周列国时期（前770—前256年），晋国有个叫冯妇的人，因善于和老虎搏斗而闻名，后来成了士（有身份地位而受人尊敬的人），就不再打虎了。有一次他出行野外，遇到很多人在追捕一只猛虎，把猛虎逼得逃脱不能，只能负隅顽抗，可这些人怎么也奈何不了猛虎。这时他们看见冯妇来了，都很高兴，就去迎接他，请他出手。冯妇卷起袖子就下车打虎去了，结果可想而知——冯妇猎获了这只被围困的猛虎。

陆游（1125—1210年）是文武双全的南宋著名诗人，敢于搏击猛虎。陆游从军南征期间到达长木铺（今陕西省宁强县桑树湾一带），得知北山有一只"食人不知数"的恶虎，即率军上山打虎。当老虎直面扑来时，陆游挺矛奋勇前冲刺中猛虎，猛虎血浆喷溅，染红了陆游和岩壁……因此留有刺虎诗句："耽耽北山虎，食人不知数。孤儿寡妇雠〔chóu〕不报，日落风生行旅惧。我闻投袂起，大呼闻百步，奋戈直前虎人立，吼裂苍崖血如注。"

《罗源县志》中记载了官兵平息虎患的事迹："康熙四十七年春群虎夜夜入市，三月，游击① 陈腾龙督兵民捕之，前后杀获六虎，患遂息。"

"唐打猎"又名"唐打虎"，是清代文学家纪昀（1724—1805年）

---

① 清代武官名。

所著《阅微草堂笔记》中的一则故事。其族兄时任旌德知县，亲历其事，告知经过后，纪昀遂编撰成文。

清乾隆年间，皖南旌德县发生虎患，一只猛虎连食多人。民间组织捕获，猎户亦被伤害数人。百姓恐慌，不敢出城，货物为之短缺。有人对知县说，非徽州"唐打猎"不能除此患。于是遣人持财礼往请。

归报唐氏选艺至精者二人，行且至。未几，来一老翁，须发皆白，还连连咳嗽；另有一十六七岁的小孩。众人大失所望，姑且请其吃饭。老翁察觉众人的疑虑，即说："闻此虎距城不过五里，先往捕之，再赐食未晚。"于是从役带路，至谷口，役不敢行。老翁笑道："我来了，还如此怕呀？"入谷将半，老翁对小孩说："此畜似尚睡，你将其呼醒。"孩子作虎啸声，果然跳出一只斑斓大虎，大吼一声，径直扑向老翁。老翁双手握一短斧，柄不及尺，斧嘴四寸余，奋臂屹立，举斧过头，斧刃朝上；虎扑至，下蹲，侧首让之；虎自顶上跃过，扑地不起，血自腹出。往前视之，自颔下至尾腔，皆触斧开裂；挣扎几下，虎死。知县乃厚赠之。老翁自言，炼臂十年，炼目十年；其目以毛帚扫之不眨，其臂使成人攀之不坠。

据闻约在明代，徽州（今安徽歙［shè］县）一唐姓人氏刚结婚不过几天就被老虎吃了，其妻伤心欲绝，生下孩子后对天祷告："你长大后，如果不能杀虎，就不是我的孩子，后代子孙如果不能杀虎，也不能算我的子孙。"这孩子长大后，四处拜求名师，终于练成猎虎绝技。自此，唐家后代以打虎技艺闻名于当地。

20世纪，中国民间"打虎英雄"层出不穷，著名的有陈耆芳和何广位两人。

"打虎王"陈耆芳（1887—1972年），湖南耒阳夏塘莫浣人。29岁从师打虎，终生与害兽搏斗，打虎闻名全国。1952—1958年底，陈耆芳和他的打虎队共打死虎豹138头、野猪198头以及其他害兽。1958年赴京出席全国劳模大会，被授予"打虎英雄"称号，与大会代表一起受到周恩来总理接见，并合影留念。

"打虎英雄"何广位（1904—2004年），祖籍安徽宿县何家坊村，定居河南焦作孟州城伯乡武桥村。全国著名打虎猎豹英雄，旷世奇人。曾先后任焦作市政协委员和河南省政协委员。14岁从师学艺，练就一身功夫。一生赤手捕捉猛虎7只、野牛9头、豹230余只、野猪800多头、狼1000余只，被誉为"当代武松"。

传说，湖南省炎陵县一个名叫钟永泰的猎手活捉过11只老虎；一个名叫陈昌奎的猎人，借着师传的狩猎秘咒，加上一副排弩，先后猎杀过12只大虎。

巾帼不让须眉！打虎并非大丈夫的专利，民间不乏烈女搏虎的故事。

元世祖至元七年（1270年），山东滨州的胡姓奇女子杀虎救夫，名扬天下。其事迹载入《元史》卷二百《列传第八十七·列女一·胡烈妇》："胡烈妇，渤海刘平妻也。至元七年，平当戍枣阳，车载其家以行。夜宿沙河傍，有虎至，衔平去。胡觉起追及之，持虎足，顾呼车中儿，取刀杀虎，虎死，扶平还至季阳城求医，以伤卒。"南宋晚期至元朝初期诗人赵孟頫［fǔ］（1254—1322年）著有《烈妇行并序》一文以记之。

明代万历年间，江苏镇江城南麦黄桑绿的四月时节，一只猛虎窜进了村子，叼走一老妇。大树村村民刘松之妻徐氏见状，胆气浩然，手提钢叉刺向恶虎双目，负痛受伤的猛虎落荒逃去。明朝诗人沈明臣（1518—1596年）专程到镇江来拜访这位少妇，见她虽然"弱体孱然"，但有"英雄胆气"：不仅从虎口夺家犬、救老妇，而且毅然用钢叉刺伤猛虎，遂作纪实诗《大树村刘氏少妇打虎行》以载此事。

清代《古处集》记载：清康熙年间，河北威县多虎患，白昼攫人，太阳一落，居民就更不敢出门。有个男子，晚上喝醉了酒，内急，竟然要开门出去上厕所，妇人拽着他不让去，他非去不可。无奈，妇人只好拿着杆铁枪跟在他后面保护。走出不远，见一只老虎张口蹲踞，正等着他站稳后扑来。妇人很害怕，但为救丈夫，她奋不顾身地挺枪直刺过去，老虎猝不及防被刺中了，贯腮及胸，锋刃从左肋而出。老虎倒下后，妇人以为其未死，又按住老虎重拳捶打数十下。把被吓昏的丈夫拖回家后，心衰力竭的妇人瘫坐在了椅子上，安静地去世了。

故事发生在1937年黔东南地区的一个苗族村寨，范二妹（1916—2004年）和小姑上山砍柴遭虎袭击，为营救小姑，范二妹用柴刀砍伤猛虎，虎口救人。然而最后小姑因失血过多不治身亡，伤虎逃窜后不久也死在后山。

为使读者直观地了解现代猎虎惨况，不妨介绍下述两则现代剿虎故事。

⊙ 一

《闽南剿虎往事》[1]报道记述，新中国成立初期，福建永春、安溪、漳平、大田、德化五县交界一带流窜有一只母虎和两只小虎，祸害人畜。

根据当地虎患情况报告以及人大代表关于请求"为民除害"的提案，福建省军区决定支持剿虎，根除虎害。1953年春，省军区拨出剿虎经费5000元，发放轻机枪1挺，步枪100支，以及一批子弹、手榴弹，成立剿虎联合指挥部，总部设在永春。在永春调集各地著名猎手、民兵，并抽调解放军战士协助，组成7个专业猎队和30个业余猎队，有队员194人。

一天，接到群众报告，安溪潘田山上发现虎踪。剿虎队迅即赶到，包围搜索。虎钻入茅草丛中，剿虎队集中火力射击。虎扑过来，民兵卢来成用胳膊扼住虎颈，用头顶住虎的下颚，在地上滚动搏斗。卢来成脸上和身上被虎爪抓伤多处。枪法娴熟的猎手康由等人赶上前，开枪毙虎。这是三虎中的一只小虎，重50多千克。

不久后的一天清晨，在安溪县剑斗，当地一名猎手用鸟枪击伤了一只泅渡溪流的老虎。几天后，猎人在山上找到这只死虎，并割下虎掌、虎骨等部位，拿到剿虎指挥部领赏。这是三虎中的母虎，重100多千克。剩下的另一只小虎，逃到永春一区龙山乡古格，被民兵用虎橱活捉，后送至福州动物园。

⊙ 二

苏兆强先生著文讲述了一则射杀秦岭虎的故事。[2]故事发生在1964年6月14日，位于秦岭中段南麓腹地的陕西省佛坪县发生了一宗虎案。在龙草坪公社东河台大队破碾子山沟里，一户黄姓人家附近的破屋场的雪地上发现了老虎吃人时人虎搏斗留下的惨烈现场。雪地上血迹斑斑，虎

---

① 《闽南剿虎往事》，《石狮日报》2003年8月6日。
② 苏兆强：《最后一只"秦岭虎"覆灭记》，《大自然》2003年第3期。

爪印迹与人的脚印混杂交织，一件破棉袄被扯成一绺绺沾满血迹的碎布条。至于被害人是谁，尸骨何在，县公安局民警率民兵前去勘察时也未能确定。到了端午节前夕的6月26日，正在涩子坪生产队检查工作的县人口普查工作组干部忽然接到李家的求救报告，说自家圈养的一头猪被老虎吃掉了。工作组的6名干部拿起两长一短三支枪，跑向事发地点。他们循着地里留下的兽迹一路搜索，沿山梁走了两个多小时后，李家带路的那只猎狗忽然发出怪叫声，浑身颤抖直往人背后躲。此时，经验丰富的工作组成员之一的龙草坪公社社长老孙让大家停下观察。他们看到，在一片荒地的上空盘旋着几百只乌鸦，在距离100多米远的荒地草丛中，赫然卧着那只老虎，虎身上橘黄的皮毛和黑色的横纹十分显眼。大家忙就地趴下，摆好射击姿势，举枪瞄准。

"扳机扣动，两支步枪同时开火。一支枪卡了壳，另一支枪击中了虎爪。那虎疼得举起受伤的前爪，不住地摇摆，猛地腾身站起来，在原地转了几圈，尾巴像扫帚似的扫了几下，便向枪响处扑了过来。第二枪又响了，老虎侧身栽倒在地，又一骨碌爬起来，愤怒地咆哮着再扑上去。它一连扑了三次，最后不扑了。它打了转身，忽地腾空而起，向山坡上方奋力逃窜。就在老虎跃身离地的一刹那，几支枪同时射击，老虎疼得大吼一声，重重地摔在地，沿着约三十度的草坡滚了下去，身后的茅草被压成一条倒伏的浅沟。

"身中数弹的老虎躺在石崖下一动不动，鲜血从头上的弹孔中汩汩流出，把旁边白花花的石头都染红了。众人唯恐它没咽气，不敢贸然靠近，便砍了一根带树杈的长木棍，试探着去刺激它，看它不动，又用石块打它，老虎仍毫无反应。看它真是气绝身亡了，大家才壮着胆子，用葛藤把死虎绑在一根结实的木棒上，花了十几个小时，费了九牛二虎之力才将这庞然大物连拖带拉地弄到了涩子坪的李家。一称重，这虎体重225千克，身长近2米……"

这只雄虎的头骨和毛皮已被制成标本，陈列在陕西省动物研究所的标本馆里，它的基本量度及皮毛特征是体长1990毫米、尾长910毫米、颅全长346.0毫米、腭长161.0毫米、颧宽262.3毫米、后头宽139.1毫米，上齿列105.5毫米、下齿列115.5毫米，可以说是至今见过的体形最大的一只"华南虎"。它的皮毛色泽与华南虎相似，毛色棕黄，色调深重，黑色条纹清晰，毛被短密。对于这只虎的品种，因其个体大小与东北虎相近而皮毛又似华南虎，一说是已灭绝的虎的华北亚种，但学者较公认的说法是划入华南虎亚种。

这只虎被人射杀后，其故事得以被人用文字记录下来，且具有明确的时间、地点和真实的主人公。此后数十年里，秦岭再也未发现过虎的踪迹，可以说这就是秦岭最后一只虎的命运。同时，以文字记录下来并被制成标本的华南虎，这在中国恐怕也是最后一只。

其实，中国其他分布区的虎的命运也不过如此。20世纪50—60年代，随着农业的大规模开发，森林退缩和丧失，虎栖息地锐减。最致命的是，由于认识上的失误，虎、豹等食肉动物被列为威胁和危害人类与牲畜生命安全和发展利益的"害兽"，置于对立面，因而受到了前所未有的合法、持续、高强度、大规模的捕杀。各地纷纷成立打虎队，仅1952年全国就成立了1000多支专门的打虎队。军队和民兵组织持枪参与捕猎，华南虎种群遭受重创，从此一蹶不振。

据不完全统计，1950—1960年，全国毛皮市场共收购到华南虎毛皮约3000张，其中1956年就收购虎皮1750张。以这些数据不难推算，新中国成立初期，全国野生华南虎的数量应该还有4000多只。

1959年2月，林业部颁发批示，把华南虎划归为与熊、豹、狼同一类的有害动物，号召猎人"全力以赴地捕杀"；而东北虎被列入与大熊猫、金丝猴、长臂猿同一类的保护动物，可以活捕，不能杀死。1962年9月，国务院颁布指示要求保护和合理利用野生动植物资源，列出19种动物为严禁捕猎动物，并在一些地区受到保护，而华南虎再度被排斥在外。

这一时期，虎在各地遭受大肆猎杀的记录片段（图3.12—图3.15）：1949—1964年，湖南省公开统计的打虎数量为647只，仅1952—1953年就捕虎170只；1955—1956年江西省捕虎171只；1956年冬，福建的部队和民兵捕杀了530只虎、豹；1959年冬，贵州有30多头虎、豹遭猎捕；1953—1963年，有一支专业打虎队在粤东、闽西、赣南猎捕130多只虎、豹；1963年广东北部共捕杀了17只老虎，雷州半岛也有17只被捕杀；1960—1963年河南省至少捕杀老虎60多只。

据统计，1950—1960年全国打虎数量在3000只以上，以华南虎损失最甚。

◀ 图3.12　1950年湖南公安岳麓分局打虎留照

▶ 图3.13　1953年福建永春二区锦斗打虎纪念

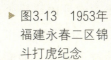

▶ 图3.14　1956年打虎小组猎获一只30多千克小虎后留照，摄于福建厦门双岭乡南岗村

◀ 图3.15　1956年贵州榕江打虎队

　　20世纪80年代后野生华南虎数量已极少，据说1981年林业部曾悬赏寻觅华南虎的踪迹，赏金3000元。据估计，1981年，野生华南虎大约只剩下150～200只；20世纪80年代中期约40～80只；20世纪90年代初期约20～30只；21世纪初约15只。也许用不了多久，华南虎真的从我们的世界彻底消失了。

周老虎

　　2007年10月3日，陕西省安康市镇坪县城关镇文彩村农民周××在该县神州湾一处山崖旁，用从他人那里借来的胶片相机和数码相机同时拍摄到了藏匿在丛林深处的野生华南虎威严冷峻的容态，照片一经公布，立即轰动了全国。这组虎照被认为是自1964年陕西佛坪民兵枪杀虎以后，首次被人用相机记录到的野外华南虎活体。（图3.16）

　　美国著名的学术刊物《科学》杂志封面上刊登了周××的虎照，并配以"平面猫科动物？"的质疑文字，意指中国农民拍到的这只虎，究竟是伪造的"纸老虎"还是活体的"真老虎"，还有待勘察证实。周××虎照的真伪讨论，成为一段公案，网民形成了两大对峙阵营，一派是声讨造假的"打虎派"，一派是坚守真实的"挺虎派"。四川攀枝花

◀ 图3.16
周×× "纸老虎"
的原型：浙江义
乌画商印制的年画
《老虎卧瀑图》

的一位网友公示了其家藏的一幅浙江义乌画商印制的年画《老虎卧瀑图》，这只年画虎的形体、卧姿、斑纹和神态与周××拍到的虎神形极为相似，"打虎派"因此认为这就是周××"纸老虎"的原型，抓住这一"证据"穷追不舍。随之周的照片被喻为"周老虎"，遭到了潮涌般的质疑和声讨。2007年12月2日，中国摄影家协会数码影像鉴定中心邀请了数码、动物学、植物学等各路专家就照片真实性举行鉴定会，得出的结论是"照片中华南虎的影像是不真实的，与'年画虎'相似，没有活体虎的生命特征"。一言以蔽之，就是"纸老虎"。著名的国际刑侦专家、神探李昌钰对此表示："动物长时间保持一个姿势不动似不可能。"

在强大的社会舆论压力下，12月19日，国家林业局要求陕西省林业厅对照片的真伪作出鉴定。2008年2月4日，陕西省林业厅发致歉信，称该厅在没有进行实地调查、缺乏实体证据和没有按照程序履行手续的情况下，于2007年10月12日草率发布发现华南虎的重大信息，违反了陕西省政府的信息公开规定和新闻制度，造成不良的社会影响，在一定程度上损害了政府形象，检讨了其工作作风漂浮、工作纪律涣散等问题，表示诚恳接受公众的批评并致以歉意。同年6月29日，陕西省人民政府新闻办公室召开发布会，通报"华南虎照片事件"调查处理结果：认定镇坪县农民周××拍摄的华南虎照片是用老虎画拍摄的假虎照，涉嫌诈骗犯罪的周××已被公安机关提请检察机关批准逮捕。从公布的案情了解到，公安机关根据陕西省政府的指示开展了虎照片真实性调查工作，民警在距镇坪县城关镇文彩村15千米的神州湾马道子林区北坡找到了拍"虎"地点。初步勘查后发现，该地点面积相对狭小，地面多为杂草，无高大树木，不具备真实老虎隐藏及被拍摄的条件。根据"虎"与定位物之间的距离比例关系，调查人员推算出，该"虎"是一个长约27厘米、宽约35厘米的微型"虎"。据此，调查人员制作了拍摄参照物。在定位物及"虎"大小确定的情况下，调查人员使用周××拍"虎"时所用的佳能EOS－400D数码相机，严格按照周拍"虎"时的位置、焦距和拍摄顺序等，对周用数码相机所拍35张虎照逐一进行了恢复重建。重建后证实，周拍摄时距"虎"最近距离约3.9米，最远距离约10.5米。该拍摄参照物的大小和周所拍摄"虎"的大小在照片中的反映是一致的。通过现场勘查和现场重建，从根本上推翻了周××拍摄活体野生华南虎真实性的基础，为揭露其造假行为奠定了坚实基础。在现场重建的事实面前，周××最终交代了其用老虎画拍摄华南虎照片骗取钱财的犯罪事实。

据周××交代，2006年他在为陕西省华南虎调查队做向导期间，听虎调队队员讲，如果能拍到华南虎的足迹、粪便、毛发，便可得到千元至万元的奖励；拍到活体野生华南虎照片，就可得到100万元以上的奖励，这对其触动很大。特别是2007年8月前后，镇坪县政府因周做虎调队向导成绩突出，给其颁发了荣誉证书和1000元奖金，更加刺激了周拍摄虎照获取利益的欲望。在此心理驱使下，周萌生了拍摄假虎照骗取钱财的想法。此后，周××就以给其堂哥的儿子治精神病为由，委托数名村民寻找老虎画。2007年9月中旬，受其委托的邻乡村民彭某，在同村的曹某家寻得老虎画一幅，交于周××。周将得到的老虎画顺着老虎图案进行折叠，将多余部分折到老虎图案背后，用胶带纸粘贴，分别于9月27日、10月3日两次拍摄假虎照。

9月27日下午，周××来到神州湾艾蒿坪附近，将折叠后的老虎画放置在草地上，用随身携带的傻瓜相机进行了拍摄。但因相机质量低劣且淋雨受损，未能冲洗出成形的假老虎照片。此后，周××以拍摄虎照为由，向其妻堂弟、镇坪县经贸局局长谢坤元借用了佳能牌数码相机和长城牌胶片相机各一部。10月3日上午，周××来到神州湾，经长时间寻找，在马道子林区发现了一个地势相对平坦，地面杂草灌木丛生，覆盖大量落叶的地方，便将其作为拍虎地点。周将上次拍假虎时使用的折叠后的老虎画放置于一棵小树前，用树叶遮盖住了老虎画的边缘，并于下午4时30分左右，从近远不同的位置用胶片相机和数码相机交替拍摄了假虎照。下午5时左右，周拍照结束后返回。晚8时左右，周回到家中，将拍到"华南虎"的消息电话告诉了谢坤元，并于次日将相机交给谢坤元冲洗。照片洗出后，周于10月12日参加了陕西省林业厅举行的新闻发布会，当场获得2万元奖金。

照片事件涉及的13名相关工作人员受到了处理。其中，陕西省林业厅2名副厅长被免职，一名处长和一名主任被撤职，镇坪县的一些干部也受到处理。陕西省政府决定撤销林业厅2007年10月做出的"周××提供的华南虎照片是真实的"和"对周××奖励2万元"的行政决定。

真是个大快人心的结局，事件以周××造假、网民打假成功而告终。

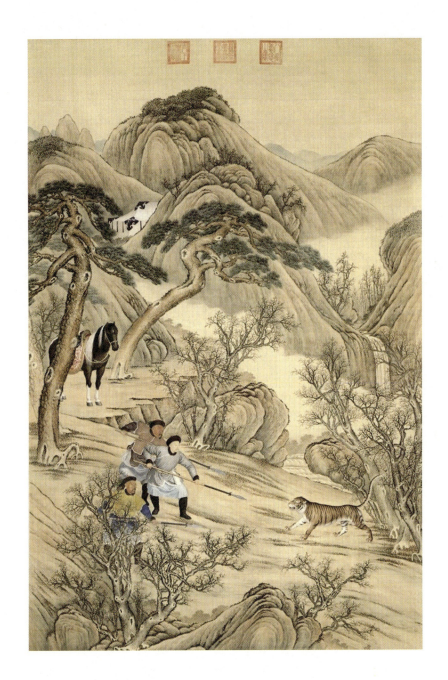

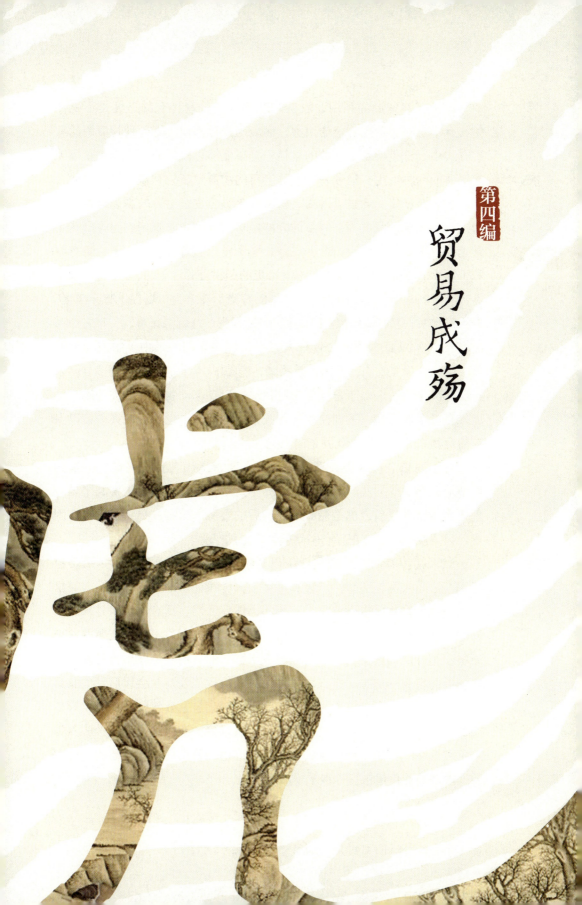

第四编

贸易戕殇

对于自然资源的利用，农耕时期的人们普遍持有的态度是不能任凭其自生自灭，造成价值的浪费，而应当物尽其用。野生动物资源的利用方式中，狩猎就是最便捷的途径，狩猎能够以较低的生产成本获取天然优质的动物毛皮、肉食和药材等丰富的物质财富，利益丰厚。比如，虎、豹、狐、狢、豹猫、鼬獾、松鼠等兽类毛皮是上等的制裘材料，野猪皮、马鹿皮、麂皮等是制革的天然好材料，野鸡、野猪、麂等野味是常见的营养丰富的优质肉食，虎骨、犀牛角、鹿茸鹿鞭、熊胆、麝香等野生动物的骨骼、器官和组织都是珍贵的药材资源。

有资料显示[①]，仅1960年，中国的狩猎活动就为市场提供野味肉食6万～7万吨，交售各种动物毛皮有2000多万张。这就意味着，一年之中，超过2000万只野生动物命丧猎人之手，成为人们的盘中美餐或身上衣裘。同年，为了吃肉，四川省猎杀麝、鹿62000余只；青海省玛多县猎杀野驴6900余头……对于位居食物链顶端的以食草动物为食的虎来说，这无疑是巨大的不幸——即使侥幸逃脱猎人的捕杀，也会因此失去赖以生存的食物来源，从而饿死并走向灭绝。

对于捕猎老虎这类大型猛兽，古人通常运用焚猎、网捕、围猎、埋地弩、诱捕等方法，像武松那样赤手空拳搏击猛兽的勇士实属罕见。现代火器出现以后，虎遭受到空前绝后的屠戮，放翻一只猛虎不再有困难，只需要一粒拥有击穿它坚硬颅骨力量的子弹。

虎因其特有的自然文化地位以及价值不菲的商业利益，招致杀身之祸，沦为人类社会统治阶级和寻常猎人竞相捕杀的猎物。早期人类猎杀猛虎主要是物质层面的需求，虎的肉体、骨骼、器官和组织是来之不易的食物，是治病救人的珍贵中医药材，是抵御寒冷、迎接文明的衣被原料。精神层面的意义是强化人类主宰自然的自信，消除猛兽对人类生存发展的威胁和危害。进入以逐利为目的的现代商业社会以后，虎及其制品因所涉贸易利益巨大，盗猎和走私活动猖獗，导致野生虎被大肆猎杀。同样，还有活虎被囚禁在笼圈里，供付费的游客观赏；或被驯养为廉价"演员"，用于展演赚钱，还不时惨遭鞭笞虐待。在贪婪的人性面前，虎的商业价值被压榨得干干净净！

---

① 《狩猎知识手册（带图）》，道客巴巴，2012年5月12日。

中医药

中医与虎有着深厚的情缘。传说唐代"药王"孙思邈（541—682年）在一次行医途中遇虎伏跪求医，孙思邈首创"虎撑"治愈其金簪［zān］卡喉之疾。虎有灵性，不复危害人畜，感恩而为"药王"守护杏林并充当坐骑（图4.1），从此留下了"虎守杏林"的故事。"虎撑"俗称药铃，为古时民间游医郎中行医的信物。据考证，此处杏林位于今河北省邱县香城固东关杏林寺。孙思邈后来被神化为道教神仙体系的"药王"，后人立庙塑像，奉祀不辍。其形象常见为"坐虎针龙"——骑坐白虎，左手举针为龙王针灸治病，借此塑造其高尚的医德和精湛的医术。

▲ 图4.1 "药王"孙思邈骑虎图

中医药产业对虎骨的巨大贸易需求（图4.2），是导致虎从优势种群沦为濒危物种的一个不容忽视的重要因素。中国传统医学用以治病的药物统称中药，由植物类药、动物类药和矿物类药等自然物质组成。中医药认为虎的骨骼、器官和组织等躯体各个部位都可入药治病，多以虎骨（图4.3）为主，市场上曾有虎骨丸、虎骨膏、虎骨胶、虎骨酒（图4.4）等中药产品。资料显示[①]，在

▲ 图4.2 1946年上海街边贩卖虎皮、虎骨的商贩

---

① 曹红涛：《世界最大的东北虎繁育养殖基地何以养虎成"患"》，《人民日报》2007年11月22日。

▲ 图4.3 虎骨

▲ 图4.4 虎骨酒

20世纪90年代之前，中国拥有200多家企业生产与虎骨有关的产品，平均每年的虎骨消费量超过1000千克，每年产值超过1亿元。据说，全球90%的虎骨都销往中国。

虎骨是名贵珍稀动物药材之一，取材于虎的骨骼。中医认为虎骨性温，味甘、辛；具有固肾益精、强筋健骨、益智延年、舒筋活血、通血脉、强筋健骨等功效；用于医治风湿痹痛、脚膝酸软等疾病。虎骨入药古已有之。据唐代《千金方》记载，汉代就已有用虎骨入方治疗瘟疫疠［lì］气。魏晋时《名医别录》中记载用虎骨除邪恶气鬼疰［zhù］毒，及止惊悸，治疗恶疮鼠瘘［lòu］。唐朝以后虎骨多用于关节风痛、骨痛、骨瘘、腰膝酸软等病症。《本草纲目》是明代医药学家李时珍（1518—1593年）修编的一部药学巨著，共计52卷，记载药物1892种，其中《兽部》第五十一卷"兽之二"就收录了虎骨、虎肉、虎膏（虎脂）、虎血、虎肚、虎肾、虎睛、虎鼻、虎牙、虎爪、虎皮、虎须、虎屎、屎中骨等虎的骨骼、器官和组织入药的方剂与功效。虎骨有明显的止痛、镇静、健骨、强筋、逐痹通关之功效。现代医学指出，虎骨中含虎骨胶、脂肪、磷酸钙、磷酸镁等主要成分，其药理作用包括消炎、镇痛、镇静及其他作用。

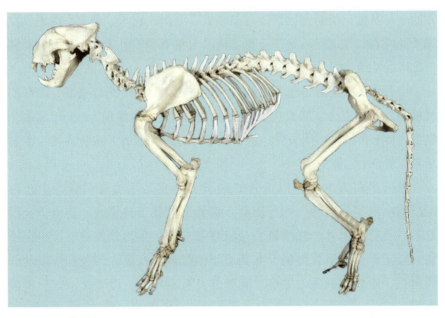

▲ 图4.5 虎骨架

　　全架虎骨（图4.5）计有：头骨1具（包括下颌骨），颈椎骨7节，胸脊椎骨13节，肋骨13对、胸骨8节，腰椎骨7节，骶骨1块，尾椎骨22～28节，肩胛骨2片，肱骨（髆骨）2根，尺骨2根，桡骨2根，前爪2只，髋骨（盆骨）1具，股骨2根，髌骨（虎膝）1对，胫骨2根，腓骨（邦骨）2根，后爪2只。其中，上颌骨生有门齿3对，犬齿1对，臼齿4对；下颌骨生有门齿3对，犬齿1对，臼齿3对，共有牙齿30枚。虎骨表面均呈黄白色或灰白色，细腻而油润。体较重，质坚实。断面可见中间空隙约占1/3，其内骨髓形成丝络网状，为灰黄色，气腥。以个大、体重、坚实、黄白色、无残肉者为佳，个小、体较轻、灰白色、带残肉者质次。如用毒药杀死，其骨发黑者，不可入药。古籍云："凡鹿、虎之类，多是药箭射杀者，不可入药。盖药毒浸渍骨肉间，犹能伤人也。"

　　古代箭镞涂敷的毒药，大多是乌头的根提取出的毒汁。乌头含有乌头碱类的剧毒生物碱，会引起神经系统和心脏中毒，导致呼吸系统和循环系统衰竭而死亡。因此药箭射杀的虎骨是不可入药的。

　　虎被猎杀后剥去皮肉，留下四脚爪上的毛皮和爪，以保持骨架完整并便于与其他兽类骨骼区别；再剔净残存筋肉，阴干。全架华南虎骨重10千克左右，东北虎可达20千克。商品有整架和零骨之分，整架虎骨稍带肌肉和结缔组织，并富油性。

虎骨用头及胫骨，色黄者佳。凡用虎之诸骨，并捶碎去髓，涂酥或酒或醋，各随方法，炭火炙黄入药。凡辟邪疰，治惊痫〔xián〕温疟，疮疽〔jū〕头风，当用头骨；治手足诸风，当用胫骨。头骨作枕，辟恶梦魇；置户上，辟鬼。

虎的中药方剂中，以虎骨酒最著名，它是用虎骨和其他中药材配以白酒泡制而成的一款药用酒。虎骨酒首载于孙思邈《备急千金要方》，具有壮筋骨、强腰肾、祛风寒等功效，主治肾虚骨弱，少腹冷痛，行走无力，肩臂疼痛。尤其适于治疗风痹寒痛、四肢拘挛以及肝肾虚损、腰脚软弱无力等症。其处方具有多样性，以《普济方》所载为例：

处方：虎胫骨1具，糯米2.5千克，曲适量。

炮制：将虎胫骨炙黄打碎，放入锅内煎汁；将糯米放入，用曲适量如常法酿酒；密封50日，待酒熟，压去糟，装瓶备用。

功效主治：壮筋骨，强腰脚；祛风寒。主治肾虚骨弱，少腹冷痛，行走无力，肩臂疼痛。适于治疗风痹疼痛，四肢拘挛以及肝肾虚寒，腰脚软弱无力等症。

用法用量：随宜饮用。

虎的肉（虎肉）、眼睛（虎睛）、牙齿（虎牙）、脚筋（虎筋）、爪甲（虎爪）、肾（虎肾）、胆（虎胆）、胃（虎肚）、脂肪油（虎膏）等器官、组织亦可供药用。就连虎的排泄物也都被赋予了药用价值，坊间传闻虎粪以水调浆涂抹在皮肤上，对防治冻疮非常有效。

中医认为，煮食虎肉具有补脾胃、益气力、壮筋骨，治脾胃虚弱、恶心呕吐、疟疾等功效。《养老奉亲书》记载"虎肉炙方"主治老人脾胃虚弱，恶心不欲饮食，常呕吐者。虎肉半斤切成小块，细切葱白半抓，再以椒酱并甘酸苦辛咸料调配，然后火上烤熟。只宜空心冷食，不可热食，否则会伤损牙齿。

虎睛的炮制方法是"用虎睛，先于生羊血中浸一宿，漉〔lù〕出，微微火上焙之干，捣成粉，候众药出，取合用之"。功用主治：镇惊，明目。治惊悸，癫痫，目翳。

虎牙功用主治："疗丈夫阴头疮及疽瘘""杀痨虫，治猘〔zhì〕犬伤发狂，刮末，酒服方寸匕"。

虎筋炖鸡食，具有医治风湿性关节炎之功用。

虎爪治脱骨疽，磨醋抹患处，频抹有效。

虎胆烘干研末，水服治小儿惊痫、疳痢，跌打损伤。治打伤垂死，饮食不进，前后不通，乃瘀血在心，命在旦夕：虎胆五分，去外皮，用老黄酒，在碗内研细为末，白茯苓二钱为末，用热陈酒调灌下。

虎肚主治反胃吐食。"取生者勿洗存滓秽，新瓦固存性，入平胃散末一两和匀。每白汤服三钱，神效。"

虎膏主治反胃，头疮白秃，痔疮下血。内服：和酒炖温。外用：涂。比如，治一切反胃：虎脂半斤（切），清油一斤。瓦瓶浸一月，密封勿令泄气。每以油一两，入无灰酒一盏温服，以瘥〔chài〕为度，油尽再添。治疮秃：虎膏涂之。

虎骨胶功用主治补益气血，强健筋骨；治中风瘫痪，筋骨受风拘挛，四肢麻木，不能屈伸及痿芴〔wěi hū〕。

虎血具有壮神强志功效。"热刺虎之心血饮之，能壮神志。""三月三日，杀取虎血、生驼血、白虎头皮、紫绶、履组麻子，即取此实种之。一生辄一异，凡七种之。取其实合用，可以移形易貌。"

虎肾"治瘰疬〔luǒ lì〕，雌黄芍药丸中用之。肾悬于腹，象口隐于颐"。

虎鼻主治癫疾，小儿惊痫。传说虎鼻悬门中一年，取烧作屑，与妇饮，便生贵子。勿令人及妇知，知则不验。

虎皮主治疟疾，辟邪魅。

虎须主治齿痛，拔虎须插之，痛即愈。

虎屎主治恶疮，鬼气，疗瘭疽〔biāo jū〕痔漏。烧研酒服，治兽骨鲠。

屎中骨主治火疮，破伤风。

虎鞭包括虎的干燥阴茎及睾丸，它是一味滋补壮阳的中药材。中国传统历来追求食疗养生，以"吃什么补什么"的文化观念审视虎鞭的药食同源属性，认为自然界中以雄虎的性能力最为强大，虎鞭自是壮阳的补品。虎鞭因此被赋予了壮阳滋阴、补肾固元、增强性功能、抗衰益寿等神秘功用。虎鞭酒具有壮阳、除湿、散结等功效，中医用于治疗筋骨、睡膝、腿疼痛，特别用于治疗风湿性关节炎。泡酒时可以把虎鞭切段或片来泡。配方有虎鞭、人参、鹿茸、巴戟、肉桂、麝香、淫羊藿、冬虫夏草、党参等名贵药材。

著名的中药方剂有以下几种：

虎骨追风膏：主治鹤膝风，亦治腹痛。

虎骨木瓜丸：主治湿伤经络，或房事饮酒无度以致肝肾虚亏，腰腿疼痛，脚膝拘挛，筋骨无力，步履艰难，或热痛如火，或冷痛如冰。

健步虎潜丸：主治筋骨无力，行步艰难，下部虚损，腿酸腰软，四肢无力，阳事痿弱，阴囊湿汗。

大神效活络丹：主治风湿诸痹，筋骨疼痛，清心明目，宽胸溢血，养气暖膝，腰臂疼痛，口眼歪斜，行步艰辛，筋脉拘挛。年四十以上，每服一丸，至老不生风疾，大有神效。

八效虎骨散（别名虎骨散、大效虎骨散）：主治血风遍疰疼痛，丈夫筋骨疼，及打扑损伤疼痛甚者。

古代还有一道温肾壮阳的"回春壮阳神龙丹"方剂，配方有人参、鹿茸、麝香、虎鞭、海豹鞭、鹿鞭、蛤蚧、淫羊藿、巴戟等药材。

食虎肉

中国饮食文化源远流长，虎肉曾是古人餐桌上的一道来之不易的美食。传统饮食文化构成中，虎肉不仅是食物，还具有药食同源的功效，可以防病治病。这反映了人们在崇虎、畏虎的同时，也通过烹食虎肉，强化自身对自然的征服能力和统治地位，获得物质和精神的愉悦。

人类从能源利用效率出发，食物选择往往偏好食物链中的食草动物而非食肉动物，因此猎虎食肉并非狩猎的取向，更主要是为了获得虎的骨骼、器官和组织等药材资源。但人类从不浪费任何一点来之不易的食物，虎肉自然成为餐桌上的一道风味美食。

史料记载有买卖虎肉的交易情节。湖南龙山县里耶镇2002年出土的《里耶秦简（贰）》有一则简文："卅五年十月壬辰朔乙酉少内守履出黔首所得虎肉二斗卖于更戍士五城父□里阳所取钱卌〔xì〕率之斗廿钱令史就视平魋〔tuí〕手。"原文译意是："秦始皇三十五年（前212年）十月壬辰朔乙酉那天，一位叫履的少内守（相当于今县财政局代局长）把老百姓获得的二斗虎肉卖给了一位叫阳的更戍（秦代戍卒的一种），身份是士五（地位高于百姓），原籍是城父县（今安徽亳州东南）某里。县少内守这次买卖获得了四十钱，算下来是一斗二十钱。一个叫就的令史（掌管文书的小吏）监察，文书由叫魋的人书写而成。"又据秦代出土文献记载，士卒为政府工作每日工资才八钱，这名叫阳的秦代士兵花5日工资去买虎肉吃，足见虎肉多贵。士兵可能是受到吃虎肉能驱除鬼魅、强健体质的观念诱导，故而花重金尝食虎肉的。

先秦时期就有烹饪虎肉的记载，《穆天子传》载有周王打猎收获了两只虎、九只狼，命厨师烹而食之的故事。医书《普济方》载有将虎肉切片，以竹箸贯穿炙烤冷却后食用的药方。

明代宋诩在《宋氏养生部》中记载了一种"烹虎肉"的做法："盐腌一日，冷水烹，稍热，易水，加花椒、葱，复烹之。"

《中国烹饪词典》提及，虎肉"纤维较粗，近似马肉，烹饪方法同牛肉等"。即认为，适宜采用烹饪牛肉的方法加工虎肉这道菜肴。

元代忽思慧（生卒年月不详）担任侍奉皇太后与皇后的饮膳太医之职，负责宫廷中的饮食调理、养生疗病诸事。文宗天历三年（1330年）编撰成书的食疗专著《饮膳正要》将虎肉列为兽品食物之一，称其"味咸酸，平，无毒。主恶心欲呕，益气力。食之入山，虎见则畏，辟三十六种魅"。说的是人吃了虎肉进山，虎见人就怕，能够排斥三十六种鬼魅的滋扰。中国传统文化传说鬼魅是指脱离肉体而独立存在的意识体。小乘佛典《正法念处经》认为鬼魅有三十六种，包括专食病人神气的食气鬼、闻说善法而不饿的食法鬼、以水为食的食水鬼、以人畜禽等动物血液为食的食血鬼、以呕吐物恶气为食的食吐鬼、在粪堆暗处以粪气为食的食粪鬼、以唾痰为食的食唾鬼、以头发为食的食发鬼、常找不着吸食之物而饥苦难受的无食鬼、寄望世人为恶而感到满足的希望鬼等。

《普济方》说虎肉"久病大虚者，服之轻身，益气力"。《本草纲目》中载，虎肉能滋补血气，专走脾肾二经而瞬时暖胃祛寒，"补肾壮阳"，服之能使气血溢沛，百脉沸腾。故此，中医历来认为虎肉是一味良好的中药，有补肾、益精、温补、壮阳等功用。但要注意的是，由于虎肉性温，有阳虚内热、脾胃温热及高血压的患者应慎食或禁食。另外，虎肉食后易口干，喝米汤可消除这一副作用。

虎肉的烹饪方法有烧烤、红烧、清炖、油爆、卤制等。选用膘肥体壮、健康无病之虎肉，病虎之肉应弃之不食。虎肉因有土腥气味，不宜直接烹饪，而应先用食盐腌渍，以祛除土腥味，然后洗净切块备用。

传说民国年间北洋军阀首领、"东北王"张作霖（1875—1928年）对"野味"的嗜好也很特别——喜欢吃虎肉。据说，当时的东北名厨赵连壁精烹"虎肉烧鲜笋""虎肉丸子烧雪里蕻""姜丝虎肉炒鲜笋""虎肉炖萝卜块"等菜肴，都为张作霖所热衷。[①]

宰虎食肉的陋习不止于古代和旧社会，现代亦曾发生。

2009年2月，云南省勐腊县勐腊镇曼纳伞村委会大臭水小组村民康某年在西双版纳国家级自然保护区尚勇子保护区射杀了一只印支虎。后邀约村民把老虎剥皮肢解，将虎骨、虎肉拿回家里烹而食之。后被公安机关侦破。同年12月，云南省勐腊县人民法院对非法猎杀"印支虎"案一审宣判，射杀老虎的康万年犯非法猎捕和杀害珍贵、濒危野生动物罪、非法持有枪支罪，数罪并罚，决定执行有期徒刑12年，并处罚金10万元，赔偿国家经济损失48万元。高某桥被判有期徒刑4年，并处罚金2万元；分食虎肉的陈某彬、杨某明、周某永被判有期徒刑3年，缓刑4年，并处罚金1万元。[②]

2013年3—5月间，广西南宁富商徐某先后三次在广东湛江市辖雷州市龙门镇后排管区上村收购3只被宰杀肢解的老虎（每次1只，共3只），组织、指挥、策划他人将肢解后的老虎制品运回广西南宁市。为炫耀奢侈与富有，徐某时常邀请好友到家里吃现烤虎肉、喝虎骨酒。然而天网恢恢，疏而不漏，此案后被广西壮族自治区森林公安局侦破。2014年12月，

---

① 郭晔旻：《老虎是如何从中华大地上消失的》，《澎湃新闻》2017年1月23日。

② 陈鸿燕：《枪杀濒临灭绝印支虎 主犯被判12年赔偿48万》，中国广播网，2009年12月22日。

法院终审裁定，徐某最终因非法运输珍贵、濒危野生动物制品，被判处13年有期徒刑，并处罚金155万元，其他14名涉案人员也受到相应处罚。[1]

2014年3月，广东省湛江市公安局在雷州市破获一宗非法猎捕、宰杀珍稀濒危野生动物案件，缴获刚被宰杀的老虎1只、虎制品若干。涉案犯罪团伙成员均受到了法律的惩罚。据悉，自2007年以来，雷州市非法走私贩运屠宰活虎的数量累计达10只。屠宰过程极端残忍，老虎被关进一个特制的铁笼内，屠夫将铁丝导线捆绑在木棒的顶端，然后刺入老虎的嘴里。接着在柴油发电机的轰鸣声中，强大的电流击毙了强壮的老虎，老虎像病猫一般趴了下来，变成一具虎尸。接着雇来劁猪屠户当场开膛破肚，肢解分割，就地买卖。虎肉、虎骨、内脏等器官、组织及其制品售价各异：虎骨每千克14000元，虎肉每千克1000元，虎骨酒每千克1000元。[2]

虎皮服饰

虎出没于森林，身形矫健。橘黄的毛皮底色宛若身披一层金灿灿的霞光；身饰黑色条纹，就像斑驳林间的一道道光影，凸显时隐时现的隐者个性；行走之间，肩背皮层皱褶有致，就像精良柔软的贴身绸缎，斑斓耀眼。这种超然的美丽，成就王者风范的同时，也招惹了贪婪人类的疯狂猎杀！色泽斑斓的虎皮，通过野蛮的盗猎、走私贩运和非法加工贸易，最后变成了极少数人炫耀财富、地位和虚荣的血腥服饰品。虎皮常被用作高级服装、皮褥，以及作为动物标本用于摆设和观赏。

自古以来，捕猎的目的之一在于获取毛皮制成皮衣、皮褥子等衣被，冬天的时候可以用来保暖。虎皮大衣斑纹美观，又厚又软，极其珍贵。《诗经·国风·豳风》记载的是古时陕西旬邑和彬县一带民间的捕

---

① 《跨省购买宰杀活虎广西富商终审被判13年》，《京华时报》2014年12月31日。
② 梁文悦：《广东雷州近年有10只老虎被屠杀 虎肉均价500元/斤》，《南方日报》2014年3月26日。

猎风俗："一之日于貉，取彼狐狸，为公子裘。"诗文译意是："十一月里打狐貉，猎得狐狸剥下皮，为给公子少爷做皮袍。"

动物毛皮是人类最古老的衣料，北京周口店山顶洞出土了一枚以虎骨磨制而成的骨针，表明古人已经掌握缝缀兽皮的技术，几乎同期出现的还有相应的鞣皮技术。天然兽皮干燥后皮质变硬并且易遭虫蛀，同时具有臭味，易折裂，难合体，甚至会磨损人的皮肤，穿戴极不方便。人们经过长期的生产实践，发明了实用、高效的鞣皮技术。比如，用揉、捏、搓的方法使兽皮变软；把油或动物的脂肪搓揉进皮里，以保持兽皮较长时间的柔软性；提取栎树或柳树中的鞣酸制成酸液，浸泡兽皮使之永久性柔软，这样，裁缝制作就变得容易了。宽大软绵的虎皮无疑是优质的衣被面料。在甲骨卜辞里就出现了"裘"字，其本义为野兽毛皮缝缀的衣物，字形表示外表是须状的毛——夏商时期古人穿着的皮裘是皮在里、毛向外。

1940年出土于陕西扶风任家村，现藏于北京故宫博物院的西周铜器"太师虘簋［cuó guǐ］"（图4.6），簋盖内和器底铸对铭7行70字：

正月既望甲午，王在周师量宫。旦，王格大室，即位。王呼师晨召太师虘入门，立中廷。王呼宰赐太师虘虎裘。虘拜，稽首。敢对扬天子丕显休，用作宝簋。虘其万年永宝用。唯十又二年。

▲ 图4.6 西周铜器"太师虘簋"及其铭文

铭文大意：周王十二年正月，在日月相望的甲午日，王在周地的师量宫。天亮时，王到达宗庙的大厅，坐定位子。王呼师晨召唤太师虘入门，站立在庭院中部。王呼宰赏赐太师虘一件虎皮袍子。太师虘拜，叩头。为答谢和宣扬天子的显赫赏赐，做了这件宝簋。太师虘万年永宝此簋。

拥有虎皮是尊贵的象征，周王用它来赏赐功臣本身是一种肯定。虎皮是虘族祭祀时的重要道具，周王赏赐太师虘虎皮裘正是对虘族传统习俗的尊重。

簋是古代中国用于盛放煮熟饭食的器皿，也用作礼器，圆口，双耳。太师虘簋高20.7厘米、宽30.2厘米、重6.12千克，一组4件，另外3件分别藏于中国文字博物馆、上海博物馆和上海崇源公司。

西汉礼学家戴圣（生卒年不详）所著《礼记·玉藻》较为集中地对周代贵族服饰的礼制规定和日常行为规范进行了记载，反映了周代贵族生活方式和审美观念的基本状况。虎皮被广泛用作国君车马的装饰面料和卫士的裘衣。车马饰的等级体制内容有："国君的斋车用羊羔皮覆盖车轼，又用虎皮镶边。"服饰的礼制和等级内容有："国君穿狐白裘的时候，外面要配以锦衣作罩衣。国君右边的卫士穿虎裘，左边的卫士穿狼裘。"

1970年拍成的电影《智取威虎山》称得上中国家喻户晓的一部现代京剧。戏剧以高超的表演艺术表现侦察英雄杨子荣与威虎山座山雕匪帮斗智斗勇的传奇故事，成功地塑造出极具传奇色彩的杨子荣机智勇猛的革命英雄主义和浪漫主义的经典英雄人物形象。杨子荣的衣着装束是身披虎皮袄（图4.7），腰束白丝带，头戴兽皮帽，脚穿高筒毡靴。他独闯敌寨，深入匪巢，智擒匪首座山雕，成为舞台经典，是一代人

▲ 图4.7　电影《智取威虎山》中杨子荣的衣着装束——身披虎皮袄

189

的青春记忆。有一场"打虎上山"剧目，杨子荣化装打入威虎山座山雕匪巢，唱词："剿匪先把土匪扮，似尖刀插进威虎山。"观众记忆深刻的还有一段黑话经典对白。土匪：天王盖地虎！（你好大的胆！敢来气你的祖宗？）杨子荣：宝塔镇河妖！（要是那样，叫我从山上摔死，掉河里淹死。）……故事的真实发生地点位于黑龙江省海林市横道河子中上游的大夹皮沟一带的深山老林。京剧《智取威虎山》原型人物杨子荣在剿匪战斗中表现出大智大勇，英勇奋战，立下许多战功，1947年2月23日在海林北部梨树沟山里闹枝子沟追剿残匪的战斗中英勇牺牲。1981年4月，海林县（今海林市）建起了杨子荣纪念馆。2009年9月10日，特级侦察英雄杨子荣被评选为"100位为新中国成立作出突出贡献的英雄模范人物"。

生活在青藏高原的藏族人民不仅要面对高海拔和缺氧的困难，而且要克服寒冷的气候，因此，耐寒、耐穿的动物毛皮自然成为藏族人民的首选衣料，继而形成制作和穿着兽皮镶边服饰的传统（图4.8）。通常镶边在服装的领口、袖缘和襟边，皮革的大小和质量取决于消费者的经济能力，有些藏袍镶边的皮几乎覆盖整个藏袍，而有些镶边的皮仅有几厘米。

藏装服饰中镶边的习俗则是由藏族英雄的授勋演变而来。在古代，吐蕃赞普（藏王）为奖赏作战中表现英勇的武士，就授予其一种围带，可将两头连接起来，斜套在左肩上右臂下。围带分为三种材质：一类为水獭皮，二类为虎皮，三类为豹皮。得此奖的士兵便将围带缝制在衣服上，随着时间的推移，逐渐演变为我们今天看到的藏服镶边。

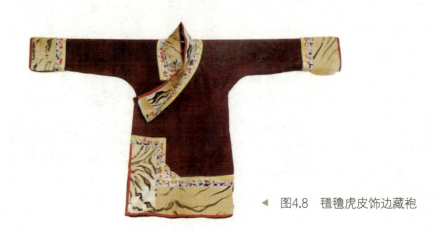

◀ 图4.8　氆氇虎皮饰边藏袍

世界自然基金会（WWF）和国际野生物贸易研究组织（TRAFFIC）2006年的调查报告提出，包括虎皮在内的珍稀动物毛皮用作民间服饰的消费区域主要为藏区。用虎皮、豹皮和水獭皮镶边的藏袍服装，既含有传统文化元素，又富有现代时髦气息。消费群体有商人、演艺人员、部分城镇居民、农牧民等，在他们看来，拥有和穿着镶边服装的意义在于表现富有、展示传统和追随时髦。各地藏族服饰制作者根据资源和当地气候，利用不同的野生动物皮张制作各种服装，比较普遍的动物皮张包括虎、豹、水獭、藏狐、猕猴、黑熊、旱獭、猞猁以及鬣［liè］羚。虎皮、豹皮主要来自印度、缅甸、孟加拉国、尼泊尔以及中国西藏，虎皮主要是孟加拉虎的毛皮，豹皮由金钱豹和雪豹的毛皮组成。水獭皮主要来源于巴基斯坦、印度及中国西藏本土，红狐狸皮、旱獭皮、猞猁皮、猕猴皮、黑熊皮以及鬣羚皮大多来源于西藏本地。

虎皮、豹皮、水獭皮主要用作藏袍的镶边；红狐狸皮主要用于制作牧区流行的传统帽子；旱獭皮、猞猁皮用于制作腰围，据说这种腰围防寒效果非常好。猕猴、黑熊以及鬣羚皮制作的服装是贡布地区的传统。

据调查，消费者的虎皮镶边服装拥有率达到3%。调查者称，如果这种拥有率继续保持5年，那么就要杀尽世界上所有的虎。这并非骇人听闻。

虎皮的利用主要在藏族居住区，用于制作藏式服装。藏区出现的对虎、豹毛皮及其制品的非法贸易现象，引起了国际社会的关注。据环境调查署（Environmental Investigation Agency, EIA）2005年8月的调查，甘肃临夏白塔街的许多店铺公开摆卖由印度经拉萨转运来的新鲜虎、豹和雪豹毛皮。西藏拉萨八郭街及其周边地区至少有30家店铺在经营虎、豹毛皮或者由虎、豹毛皮镶边的传统藏式服装，其中10家店铺公开摆卖着24件虎皮藏服，20家摆卖着至少54件其他动物毛皮镶边的藏服，整张虎、豹毛皮的售价分别为人民币5万～10万元、1.3万～2万元，一件虎皮、豹皮藏服的标价分别为人民币2.8万～12万元、1.2万～5万元。另据保护国际基金会（Conservation International, CI）调查，村民人数为1600人的青海省杂多县扎庆镇迪庆村总共拥有2件虎皮藏服、70件豹皮藏服和900件水獭皮藏服。

兽皮消费市场火爆的同时，非法走私一度猖獗。据不完全统计，中国自1999年至2006年初，至少查获了51起非法偷猎、运输、出售、收购、走私虎、豹及其皮骨案件，缴获物品包括虎皮80张、虎骨31架，虎、豹骨重334.6千克。其中，海关查获32起走私案件，缴获走私入境的虎皮50张、豹皮702张、虎骨15架、豹骨3架，虎、豹骨重334.6千克。走私入境的亚洲大型猫科动物毛皮和骨骼，大都来自缅甸、尼泊尔、印度、俄罗斯和蒙古，中国西藏等地是其主要目的地。查获的走私大案之中不乏在国际上引起严重反响的案件，比如：

2003年10月9日，西藏海关部门在日喀则昂仁县桑桑镇破获了一起珍稀动物毛皮走私案。从毛皮的大小看，动物的年龄不等，大部分动物都是被枪击的。三名走私犯从中印边境偷运入境珍稀动物毛皮1392张，其中国家一级保护动物孟加拉虎皮31张、金钱豹皮581张；国家二级保护动物小爪水獭皮532张、水獭皮246张、猞猁皮2张，案值达6357.54万元。这起案件是1951年西藏和平解放以来西藏海关部门查获的规模最大的一宗珍贵动物制品走私案，在全国亦属罕见。涉案三名被告中，旺杰被判处死刑，剥夺政治权利终身，并处没收个人全部财产；贡布被判处死刑，缓期两年执行，剥夺政治权利终身以及没收个人全部财产；拉巴次仁被判处无期徒刑，剥夺政治权利终身以及没收个人全部财产。[①]

除了服饰，虎皮还用于坐褥，以凸显座席主人的尊贵和威严。

虎皮坐褥历史悠久。《诗经·秦风·小戎》诗句云："文茵畅毂〔gǔ〕""虎韔〔chàng〕镂膺〔yīng〕"。其中"文茵"指车中的虎皮坐褥，"虎韔"指虎皮缝制的弓袋。

古人在特定场所常用虎皮为坐垫，将坐虎皮讲学或武将的座席称作"皋〔gāo〕比"。

中国传统文化中，山大王的座席往往被描述为虎皮交椅———一种以虎皮为坐褥和背垫的椅子。京剧《智取威虎山》的剧本取自作家曲波所著《林海雪原》。小说描写匪首座山雕匪巢的地板上"铺着几十张黑熊皮缝接的熊皮大地毯，七八盏大碗的野猪油灯，闪耀着晃眼的光亮。座山雕坐在正中的一把粗糙的大椅子上，上面垫着一张虎皮"，表现出匪

---

① 孙岭：《经济半小时：建国以来最大动物走私案侦破始末》，转自CCTV《经济半小时》，新浪新闻，2003年12月25日；《西藏最大濒危动物皮毛走私案宣判》，《沈阳晚报》2004年10月6日。

巢野蛮险恶的情境，以及匪首凶残噬血的兽性人格形象。

虎皮还用于制作标本，成为科研和教学标本，也有用作商业展品或者作为有钱人的收藏品。

动物剥制标本都是用真实的动物毛皮再加入一些填充物制作而成的。出于防腐防虫的需要，标本制作过程中标本表面都涂有防腐药剂，具有极大的毒性，所以这些动物标本都不允许触碰。祛除骨骼上黏附的肌肉以制作骨骼标本时，成年个体的骨骼一般采用煮制法；幼体的骨骼由于经不起高温，通常只能采用浸泡清水使之自然腐烂的方法。

巴黎自然历史博物馆内收藏着一具华南虎标本（图4.9），是1854年被法国驻上海领事带回巴黎的，其介绍面板上写着："随着人类活动的增加，小于十多头的华南虎分布在广阔的土地上，其余的都生活在几个动物园内，囚困于内是没有办法重新繁衍的。"[1]这只虎眉骨很高，嘴巴较长，条纹间距很大。因为年代久远，毛色有些褪色，但确认是华南虎。

1915年捕杀的"上水之虎"后被制成标本获存，头颅标本如今收藏在香港警队博物馆，被作为镇馆之宝（图4.10）。

▲ 图4.9 巴黎自然历史博物馆内收藏的一具华南虎标本（1854年被法国驻上海领事带回巴黎）

▲ 图4.10 香港"上水之虎"虎头标本。采自1915年香港上水

---

① 剑舞彩涅磐人生：《国际濒危物种排第一的华南虎赴非野化14载：有望回归祖国？！》，个人图书馆，2018年2月13日。

湖南师范大学生命科学学院动植物标本馆保存有一具野生虎标本（图4.11）。1955年3月初，长沙冰天雪地，在岳麓山白鹤园处，岳麓山看门人发现了三只老虎。经报岳麓山管理局报告给了湖南武警总队。武警总队击毙了走在后面的一只雄性老虎。虎尸后被湖南师范学院生物系接收并制成标本，现在该标本已成为湖南师大动植物标本馆的镇馆之宝。

浙江省自然博物馆收藏有一具华南虎标本（图4.12），采自1952年丽水县城郊，驻军联合猎户共同围捕，并将其击毙，后制成标本。该虎体长近3米、体重150千克。

福建博物院自然馆收藏华南虎标本共2件，于1953年6月采集于福建仙游，分别制作成形态标本（图4.13）和骨骼标本各1件。

▲　图4.12　浙江省自然博物馆收藏的野生华南虎标本。采自1952年丽水城郊

▲　图4.11　湖南师范大学生命科学学院动植物标本馆收藏的野生华南虎标本。采自1955年长沙岳麓山

▶　图4.13　福建博物院自然馆收藏的野生华南虎标本。采自1953年仙游

▲ 图4.14　中国科学院昆明动物研究所保存的孟加拉虎头颅标本。采自高黎贡山区，J. H. Mazak摄

中国科学院昆明动物研究所保存着一只产自高黎贡山区的巨大雄性成年孟加拉虎个体头颅标本，颅全长350毫米（图4.14）。

陕西省动物研究所（西北濒危动物研究所）野生动物标本馆5万件动物标本中，保存着一张近2米长的虎皮（图4.15），是1964年在秦岭射杀的华南虎的虎皮。

黑龙江省博物馆野生东北虎幼虎标本（图4.16）的幼虎发现于2010年2月25日的黑龙江省东方红林业局海音山道班，被发现时被卡在一处民宅后的柴垛缝隙中，虽经解救但未能成活。幼虎为雌性，体长105厘米、肩高51厘米、臀高54厘米、胸围61厘米、尾长64厘米、耳长11厘米；前掌垫宽6厘米、长4.2厘米；口腔内乳牙未脱落，约8～9月龄；体重28.5千克。黑龙江省博物馆获悉后申请调拨野生东北虎幼虎用于制作标本，经黑龙江省博物馆和省森业工业总局及东方红林业局多方的共同努力，最终，原国家林业局批准捐赠申请，将该具野生东北虎幼虎尸体无偿捐赠给黑龙江省博物馆，制作成为中国近30年首个野生东北虎标本。

▶ 图4.15　陕西省动物研究所收藏的华南虎标本。1964年射杀于佛坪

◀ 图4.16 黑龙江省博物馆
收藏的野生东北虎幼虎
标本。采自2010年东方红
林业局海音山道班

    2012年5月至2013年1月间，英国独立环保组织环境调查署（EIA）在中国就虎皮贸易进行了一系列调查。①

    EIA调查发现，在安徽省巢湖市的某工艺标本厂，原本被许可用作标本的虎皮，被制成豪华皮毯待售。而河北省北戴河某标本厂将供给科教用途而加工的虎皮大量卖给富人，仅2012年上半年就卖出了5张虎皮，均以豪华皮毯的形式出售——所有的出售标本都配有国家的标本收藏证。一只东北虎从动物园受让时往往只要5万～6万元，一旦加工成虎皮标本，即可卖出35万～60万元的黑市价格。而华南虎的虎皮，由于稀缺，则在60万元之内；制成成品，将可达到300万元以上。

    2011年7月23日，厦门远华特大走私案的主角赖某星外逃12年后被引渡回国。他曾用非常稀有的、价值连城的虎皮行贿官员。

    野生动物资源稀缺，色泽斑斓的虎皮更是千金难求。虎皮在非法贸易市场的昂贵价格招致人类对虎的疯狂的盗猎捕杀和走私贩运，下述摘录的近些年媒体报道的虎皮走私案例仅是冰山一角。

    2007年4月，昆明海关隶属章凤海关联合瑞丽海关查获一起涉嫌走私国家一级重点保护野生动物制品案，缴获成年虎虎皮一张，虎骨7221克。②

---

① 吕明合：《珍稀动物标本的暴利》，中外对话，2013年9月16日
② 《昆明海关查获国家一类保护动物成年虎虎皮一张》，中国政府网，2007年4月18日。

2015年4月7日，昆明海关所属机场海关从两名自南非约翰内斯堡经香港中转入境的中国籍男性旅客的托运行李中，查获印度支那虎虎皮1张、虎骨7.7千克，非洲白犀牛角9.7千克，亚洲象象牙制品1.8千克。[1]

2016年6月3日讯，大连机场海关与机场检验检疫局共同查获一起濒危动物制品入境案，查扣完整虎皮1张及多件象牙制品、红珊瑚制品。上述物品经国家指定机构鉴定，确定为虎、象牙和红珊瑚制品，其中虎皮重约2000克，制成品生物DNA被破坏，已无法确定其虎种及来源。[2]

2019年初，《新京报》报道称，部分走私分子通过广西中越边境走私象牙等濒危物种，利用快递渠道往国内运输，在北京潘家园等市场销售。针对上述报道，海关总署缉私局立即组织北京、青岛、南宁等21个海关缉私局开展打击象牙等濒危物种走私攻坚战役。3月1日，青岛海关缉私局将报道中提到的"何文"（实为王某）抓获，查获象牙制品0.63千克。4月2日、8日，经深挖扩线，青岛、南宁海关缉私局在山东、广西地方公安及森林公安的配合下，实施联合抓捕，抓获高某等犯罪嫌疑人14名，查获象牙制品21.6千克、犀牛角1.83千克、虎皮4张、虎骨10.9千克、虎牙0.14千克、熊胆9个、穿山甲鳞片24.73千克、玳瑁标本1只。[3]

2019年4月10日，26岁的越南青年范文协（Pham Van Hiep——音译）企图携带一整张虎皮和五块虎骨从越南的广宁省非法穿越中越边境到中国，不料在穿越边境的时候被越南警察当场抓获，人赃俱获。据媒体报道，一张老虎皮在越南的价格高达6000美元，而走私到了国外售价可以涨到1万美元。在越南100克的虎骨售价可以高达1000美元。[4]

① 王艳龙、徐文玲：《云南男子南非打工期间运虎皮犀牛角入境获刑15年》，中国新闻网，2016年8月3日；《昆明海关查获走私虎皮白犀牛角》，《人民日报（海外版）》2015年4月9日。

② 唐枫：《大连海关首次查获走私完整虎皮：另有多件象牙制品、红珊瑚制品，嫌疑人被批捕》，《大连晚报》2016年6月3日。

③ 李玉坤：《海关总署发布打击象牙等濒危物种及其制品走私十大案例》，《新京报》2019年4月15日。

④ 《越南义安省男子走私老虎毛皮和虎骨进入中国时被捕》，神秘的地球，2019年4月13日。

虎骨饰件

虎骨的另一项价值在于可雕制成各种工艺饰件。中国传统民间文化认为，虎骨为镇惊辟邪之神物，神鬼皆避，百邪不侵。居家摆设、人身佩戴虎骨饰件具有辟邪禳灾以及惩恶扬善等寓意。

传说虎有威骨如乙字，长一寸，在胁两旁，破肉取之。虎威骨佩戴在当官的人身上，可显威风，并可保官运亨通；佩戴在无官的人身上，则会招惹别人忌恨。

虎骨及其饰品价值不菲，为防止假冒伪劣行为，民间催生出鉴别虎骨真伪的技术和方法。

头骨：头圆，额扁平，前额上部有一浅槽，顶骨后部有脊棱，颧骨外展，上腭8对牙齿，下腭7对牙齿，犬牙长而内弯，臼齿为山字形。

身骨：颈椎第一节为蝶形，第3—7节呈马鞍形，肋骨13对，两端圆而中间扁，尾椎22～28节，多为双数。

四肢骨：肢骨分2节，上节为1根骨，下节2骨合成。前肢上节有"风眼"，前肢下节主骨长、帮骨短。后肢上节为圆柱状；后肢下节主骨粗，呈棱柱状，帮骨软细。四肢断面空隙占骨的1/3，骨髓呈丝瓜络状。

爪钩：前足5趾、后足4趾。爪为黄白色或灰白色，油润光滑；爪钩粗短，外侧呈圆棱状，内侧略平无裂纹。虎掌上常留有黄褐色略有黑条纹的皮毛。

气味：腥臊味较重。

密度：虎骨比同体积的牛骨重一倍。虎骨断后不呈空洞，而显丝瓜络状。

传说药商鉴别虎骨真伪的简单方法是拿虎骨给狗嗅闻，若狗闻了就跑，证明是真虎骨，否则是伪品。

民间根据虎死血不死的道理，从虎骨表面刮取少许残肉，烧成焦黑后放入盛着水的碗中，焦黑质浮于水面，若焦黑中有一条血丝徐徐注向水底，则为真品，否则为伪品。

根据虎骨独有的药性，用刀器将骨锉出少量粉末，然后衔在口里，若感觉舌头和嘴唇发麻，且有腥苦味，则为真品，否则为伪品。这是其他动物骨骼所不具有的药性。

虎骨饰件常见下述款式：

虎骨健身球手揉 健身球所取虎骨部位系髌骨（膝盖骨），制作时将骨磨制成扁圆饼而非圆球形。中药认为虎骨性温活血，药力最强的部位就是髌骨。（图4.17）

▲ 图4.17 虎骨健身球手揉

▲ 图4.18 虎骨扳指

虎骨扳指 板指又称韘［shè］，源于弓箭手用作防护的工具，戴于勾弦的手指。虎骨具有特殊腥味，同时含有辟邪保平安的寓意。（图4.18）

虎骨手串 虎骨性温，握入手中不久即可感温热，玩之有修身养性之功效。

虎骨镇纸 虎骨镇纸使用时散发出来的浓浓药香，有提神醒脑的作用。

虎骨发簪［zān］ 发簪是古人用来插定发髻［jì］或连冠于发的一种长针，虎骨为珍贵质料。（图4.19）

虎骨牙刷 中国在南宋时期已经有专门制作、销售牙刷的店铺，虎骨为珍贵质料。

▲ 图4.19 虎骨发簪

▲ 图4.20 虎牙饰件　　▲ 图4.21 竹节形虎骨雕

还有虎骨雕挂件、虎骨毛笔筒、虎牙尖雕件（图4.20）等工艺饰件。虎骨常被雕成竹节形（图4.21），具有观赏性和实用性。

马戏展演

驯兽畜兽、驯虎斗虎，在中国有着悠久的历史。相传夏朝暴君桀曾把自己驯养的虎放到集市上，看看百姓能被吓成什么样，由此取乐。汉代崇武尚勇，武帝孙昌邑王刘贺（前92—前59年）通过驱驰皇族马车于北宫、桂宫，耍逗野猪以及与猛虎搏斗来强化自己的意志和战斗精神。西汉桓宽（生卒年不详）在《盐铁论·散不足》中记载，当时驯虎已与斗虎并列，成为民间乐于赏玩的马戏表演节目。在汉画像砖石中也发现了驯虎、斗虎的图案，比如：河南南阳唐河县汉郁平大尹冯君孺久画像石墓出土的画像石中有"驯虎图"（图4.22）。画面中央为一只猛虎，虎颈上拴着一条绳索，左侧有一人双手牵绳戏虎，虎昂首翘尾；右侧有一猿，其一爪抓住翘起的虎尾，一爪按在虎的左后肢；画面右下角有一只小虎静卧在那里，尾巴上翘，面朝外。[1]焦作市博物馆收藏有一座汉

---

① 《唐河县湖阳镇出土的冯君孺汉墓》，腾讯网，2022年4月7日。

▲　图4.22　南阳唐河县汉郁平大尹冯君孺久画像石墓出土画像石 "驯虎图"

▲　图4.23　焦作市博物馆藏汉代五层彩绘陶仓楼 "缚虎图"

代五层彩绘陶仓楼，2009 年出土于焦作市南水北调马村安置区汉墓。[1]
院落左右两边的山墙上分别绘有一幅"缚虎图"（图4.23），一只猛虎
的颈项被用红绳拴套，并以双绳系于一株大树上。虎的形态是两后肢蹬
地，两前肢跃起，呈腾跃之势，似供墓主使唤驾驭。

《圈虎行》是乾隆四十五年（1780年）清代诗人黄仲则（1749—
1783年）写于京城春节期间的一首七言绝句。在叙事部分，诗人以写实
的手法，生动地描写了"役使山君作儿戏"惊心动魄的驯虎表演，驯虎
师艺高胆大，身手不凡，极富冒险精神，观者无不为之心悸，同时更折
服于驯虎师能够把吃人猛虎驯化成"依人虎任人颐使"的高超技能。诗
词这样写道：

> 四围立栅牵虎出，毛拳耳戢［jí］气不扬。
> 先撩虎须虎犹帖，以棓［bàng］卓地虎人立。
> 人呼虎吼声如雷，牙爪丛中奋身入。
> 虎口呀开大如斗，人转从容探以手，
> 更脱头颅抵虎口，以头饲虎虎不受，虎舌舐人如舐彀［gòu］。
> 忽按虎脊叱使行，虎便逡巡绕阑走。
> 翻身踞地蹴［cù］冻尘，浑身抖开花锦茵。
> 盘回舞势学胡旋，似张虎威实媚人。
> 少焉仰卧若佯死，投之以肉霍然起。
> 观者一笑争醵［jù］钱，人既得钱虎摇尾。

表演场地四面以围栏严格防护，牵虎出台亮相，虎毛卷曲，双耳下
垂，一副无精打采的样子。驯虎师动手先撩虎须，虎贴服不动；接着以
棍棒竖立地面，诱导老虎前爪搭棒，跟人一样竖立身子。然后，驯虎师
大声呵斥，虎应声咆哮，吼声如震耳雷鸣；驯虎师毫无惧色，奋身跃入
森森的尖牙利爪丛中。面对老虎张开的血盆大口，他从容地伸手进去试
探；这还不够刺激，跟着又脱帽把头抵进虎口，结果有惊无险，灵性的
老虎拒绝了驯虎师头颅的饲喂，还亲热地舐着他的头颅犹若舐犊。驯虎
师忽然按住虎的背脊大声叱喝它动起来，虎便绕着围栏游走；让它翻身

---

[1] 张保民：《陶仓楼上的缚虎图》，中国文物信息网，2017年8月23日。

蹲踞在冰冷的雪地上，虎爪便掀扒地面带起雪花纷纷飘洒，然后抖动浑身像花毯般的锦毛。虎盘旋回绕的舞姿就像胡旋舞，表面看似张扬老虎威武的气概，实则在逢迎观众。少刻卧地装死，扔来一块肉食，它便霍然而起。观众大笑后争着凑钱，驯虎师满意地收下赏钱，老虎也跟着摇尾礼谢。

中国的马戏团通常驯养老虎、狮子、猴子等动物参加展演。人工驯养的老虎比较温顺，大都不会伤害人。驯养的老虎一般都会10个左右的表演节目，包括骑马、钻火圈、空中翻滚、跳高、踏美女、走梅花桩、拉车等，很受观众喜欢。

马戏团最为集中的"老虎村"——安徽省宿州市埇桥区蒿沟乡高滩村，一座1600人的村子驯养了300多只老虎。2006年9月，宿州市埇桥区被正式授予"中国马戏之乡"称号。鼎盛时期有300多个马戏团，从业人员2万人，年创收4亿多元，登记在册的老虎等马戏表演动物就有数千只，撑起了全国马戏市场大半壁江山。据宿州市普查结果，截至2019年7月，全市马戏团驯养老虎534只、狮子504只、狗熊580只、猴子1571只。一个马戏班子的配置是2只老虎、2只狮子、2只熊，再加猴子、山羊等小动物，以及驯养、表演人员4人。

河北省濮阳市清丰县梅庄被誉为"全国驯虎第一村"。梅庄人驯虎已有近百年历史，清末已有梅庄人以街头驯兽表演为生。2010年，经过多年的驯虎市场商业化培育，"梅庄驯虎人仅驯虎表演一项，年收入就在2000万元以上，占全国驯虎市场三分之一"。全村驯虎驯狮表演团体有24个，本村和聘请的驯兽员达400多人，驯养的猛兽达2000多头。

2016年，亚洲善待动物组织（People for the Ethical Treatment of Animals, PETA）发布题为《宿州马戏行业现状》的调研报告。展现和记录了PETA人员所见的宿州马戏行业现状：包括熊、猴子、老虎、狮子等在内的动物生活在肮脏不堪的环境中，甚至受到不同程度的暴力虐待。

虐待动物的行为触目惊心。马戏团为了让老虎表演跳火圈，不停地用鞭子抽打老虎，就算老虎被烫伤了也置之不理。动物们的居住环境脏乱差，面对的是牢房和铁笼。马戏团为了驾驭马戏动物为观众表演，通常自己繁殖动物，选育动物一代一代地驯化并不断地按照自身意愿加以人工选择。马戏动物自幼生活在马戏团的环境中，也就习惯了马戏团的生活，变得驯服。因驯兽员无法同野生动物进行直接的语言沟通，要让动物学会表演动作，常常使用负强化的残酷方式，比如棍棒抽打，或直接拳打脚踢。一些动物可能在训练过程中就被折磨至死，去向不明。浙江某动物园为了让老虎配合游客骑坐在老虎背上拍照，把老虎捆绑在木板上进行抽打……这些被揭露出来的残虐训练丑闻，令人发指。

动物展演如果管理不当，发生咬死咬伤饲养员或者老虎出逃事件，都会危害公共安全。

2004年4月22日，湖北咸宁香吾山公园一只成年东北虎出逃，窜入旁边一家医院内，后被警方用麻醉枪降伏。

2004年11月22日，从山西大同生态博览园出逃的一只老虎在围墙外被警方射杀。

2005年3月22日，福建漳州龙佳野生动物园一只怀孕的东北虎逃入山林，一天后被捉回。

2008年6月3日，四川什邡欢乐谷动物园一只东北虎出逃，后被警方击毙。

2010年3月6日，上海动物园一只孟加拉虎逃出铁笼，将一名前来打扫卫生、喂食的男性饲养员咬死。

2011年12月26日下午，安徽省芜湖市赭山公园动物园内一只雌性东北虎逃出铁笼，多次诱捕无效后被射杀。①

2016年11月4日，厦门市海沧动物园一只孟加拉白虎从猛兽区笼中脱逃，跑出后进入园区。当老虎准备窜逃出园区之际，现场的特警队员果断开枪，将老虎击伤控制后交由园方救治。②

2021年5月25日上午，河南南阳淅川县上集镇丹江孔雀谷一饲养员喂养老虎时被咬伤，经抢救无效后死亡。两只老虎跑出铁笼，经过多次诱捕未果，报上级主管部门批准后，两虎先后被击毙。据调查，两只老虎系安徽宿州市某马戏团所有。③

---

① 《安徽芜湖动物园发情东北虎出逃，被特警射杀（图）》，北方网，2011年12月27日。
② 《厦门海沧动物园跑出笼子老虎被击伤控制》，《海峡都市报》2016年11月4日。
③ 《河南淅川发生一起老虎袭人事件：饲养员死亡，两只老虎被击毙》，新浪财经，2021年5月25日。

珍稀濒危野生动物展演的目的应当主要基于公众教育、物种繁育等需要，所以应当限制娱乐化和商业化展演活动的扩散趋势，避免将珍稀濒危野生动物作为商业性娱乐活动用于招徕游客的噱头。从防止虐待野生动物和保障公共安全等方面考虑，国家野生动物和园林主管部门需规范约束野生动物展演行为。

2010年，国家林业局通知暂停受理以观赏展演为目的驯养繁殖国家重点保护野生动物和引进野生动物种源的行政许可申请。住建部2010年10月要求各地动物园和其他公园立即进行各类动物表演项目的清理整顿工作，3个月内停止所有动物表演项目；2013年7月要求杜绝各类动物表演。随后，住建部2017年颁布并实施行业标准《动物园管理规范》，明确规定"动物园不应用野生动物进行表演""不应将野生动物作为道具用于商业活动"。

鉴于人类以动物展演来获取利益势必会导致对野生动物的猎捕和伤害，有识之士呼吁从法律层面全面禁止野生动物展演，全面禁止以表演为目的的野生动物商业性繁育。

保护老虎

数千年来，老虎背负着"害兽"的沉重罪名，惨遭杀戮，无处遁形，直到20世纪70年代才获得法律层面的保护。正义虽然不会缺席，但却姗姗来迟，此时，虎的命运似乎也已走到了尽头，野外血脉几近断绝。

1966年，世界自然保护联盟（The International Union for Conservation of Nature, IUCN）在《哺乳动物红皮书》（*Red data book. volume 1. Mammalia, a compilation*）中将华南虎列为E级，也就是濒危级。

1969年2月，世界自然与保护联盟在新德里召开会议，呼吁全人类共同拯救走向灭绝的华南虎。

1970年后，江西的华南虎年捕获量少于10只，1975年后再没捕过虎；河南省在20世纪70年代初期每年捕虎7只；浙江省在70年代初期每年捕虎3只；广东省在70年代捕虎不足10只；湖南最后捕到野生虎是在1976年；山西省最后捕获虎在1974年1月；1979年全国只收到1张虎皮。

1973年5月，国务院在《野生动物资源保护条例（草案）》中，把华南虎列为三级保护动物。也是在1973年5月，农林部禁止猎捕东北虎和孟加拉虎，却仍然允许每年控制限额捕猎华南虎，每年控制的数量以当地农业部门"有计划地保证数量持续增长"为原则。

1977年农林部修改了规定，终于将华南虎从黑名单转移到红名单。东北虎仍然是保护种类的首位，华南虎和孟加拉虎属于禁捕的第二类。1979年，农业部将华南虎列为一级保护动物。不过，这些措施似乎已经晚了。

1980年12月25日经国务院批准，中国加入签署《濒危野生动植物种国际贸易公约》（the Convention on International Trade in Endangered Species of Wild Fauna and Flora，CITES）。CITES于1973年3月3日在美国华盛顿签署，其宗旨是保护野生动植物种因国际贸易而遭到过度开发利用。中国是CITES第63个缔约方，该公约于1981年4月8日正式对中国生效。中国不仅在保护和管理附录Ⅰ和附录Ⅱ中所包括的野生动植物种方面负有重要责任，而且中国《国家重点保护野生动物名录》中所规定保护的野生动物，除了公约附录Ⅰ、附录Ⅱ中已经列入的以外，其他均隶属于附录Ⅲ。为此中国还规定，该公约附录Ⅰ、附录Ⅱ中所列的原产地在中国的物种，按《国家重点保护野生动物名录》所规定的保护级别执行，非原产于中国的，根据其在附录中隶属的情况，分别按照国家Ⅰ级或Ⅱ级重点保护野生动物进行管理。

附录Ⅰ：濒临灭绝的物种，只有在一些特殊的情况下（科研交换、繁殖研究等）才允许其标本的贸易。老虎是列入附录Ⅰ管理的濒危动物。

附录Ⅱ：不一定临近灭绝的物种，但贸易必须受到控制以避免对其生存产生不利的影响。

附录Ⅲ：至少有一个成员国提出要求其他成员国予以协助控制贸易的物种。

1986年4月12—17日，在美国明尼苏达州，由世界自然保护联盟、美国动物园和水族馆协会（Association of Zoos and Aquariums, AZA）国际老虎谱系簿编辑部、印度保护规划执行部等单位发起和主办的"世界老虎保护战略学术会议"，把中国特产华南虎列为"最优先需要国际保护的濒危动物"。

1989年，中国颁布《中华人民共和国野生动物保护法》，终于将华南虎列入国家一级保护动物名单。

《中华人民共和国刑法》规定，对于"走私……国家禁止进出口的珍贵动物及其制品的""非法猎捕、杀害国家重点保护的珍贵、濒危野生动物的，或者非法收购、运输、出售国家重点保护的珍贵、濒危野生动物及其制品的"等违法行为均处以刑罚。

1996年，世界自然保护联盟发布的《濒危野生动植物国际公约》将华南虎列为第一号濒危物种，为世界十大濒危物种之首，最需要优先保护的极度濒危物种。

1993年5月29日，国务院发布《国务院关于禁止犀牛角和虎骨贸易的通知》（国发〔1993〕39号），重申禁止犀牛角和虎骨的一切贸易活动，主要内容包括：严禁进出口犀牛角和虎骨（包括其任何可辨认部分和含其成分的药品、工艺品等，下同）；禁止出售、收购、运输、携带、邮寄犀牛角和虎骨；取消犀牛角和虎骨药用标准，今后不得再用犀牛角和虎骨制药；国家鼓励犀牛角和虎骨代用品药用的开发研究，积极宣传推广研究成果。

虎骨代用品选用非保护动物的骨骼提取的人工虎骨粉：治疗骨伤最终替换为豹骨（过渡期）、狗骨、牛骨等；治中风后半身不遂，手足拘挛，麻痹不仁等症，以白花蛇及全蝎两者代用；治痿症以山羊胫骨及其髓代用……犀牛角则普遍以水牛角替代。

1993年11月25日，中国卫生部采取了贯彻落实禁止犀牛角和虎骨贸易的行政法的如下具体措施：

1. 取消犀牛角和虎骨的药用标准，凡处方内含有犀牛角和虎骨的中成药标准，均停止执行。

2. 严禁生产、销售含犀牛角和虎骨的中成药。

3. 取消犀角粉、虎骨胶等单方制剂。

4. 处方中含有犀牛角和虎骨的中成药，犀牛角以水牛角或水牛角浓缩粉代替；在人工虎骨尚未研制成功前，内服药中的虎骨暂以等量豹骨代替，非内服药中的虎骨则将虎骨去掉，不用代用品。

5. 原处方中因含有犀牛角和虎骨，名称中有犀角（或犀）和虎骨（或虎）字样的中成药，去掉犀角和虎骨成分后，为便于管理，统一更改名称。

更改后的药名称谓，以"壮骨"取代"虎骨"药名，比如：虎骨酒改称壮骨酒，虎骨膏改称壮骨膏……

传统中医药用虎骨等老虎器官入药，刺激了市场需求和非法贸易。国际上对中医药仍然存在偏见，误认为中医药是造成目前老虎等动植物濒危的原因之一。这严重影响了中医药的国际形象，对中医药发展不利。

虎、犀牛等人工养殖的珍稀野生动物在自然死亡后尸体通常采用冷冻封存，维护成本极高。自然死亡的老虎，其虎骨如不加以利用，也会形成资源浪费。而虎骨、犀牛角的药用价值很高，却因此不能直接药用，只能采用替代品入药，中药药效明显下降。有关虎、犀牛等人工养殖的野生动物在自然死亡后能否利用为药的争论一直存在。

虎骨与犀牛角作为传统珍贵中药，因具有良好药理作用，疗效确切而形成良好口碑，多年来"解禁虎骨与犀牛角入药"的呼声不绝于耳！

2018年10月29日，国务院发布《国务院关于严格管制犀牛和虎及其制品经营利用活动的通知》（国发〔2018〕36号），提出"因医学研究或临床救治危急重症、疑难杂症等需要"可以有条件地限制性使用"仅限从除动物园饲养、繁殖之外的人工繁育犀牛和虎获取犀牛磨角粉和自然死亡虎骨"等条款。那么，犀牛角和虎骨贸易的禁令是否实际取消了呢？同年12月，国家林业和草原局新闻发言人表示，"中国对野生动物保护的立场是坚定的、主动的，也是一贯的"，"《通知》需要有配套的实施细则，经研究，我们决定延缓出台《通知》，继续实行'三个严格禁止'，即严格禁止进出口犀牛和虎及其制品的实施细则，严格禁止出售、收购、运输、携带、邮寄犀牛和虎及其制品；严格禁止犀牛角和虎骨入药"。

2010年1月，在泰国召开的老虎保护亚洲部长级会议提出将每年的7月29日设为"全球老虎日"。同年11月，在俄罗斯圣彼得堡，13个全球野生虎分布国的政府首脑和代表联合发表《全球野生虎分布国首脑宣言》，将每年的7月29日定为"全球老虎日"，也称"世界爱虎日"。

世界爱虎日倡导保护老虎，拒绝观看老虎表演；拒绝一切虎器官制品；举报和制止非法杀害和买卖虎制品行为；主动向周围的人宣传爱护老虎的理念；主动监督和督促政府加大保护野生虎的力度。

2010年11月24日，在俄罗斯圣彼得堡，来自孟加拉人民共和国、不丹王国、柬埔寨王国、中华人民共和国、印度共和国、印度尼西亚共和国、老挝人民民主共和国、马来西亚、缅甸联邦、尼泊尔王国、俄罗斯联邦、泰王国和越南社会主义共和国等13个全球野生虎分布国的政府首脑和代表通过了一项重大的联合行动计划，即"全球野生虎种群恢复计划"（Global Tiger Recovery Program），并发表了《全球野生虎分布国政府首脑宣言》，会议承诺集资3.5亿美元，使2022年全球野生虎的数量翻番。俄罗斯总理普京、中国国务院总理温家宝及其他多国领导人参加了这次"保护老虎国际论坛"（即老虎峰会）——全球政治领袖首次参加以保护单一物种为主题的峰会。时任国务院总理温家宝阐述了中国拯救野生虎的三点主张：主动约束人类自身行为，使人类的发展与自然生态系统相协调；妥善解决野生虎分布区人民生活问题，使他们自觉地支持并参与野生虎保护行动；全面加强国际合作，形成保护野生虎的合力。

2010年，国家林业局野生动植物保护与自然保护区管理司组织专家起草了《中国野生虎种群恢复计划（草案）》，提出的目标是：中国将继续扩展及优化野生虎栖息地、探讨人工繁育虎放归自然、强化保护管理、加大执法力度、广泛宣传教育，为野生虎种群恢复创造良好条件，争取到2022年实现中国野生虎种群的显著增长及栖息地范围的大幅扩展。

为拯救、恢复该物种野生种群，中国在法律法规、自然保护区建设、栖息地恢复、打击盗猎及非法贸易等各个方面采取了一系列措施，促使中国野生虎种群及其栖息地显现逐步好转的态势。

据调查监测信息评估，中国现存野生虎的分布区和数量是：

东北虎：现分布于吉林、黑龙江两省与俄罗斯相连或邻近的东部山区，数量50只（2021年东北虎豹国家公园成立公布）；

华南虎：虽然还有野外零散痕迹的报告，但已有数十年在野外未见其实体；

印支虎：原分布于云南省与老挝、越南接壤区域的西双版纳、黄连山自然保护区，但近十多年来在野外未见其实体；

孟加拉虎：在中国境内分布于西藏东南部与印度接壤的森林地带，数量8～12只。[①]

专家提出的恢复措施包括综合研究野生虎分布区及其周边区域的栖息地现状和当地居民生活生产情况，通过系统工程措施和政策保障，促使虎栖息地范围的扩大和质量的提高，减少人为干扰；切实强化野外巡护和执法监管，打击非法盗猎野生虎及其他野生动物的行为，遏制走私及非法经营虎产品现象；开展连续、系统的科研监测，确保及时掌握野生虎种群动态和评估栖息地状况，为强化保护和栖息地改善工作提供依据；提高对野生虎伤害人、畜问题的预防能力，完善对相关直接损失的补偿制度。

2011年7月29日"全球老虎日"，国家林业局在云南省昆明市召开的"中国野生虎恢复计划培训研讨会"上正式启动实施"中国野生虎恢复计划"。这项以旗舰物种保护为核心的重大政府计划覆盖了吉林、黑龙江、云南、西藏、福建、江西、湖北、湖南及广东九个省份，标志着中国野生虎保护和恢复工作全面启动实施。计划提出了改善野生虎栖息地、加强野生虎种群监测体系建设、协调野生虎保护与当地社会经济发展、加大对非法盗猎和走私的打击力度以及扩展国际合作与交流五大优先保护领域，并相应地设定了包括优化野生东北虎、孟加拉虎及印支虎栖息地及其保护，推进华南虎放归研究，健全和提高野生虎及其栖息地监测体系等在内的13项优先行动。

---

① 唐芳林、李炳章、周伟：《西藏东南部孟加拉虎分布现状及其栖息生境》，中国林学会第五届青年学术年会，2001年。

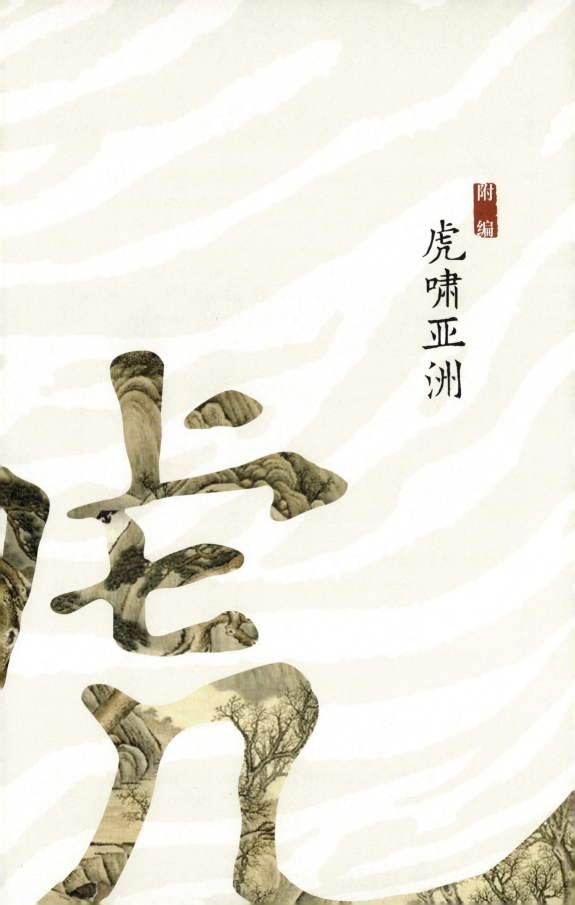

附编

虎啸亚洲

起源发展

在第三纪（距今6500万—180万年）早期，古代肉食性哺乳动物中的猫形类有数个分支，其中属古食肉目（Creodonta）的分支在第三纪晚期已全部灭绝，而食肉目（Carnivora）的古猫兽类（Miacoidea）得以幸存，成为现代陆生食肉动物（Fissipedia）的祖先。在之后的演化历程中，经过第四纪冰期（约始于距今300万—200万年，结束于距今2万—1万年前），猫形类哺乳动物仅有真正的猫科动物存活，并分化为猫亚科和豹亚科两大类而延续至今。现今的虎，就是豹亚科豹属成员之一。

虎的生物学分类

界：动物界	门：脊索动物门
纲：哺乳纲	目：食肉目
科：猫科	亚科：豹亚科
属：豹属	种：虎（*P. tigris*）

猫亚科动物体形一般较小，不发出吼声；豹亚科动物一般体形较大，能发出吼声。其中，豹亚科豹属下的4种分别是狮子、美洲豹、花豹、虎。

中国是猫科动物的重要分布区，拥有全世界现存37种猫科动物中的13种，约占1/3。包括虎〔东北虎、华南虎、印度支那虎（简称印支虎）、孟加拉虎和已经灭绝的里海虎〕、雪豹和豹3种大型猫科动物；猞猁和云豹2种中型猫科动物；荒漠猫、野猫、丛林猫、兔狲、云猫、金猫、豹猫和渔猫等8种小型猫科动物。

原产地在北美洲和中南美洲广大地区的所谓"美洲虎"（又名美洲豹），其实不是虎，它是猫科豹属的一种大型动物，无论从原产地、品种数量、体形大小还是毛色花纹来看，都与虎悬殊。古生物化石中有一类被称作"剑齿虎"的动物，它们的上犬齿特化成匕首或弯刀形状，虽然也被称为"虎"，但是其实它们在系统分类上和真正的虎亲缘相去甚远，分属不同的科。

全世界仅有亚洲产虎，并且虎仅在亚洲生存和发展。不同类型的虎亚种生存在幅员广阔的亚洲各地，在热带、亚热带的南洋群岛以及冰天雪地的西伯利亚都有分布。

关于虎的起源观点不一，人们长期争论不休，其中有倾向起源于亚洲东北部之说。虎在逐步向南发展的过程中，从中国分化为向西、向南两支主流。向西的一支通过蒙古，中国的内蒙古、新疆，苏联各中亚加盟共和国，直抵伊朗北部和高加索南部，没能越过阿拉伯沙漠而进入非洲，也没能越过高加索山脉而进入欧洲。向南发展的一支又分为两个分支：一个分支进入朝鲜半岛，直达朝鲜南部，受阻于大海；一个分支通过中国北部、中部、南部进入中南半岛。到这里后又分成两股：一股继续向南，沿马来半岛南下，渡过狭窄的海峡，分别登上苏门答腊岛、爪哇岛、巴厘岛等岛屿；另一股则向西，通过缅甸、孟加拉国而进入印度，直抵印度半岛南端。

在向亚洲其他地域扩散和辐射适应的过程中，在气候变化、栖息地隔离、遗传漂变和自然选择等因素共同作用下，现代虎的地理分布和遗传分化格局形成，虎演化为9个亚种，即华南虎（*P. t. amoyensis*）、西伯利亚虎（*P. t. altaica*）、孟加拉虎（*P. t. tigris*）、印支虎（*P. t. corbetti*）、苏门答腊虎（*P. t. sumatrae*）、马来亚虎（*P. t. jacksoni*）、巴厘虎（*P. t. balica*）、爪哇虎（*P. t. sondaica*）和里海虎（*P. t. virgata*）。区分虎亚种主要依靠三个性状：毛被色型与条纹型式、体形大小、颅骨特征。世界自然保护联盟物种存续委员会猫科动物专家组（IUCN SSC Cat Specialist Group）综合近些年分子生物学、生物地理学、动物形态学的研究成果，对猫科动物的分类进行了一次比较大的修订，报告发表在2017年第11期《猫科新闻》特刊上。虎只保留了两个亚种：指名亚种——大陆虎；巽［xùn］他亚种——岛屿虎。现存的西伯利亚虎、孟加拉虎、印支虎、马来亚虎和华南虎都属于大陆虎；现存的苏门答腊虎属于岛屿虎。大部分科学家认为虎亚种二分法不利于虎和其他物种的实地保护，更赞成现存6个亚种（包含已灭绝的巴厘虎、爪哇虎、里海虎，共9个亚种）的分类方法。

◀ 图5.1 "古中华虎"化石

　　虎擅长泅渡，能游过狭窄的海峡，可在水中游动6～8千米，极端情况下达29千米，因而能够向海岛扩散发展。位于马来半岛与印尼苏门答腊岛之间的马六甲海峡，东南部最窄处只有2.8千米，因此，沿马来半岛南下，虎能够渡过马六甲海峡，登陆苏门答腊岛、爪哇岛和巴厘岛等岛屿，但不能泅渡穿过宽阔的海峡。因此，虎到达印度南部后没能够渡过南亚次大陆与斯里兰卡之间的保克海峡（最窄处67千米）。在中国，虎也无法渡过雷州半岛与海南省之间的琼州海峡（最窄处19.4千米），以及福建省与台湾地区之间的台湾海峡（最窄处130千米），没能登陆海南岛和台湾岛。

　　中国已发现的地质时代最早的虎化石可能是"古中华虎"（图5.1）。化石是由当时在中国政府任矿业顾问的瑞典地质学家安特生（Johan Gunnar Andersson，1874—1960年）所雇之人于1920年在河南渑池兰沟发现的，其地质年代至少在距今200万年以上。对于这个种是否应该归入虎，科学界有不同的看法。一说它既不是虎，也不是狮，也不是豹；二说它可能是豹的祖先。1967年德国科学家海默（H. Hemmer）著文详细讨论了这个种的性质，得出的结论是，古中华虎化石的绝大部分特征都和虎更为接近，只是形体比虎小而稍大于豹，因此应为虎的一个亚种：*Panthera tigris palaeosinensis*。退一步说，即使它不是真正的虎，至少它也是目前所知和虎最为接近的动物，因而很可能是虎的祖先。邱占祥先生[①]将其译为"古中华虎"。在陕西蓝田公王岭地层中，中国科学院古脊椎动物与古人类研究所的调查队于1964年5月发掘出一件基本保存完整的中年女性头骨化石。同时出土的还有虎的化石材料，包括一段上颌和一件不完整的下颌。有趣的是，虎的上颌在发现时和著名的蓝田人头盖骨是紧密地连在一起的。这两件虎化石标本已经和现生虎很难区别了，在体形上比现生虎稍微大一点。公王岭地质时代为中更新世早期，即距今100万年左右。因此可以说，至少在距今100多万年前，虎就和人类的祖先——蓝田人在一起生活了。到中更新世时，也就是从距今60万年左右开始，虎的化石就很多了，华北发现化石最多的是周口店。在北京周口店山顶洞遗址（新测定结果：距今3.4万—2.7万年），虎是化石中个体数目最多的动物之一，这里曾经发现过多个完整的骨架、许多头骨和牙床。而在西南的万县（今重庆市万州区）盐井沟裂隙堆积中发现的虎化石，据统计至少有46个个体。值得注意的是，绝大多数化石在个体上都比现生种要大，四肢比现生种更为粗壮。

18世纪早期，西至土耳其、东至俄罗斯和中国东南沿海、北至西伯利亚、南至印度尼西亚巴厘岛，都有虎栖息分布。19世纪，虽然猎捕虎活动猖獗，但虎的数量仍可维持。据1996年世界自然基金会（WWF）推测，1900年全世界栖息在森林里的虎有10万只，分布于世界各地，并未受到生存威胁，其中印度约有4万只。

虎的种内居群在地理分布上界线明显、形态特征上有一定差异，因此被划分成9个亚种居群。然而可悲的是，里海虎、巴厘虎、爪哇虎等3个亚种已经于近代灭绝，华南虎也被宣布野外绝迹。2016年调查显示，全球野生虎的数量仅为3890只，野生虎面临严峻的生存挑战。

由于野外栖息地的丧失和碎片化，以及人类的猎杀，虎的分布和数量急转直下，最终沦为濒危物种，被列为《濒危野生动植物种国际贸易公约》（*Convention on International Trade in Endangered Species of Wild Fauna and Flora*, CITES）附录 I 管理的濒危动物、世界自然保护联盟

附编
虎啸亚洲

---

① 邱占祥，中国科学院院士，中国科学院古脊椎动物与古人类研究所研究员、第五任所长，2019年获得中国古生物学会终身成就荣誉。

217

（International Union for Conservation of Nature, IUCN）红色名录濒危动物、中国《国家重点保护野生动物名录》一级保护野生动物。

而今，全球虎的分布国家仅有13个，分别是印度、孟加拉国、不丹、尼泊尔、中国、泰国、马来西亚、印度尼西亚、缅甸、柬埔寨、老挝、越南和俄罗斯。虎在朝鲜的分布尚无确切证据。中国是世界上虎亚种分布最多的国家，境内分布着4个野生亚种：东北虎、华南虎、印支虎和孟加拉虎。

自然习性

虎是亚洲特有的珍稀野生动物，是世界上体形最大的猫科动物（图5.2）。仅从体态仪容上看，我们就会"嫉妒"造物主的偏爱，被其强健威猛的形象和唯我独尊的王者气概折服，倾慕其斑斓毛色织造的近乎完美的超然样貌。它目光如炬，吼啸震山，机敏聪明，活力刚阳，无愧于"力量与美丽的化身"以及"百兽之王"的美誉。

现存虎亚种当中，体形以西伯利亚虎（东北虎）为最大，雄性体长最大可达3.3米；体重最重可达306千克。而苏门答腊虎体形最小，雄性最大体重也只有150千克，比普通虎要轻上30～40千克；体长也要短上

◀ 图5.2 虎

50厘米，只有2.34米左右。虎的皮毛浓密而厚重，颜色在橙色和棕色之间变化，每个个体身上都有独特的垂直黑色条纹，条纹一直延伸到胸腹部，腹面及四肢内侧为白色。条纹有利于虎在悄悄追捕猎物时能够与植被交融在一起，从而更隐蔽地接近猎物。虎皮毛上100多条条纹就像人类的指纹一样，是严格的个体特征，没有两只虎有完全相同的条纹图案。虎被剃毛后，它的皮毛图案仍然可见，这并不是皮肤的色素沉着，而是由嵌在皮肤里的毛囊所致。生活在俄罗斯东部和中国北部的西伯利亚虎在几个亚种当中体毛最长，其毛发长度变化值大约为4～6厘米，毛发密度高达3000～3300根/平方厘米，那是为了抵御严寒的天气。而地处亚热带地区的虎体毛通常较短，一般为0.7～2厘米，苏门答腊虎的毛发密度为1700～2000根/平方厘米。所有的虎，冬天的毛都会比夏天长，体毛颜色和花纹也会比较浅。

虎的头部滚圆，前额上有数条黑色横纹，中间常被串通，看似汉字"王"，因此有人联想到象形字"王"的起源。其实不然，"王"字的甲骨文为斧钺［yuè］之形，斧钺是上古就有的兵器，象征王者之权威，甲骨文"王"后来才逐渐演变成"三横一竖"的"王"字。

虎的脸颊四周环绕着一圈较长的颊毛，雄性虎的颊毛一般比雌性长。嘴边长着白色间有黑色的硬须，长15厘米左右。和其他猫科动物一样，虎的鼻子两侧、眼睛的上方、面颊以及前脚的背面都有胡须或触须，胡须或触须是精密的触觉器官。虎的眼睛大而突出，面向前方。鼻骨比较长，鼻头一般是粉色的，有时还带有黑点，通常冰凉而潮湿，嗅觉十分灵敏。它们的耳朵很短，形状如半圆，耳背是黑色的，中间也有一个明显的大白斑，耳背白斑有反光的作用，有利于幼虎在夜间紧跟母虎活动。虎的听力敏锐，能听到许多人类听不到的声音。虎的舌头长约30厘米，舌面结构特殊，布满长着倒钩的舌突，非常坚硬，像锉刀一样有力，能将猎物骨头上的残肉舔食得干干净净，还起到清洁毛皮、抚慰幼崽和调节体温的作用。虎的四肢强壮有力，前肢比后肢更为强健。虎的尾巴又粗又长，尾上约有10个黑环，尾尖通常是黑色的，虎尾具有协助自身奔跑时平衡和转弯的作用，还能表露虎的内心状态和情绪。

虎依仗锋利的牙齿和可伸缩的利爪来捕猎。虎的前足有五趾，后足四趾，趾上长着利爪，虎爪长度约4～8厘米，爪之锐利，能够撕裂坚硬的牛皮和厚实的象皮。虎爪能自由伸缩，捕猎时伸出，平时缩回爪鞘。虎行动机警隐蔽，走动时柔软绵厚的趾垫和掌垫着地，为了确保悄无声息地接近猎物，它的后足爪会直接踩进前足爪印中。虎蹲伏潜近，等到猎物到达可攻击距离内，它就慢慢抬起身，竖起尾巴，足爪随之伸出爪鞘，然后腾空跃起，准确地攻击猎物背部。两只前爪扑住猎物的面部和肩部，用力将之压倒在地，四颗粗壮锋利的犬齿咬碎猎物颈脖或咬住猎物咽喉迫使对方窒息毙命。咬合力是指动物上下颌之间的咀嚼肌瞬间收缩所产生的力量，是衡量动物杀伤力的重要生物性指标。猫科动物嘴的张合度约60°，就咬合力而言，虎是500千克，狮是450千克，而成年人是40千克。孟加拉虎的前掌打击力可达到每平方厘米2000千克，而著名的前重量级拳击手迈克·泰森（Mike Tyson）打出的重拳为400千克，仅为前者的1/5。虎牙犬齿形长弯曲，牙的向唇面有2条血槽，向舌面有1～2条血槽。犬齿长度8～13厘米，形同利匕。虎善跳跃，一跳约5～7米远，2米高。但是，虎的捕猎成功率并非100%，这促使虎为饱腹而频繁出击。捕到猎物后，虎的进食方式，其一是用它那布满尖刺的舌头把猎物腰部的一块毛皮舔掉，再大快朵颐地吃肉；其二是像狼一样，撕开猎物的腹部，先吃空腹腔，再吃内脏。

河南安阳小屯村出土的距今3000年前的殷墟甲骨文中就有"虎"的字形（图5.3），像一只直立猛虎的写实画：张开大口、露出尖齿的头部，叉开利爪的四肢，画着横纹的躯干和翘起尾梢的虎尾，生动逼真。字形突出虎爪和虎牙，这源于古人在漫长的狩猎生涯中对动物捕食特性的悉心洞察和深刻认识，继而创造出了最形象的关于"虎"的记忆文字。虎是食物链顶端的百兽之王，噬血成性，它捕食仰仗的不仅是硕大的体形、迅猛的速度和压倒性的力量，其精准致命的武器主要是极具穿透性的锐利爪牙。

虎通常捕食大型哺乳动物，包括野鹿、野羊、野牛、野猪、马鹿、水鹿、狍、

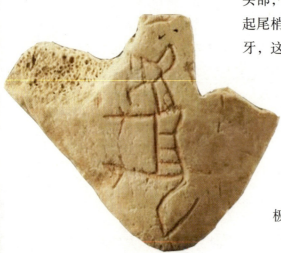

▲ 图5.3 甲骨文"虎"字

麝、麂等有蹄类动物，偶尔捕食野禽，秋季亦采食浆果和大型昆虫等。每次食肉量为17～22千克，体形大的每顿可达30千克，然后6天内不用吃肉。有时也捕捉各种小型动物，像鸟类、猴子、鱼等，饥饿至极也会捕食人类家畜。如果食物吃不完，它们通常会把剩余的藏进距离水源不远的灌木丛，盖上泥土、草叶和碎石，等过几天再来吃。为了帮助消化和祛除蛔虫等体内寄生虫，它们偶尔也会啃点草和泥浆。动物园里人工繁殖的虎常捡食掉落地面的树叶和青草。

　　吃人的惨剧一般只在人类进入虎的领地后才会发生。有学者研究认为，虎从不把双足直立的人当作猎物，因为四足的食草动物才会唤起它们的捕猎冲动。但也有例外，当人弯腰或摔倒时，或者逃跑时，也会引起虎的本能反应，继而被追赶和攻击。虎一般不以人类作为捕食对象，除非它老了、病了，或者爱上了人肉的滋味。比如有一则骇人听闻的故事：在1903年至1911年的8年间，流窜于尼泊尔及其邻国印度查姆帕瓦特之间的一只雌性孟加拉虎在两国共猎杀了436人，被称作"查姆帕瓦特的食人虎"（Champawat Tiger），后被英国传奇猎人吉姆·科比特① 射杀。人们检查虎尸发现，这只虎的右上犬齿折断一半，右下犬齿齐根断掉，已经无法正常捕食，有人认为这正是它以脆弱的人类为食的原因。

　　捕食猎物时，虎并非每战必胜。比如对付强壮的野猪等猎物，虎常会遇到猛烈反击，陷入殊死搏斗。像豪猪和刺猬等长着尖刺硬毛的动物也不好对付，虎虽能猎杀它们，但自己的喉咙和脚爪会残留这类动物的尖刺，伤口会糜烂化脓，继而丧失捕猎能力，甚至导致饿死。对于这类动物，虎的策略通常是敬而远之。

　　虎是典型的山地林栖动物，无论是在南方的热带雨林、常绿阔叶林，或是在北方的落叶阔叶林和针阔叶混交林，虎都能很好地生活。虎的活动范围较大，根据猎物的多寡决定，一般在100～400平方千米，最广可达900平方千米以上。虎多在清晨和黄昏活动，白天休息、潜伏，但

---

① 吉姆·科比特（Jim Corbett，1875—1955年），出生在印度的英国猎人、自然保护主义者、作家和博物学家。从1906年起，科比特接受政府的请求，帮助捕捉严重危害当地人生活的食人兽。当科比特最终射杀了第一只食人虎（这只雌虎造成了400多人死亡）时，他成了整个地区人民心中的英雄。

在严寒的冬季，白天亦出来捕食（此情况多见于东北虎等北方地区的亚种）。虎无固定巢穴，多在山林里游荡觅食；天性亲水，善于游泳，生活环境必须靠近水源，以满足洗浴和饮水之需。因为缺少汗腺，虎不喜欢炎热的天气，夏季它们总会四处找树荫躲着。虎貌似体态臃肿，其实动作轻盈敏捷，为了捕食或逃避洪水等险情，是能够爬上5～6米的高树的。

传说老虎的弱点是害怕鸟类的粪便，只要沾上山雀的粪便，它的皮肤就会溃烂。因此，虎从不敢在树林中长时间逗留，而通常选择在空旷的草丛里休憩，以防范山雀排泄的粪便掉落到身上。这种说法是缺乏科学性的，山雀的粪便和其他鸟类的一样，水分占65%～70%，固体成分占30%～35%，其中固体成分主要是食物消化后的残渣，包括食物中不被消化的纤维素、消化道的分泌物等，并没有能够使皮肤溃烂的化学物质。虎的毛发浓密，鸟粪黏附毛发层还来不及渗进皮肤就已经被风干。此外，猫科动物都爱舔舐毛发以清洁身体，粘上山雀粪便等异物后，老虎通常会滚擦或舔舐干净。

每只虎都有自己的领地，它们界定自己领地范围的方式是时常将具有强烈气味的分泌物和尿液喷洒在领地边界的树干上或灌木丛中，有时也会用锐利的爪在树干上抓出痕迹，或在地上打滚，留下虎毛。

一向独居的虎，只在繁殖期才走到一起。雄虎成年后将会离开原种群而长途迁移去寻找配偶并建立自己的领地，其迁移记录甚至超过1000千米的长距离。如果寻找不到配偶，它们极少在一个地方定居。相反，成年雌虎则很少迁移到超过其家域40千米以外的地方，并且常常继承其母亲的一部分家域。①

虎没有固定的繁殖期，发情交配期一般在11月至翌年2月。雌虎三岁左右首次发情，之后每25天一次，直到受孕。其间它在领地边缘转悠，不断把一种麝香味的黏液混合了尿液喷洒在地面，并无休止地发出"ɑ，ɑo ɑo，ɑ ɑ ɑ，ɑo"的求偶吼叫声，特别响亮，能传到2千米远。雄虎靠

---

① 罗述全：《中国虎的概况》，载IUCN SSC猫科动物专家组编《中国猫科动物》，中国林业出版社，2014。

近雌虎的领地后，为争夺交配权，2只以上的雄虎间必须恶斗一场，只有胜者才能获得雌虎的青睐。求爱初期，雌虎对待"如意郎君"有时较粗暴，常用前脚爪拍打雄虎。跟所有猫科动物一样，尽管交配过程十分痛苦，但虎的性行为依然很活跃。雄虎阴茎上长有100多根小钩，每根长约1毫米，由坚韧的角蛋白构成。小钩功能在于可刮下其他雄性先前交配时遗留下的精子，以求遗传基因的纯正；小钩刮擦阴道时产生的痛楚能够刺激雌虎脑部分泌出一种特殊物质催促卵巢内的卵子成熟，提高受孕概率。虎的交配异常扣人心弦，雄虎重重地压在雌虎身上，并紧紧地抓住其颈部的毛皮。达到高潮时，雌虎会立刻把雄虎掀翻，并反身以脚爪击打，最后自己也累倒地上。稍息片刻，又再度兴奋。《虎》的作者苏茜·格林细微地观察到粗暴中不失温情的一面："雌虎诱惑地用身体摩擦雄虎的腰窝，或者用鼻子拱雄虎的脖颈来引它兴奋。"它们的交合场面十分夸张，时间可以持续5天，最多每天可以交合50次。

成年雌虎通常每1～2年繁殖一次，孕期为105天左右，每胎产崽1～5只，通常为2只。生产时稍下蹲，娩出崽虎后即舔舐崽虎并吃掉胎盘。幼虎的体温、叫声、活动是与母虎保持联系的信号，若产下死胎，母虎依然会舔舐，但由于没有来自幼虎的信号，不出两天它就会将死崽吃掉。初生虎崽重约0.5～1千克，6～14天后睁眼，20天左右学会走路。哺乳期5～6个月左右（东北虎3个月左右）；幼虎跟随母虎24～36个月（东北虎为18～24个月）后独立生活。母虎与幼虎之间关系亲密，常用鼻子彼此触碰，或互相依偎，通过摩擦脸颊来互相致意。幼虎8个月大时，开始随母虎学习。母虎给幼虎示范哪里能找到水源，猎物经常出现在哪里，如何尾随猎物等捕猎技巧。母虎有时会整残一头鹿，咬断其腿筋或咬损其臀部肌肉，再交给幼虎杀死。雌虎一般在36～48个月性成熟，而雄虎需要48～60个月。

虎的寿命一般为10～15年，野外记录寿命最长的雌虎来自尼泊尔，寿命为17岁。动物园中的虎一般能活到16～20岁。饲养在动物园的雌虎寿命较长，有记录为26岁。

里海虎

里海虎（*Panthera tigris virgata*），又名新疆虎、波斯虎、高加索虎、图兰虎、西亚虎、中亚虎。曾广泛分布于伊朗、土耳其、阿富汗、蒙古、土库曼斯坦、乌兹别克斯坦、吉尔吉斯斯坦、哈萨克斯坦南部、巴基斯坦西部以及中国新疆，即里海周边及辐射地区，后来受到农牧业发展、环境变化、人为捕杀等因素的影响，里海虎在现代灭绝了。关于里海虎的灭绝时间没有确切的日期，据世界自然保护联盟（IUCN）物种存续委员会（Species Survival Commission, SSC）猫科动物专家组组长彼得·杰克逊说，各地捕获里海虎的最后记录终止于20世纪60—70年代，一般认为该亚种于20世纪80年代初灭绝。里海虎体形仅次于西伯利亚虎和孟加拉虎，成年雄虎、雌虎体长分别为2.64～2.95米、2.41～2.59米；体重分别为169～240千克、85～135千克。里海虎冬毛浓厚，呈茶黄色，条纹较孟加拉虎细，呈褐色，耳朵短小，腹部、面部附近有发达的鬃毛。

世界上有少数动物园（如柏林动物园）饲养过里海虎（图5.4），但由于缺乏远见，并没有建立起人工圈养的里海虎种群。

伊朗、土耳其两国一度盛产里海虎，但两国1940年的统计数据显示当时仅剩100多只里海虎。20世纪60年代，伊朗的Hirkam国家公园组织考察，结果没有找到一只里海虎。该公园于1936年12月建立，当时其中生

◀ 图5.4
里海虎

活着约40只里海虎。土耳其在1970年的统计中发现，国内只剩下10只里海虎。这残存的10只里海虎中，8只于后来被偷猎，2只正常死亡，最后一只里海虎据估计死于1979年。

由于阿富汗连年饥荒、战争以及长期对外界封闭，人们对阿富汗的虎了解不多。有报道发现虎经常出没于兴都库什（Hindu Kuch）山脉的山谷，最后记录时间是1950—1960年。

苏联境内过去有不少里海虎分布，19世纪60年代在阿塞拜疆连科兰附近非常常见，每年都有一些里海虎在那里被猎杀。保存于巴库医学院内的一具产自阿塞拜疆的虎标本是典型的里海虎。哈萨克斯坦等中亚地区的虎都是明确无误的里海虎。20世纪初农民大量开垦荒地，使里海虎栖息地被严重破坏且呈碎片化。政府视虎为害兽，下令军队组织捕猎队以根除里海虎种群，致使苏联境内里海虎分布区域退缩至Tigroraya Balka地区，该地区是苏联境内里海虎的最后栖息地。20世纪50年代中期，这里都有过虎被捕，其中一具雄虎头骨保存于西伯利亚动物研究所内。1983年春，3位苏联学者发表的一篇论文指出，苏联境内已找不到里海虎了。

历史上，里海虎在中亚地区（包括土库曼斯坦、乌兹别克斯坦、吉尔吉斯斯坦、哈萨克斯坦以及巴基斯坦西部）的活动面积约为80万～90万平方千米，主要分布在阿姆河、锡尔达里亚河和伊犁河流域以芦苇为主的孤立河岸生态系统中。在那里，它们捕食野猪和中亚红鹿，偶尔会猎杀高鼻羚羊、豪猪、野驴。中亚地区1920—1970年间虎种群数量迅速下降并消失，其原因与其他地方的虎种群相似：狩猎活动；虎有限的栖息地被转变为种植区；同时，虎的猎物减少，频繁与牲畜发生冲突。

在土库曼斯坦西南部，虎生活在阿特拉克河及其支流和里海沿岸，那里发现虎的最后一次记录是1954年。

吉尔吉斯斯坦岩画遗址中记录了16只虎，表明青铜时代虎可能生活在Saimaluu-Tash地区和Kenkol河谷的交界处。其境内虎最后灭绝于1890年。

在哈萨克斯坦东南部（阿拉木图以东40千米）伊塞克库尔干的珠宝上发现的其他虎的画像，可以追溯到铁器时代。其境内虎最后灭绝时间在1930年到1948年之间。

新疆虎（*Panthera tigris lecoqi*）也叫罗布泊虎，是一种已经在中国新疆绝迹的虎种群。尽管里海虎与新疆虎长相差距很大，但由于里海虎在灭绝前的活动范围包括了新疆，因此国际学术界一般将新疆虎视为里海虎的异名，而不是另一个亚种。新疆虎主要分布在新疆中部，由库尔勒沿孔雀河至罗布泊一带，栖息在胡杨林和芦苇丛中。1916年，施华兹（Schwarz）根据一具标本，定其学名为 *P. t. lecoqi*。著名学者谭邦杰[①]认为"新疆虎"一直是有争议、至今尚未得到公认的亚种，其态度倾向于认为"新疆虎也许根本是高加索虎的少数个体向东迁移，流失到新疆境内"。由于生活在荒漠地带，新疆虎特别耐干旱，其毛色要比其他虎的毛色浅些。

首次向世界报道新疆虎的，是19世纪末在新疆等地"考察探险"的沙皇俄国军官尼科莱·米哈伊洛维奇·普尔热瓦尔斯基（Николай Михайлович Пржевальский，1839—1888年）。1876年深秋，他在塔里木盆地的一个村庄参加猎虎队，亲眼看见一只吞下氰化钾毒饵的虎摇摇晃晃地走回丛林。普氏在一本书里写到，那时塔里木盆地的虎多得像伏尔加河流域的狼一样。然而，1899年，当瑞典探险家斯文·赫定（Sven Hedin，1865—1952年）来到塔里木盆地时，新疆虎数量已大大减少。1900年，他在塔里木河下游看到过猎人捕获到几只虎，并从猎人那里买到两张虎皮，其中一张至今陈列在瑞典首都斯德哥尔摩的国家档案馆。1934年，斯文·赫定重返新疆，所见所闻让他意识到，新疆虎已濒临灭绝。

新疆《巴音郭楞蒙古自治州州志》记载，1961—1962年，州境内有人曾经用枪猎杀过虎。中国科学院新疆生态与地理研究所动物学家谷景和教授则表示："新疆虎的绝迹在20世纪60年代前后，我最后一次见到老虎是在霍城（新疆伊犁地区），那一次猎获的老虎制成了标本。"

1979年2月，在印度新德里召开的保护虎的国际会议上，新疆虎被正式宣布灭绝。

新疆虎野生种群是如何走上灭绝之路的呢？比较流行的推断是：

---

① 谭邦杰（1915—2003年），中国著名动物学家、科普作家，教授级高级工程师。先后担任北京西郊公园动物管理所所长、北京动物园科学工作组组长等职。

第一，农业屯垦毁掉了新疆虎的栖息环境。清末新疆建省后，土地开垦规模大大超越前朝。辛亥革命后，更是大兴屯田，修渠垦荒。这一时期也正是新疆虎数量开始锐减的时期。屯垦导致新疆的森林植被以及可供新疆虎猎食的动物数量锐减，尤其是塔里木河的断流，导致新疆虎的栖息地丧失。

第二，虎毛皮和虎骨的需求导致新疆虎被猎杀。学者曹志红在《历史上新疆虎的调查确认与研究》一文中指出，罗布泊猎人狩猎老虎的习俗通常是用毒药马钱子（中枢神经惊厥毒物）涂抹在肉上，待老虎吃食中毒死去，或跟踪射杀中毒的老虎；冬天将老虎赶进冰水里，然后驾小舟追赶，待虎力竭后将之打死。旧时的新疆传统有以虎皮缝制头帽，还用虎皮来换取布匹等日用品。史书记载新疆"特产虎皮、虎骨、豹皮、鹿茸、鹿筋"。受利益驱动，人们大肆捕杀新疆虎。

巴厘虎

巴厘虎（*Panthera tigris balica*）为巽他群岛上最小的虎，没有之一。雄虎、雌虎体长分别是0.9～1.6米、0.7～1.4米；体重分别是45～110千克、20～95千克。与其他8个虎亚种相比，巴厘虎称得上"迷你虎"。巴厘虎周身长满橙黄色底黑色条纹的短毛，相比别的虎，它的条纹数量较少，但颜色较深，条纹之间偶尔还会出现黑色的小斑点，虎的头部也有特别的横向条纹。巴厘虎仅生活在印度尼西亚巴厘岛北部的热带雨林里。

巴厘岛东西宽140千米，南北相距80千米，全岛总面积5620平方千米，是"千岛之国"印度尼西亚17508个岛屿中的一个。19世纪末以前，巴厘岛上生活着较多的虎。自欧洲殖民者控制巴厘岛之后——15世纪葡萄牙、西班牙和英国先后侵入，1596年荷兰侵入——鉴于虎的商业价值，他们热衷于狩猎虎，在他们的大肆猎杀下，巴厘虎数量急剧下滑（图5.5）。匈牙利男爵Vojnich Oszkár在其《东印度群岛》（*A Kelet-Indiai Szigetcsoporton*）一书中描述了1911年11月3日他是如何在岛的西北地区捕获、猎杀和拍摄巴厘虎的。当时巴厘虎的骨头600美元/磅（1磅约

▲ 图5.5 1911年被猎杀的巴厘虎

0.4536千克），肉32～40美元/磅，血80美元/瓶，尾巴240美元，头600美元，舌头60美元，几乎身体的每个组织器官都能以高价售出。捕猎巴厘虎的首选方法是设陷阱困住它，然后用大型枪支近距离射杀。

尽管巴厘岛巴拉特国家公园（Bali Barat National Park）在1941年为保护巴厘虎而建立，但巴厘虎很可能在那之前就灭绝了。据记载，发现的最后一只巴厘虎于1937年9月27日在巴厘岛西部的森林里被追逐商业利益的猎人射杀。

爪哇虎

爪哇虎（*Panthera tigris sondaica*）为小型热带岛屿虎，是体形第二小的虎。雄虎、雌虎体长分别为2.35～2.55米、2.1～2.3米；体重分别为100～155千克、95～115千克。虎的体毛颜色有浅黄、橘红色不等，体表覆盖着黑色或深棕色的横向条纹，条纹一直延伸到胸腹部；尾巴又粗又长，并有黑色环纹环绕，尾尖通常是黑色的。爪哇虎面部的胡须是已知的9个虎亚种中最长的。爪哇虎分布在印度尼西亚爪哇岛的南部山地丛林中，其视觉、听觉和嗅觉都很灵敏，它们对气候条件不挑剔，只要有隐身处、水和猎物就可以生存，通常猎食水牛等大型食草动物。

科学家们对博物馆收藏的23只爪哇虎样本进行了DNA研究，发现它们早在1.1万～1.2万年前就来到了巽他群岛。爪哇岛上原本生存着近万只爪哇虎（图5.6），荷兰殖民者入侵印度尼西亚之后，为了得到虎的毛皮和骨头，开始对其进行疯狂捕杀，致使爪哇虎的数量在40年内减少了8000多只。1972年，印度尼西亚政府在爪哇岛的东南部规划了一个保护

▲ 图5.6　摄于1938年的爪哇虎，拍摄地点在印度尼西亚的乌戎库隆（Ujung Kulon）

区，但到了1979年，保护区仅剩3只虎，从此就再也没有确切发现虎的踪迹。由于大肆猎杀、栖息地破坏和环境恶化等因素影响，据估计，世界上最后一只野生爪哇虎死于1982年。

1983年6月，最后一只人工圈养的、很可能是世界上最后一只爪哇虎在雅加达的动物园死去。印度尼西亚政府于1988年宣布爪哇虎灭绝。

孟加拉虎

孟加拉虎（*Panthera tigris tigris*）又名印度虎，是目前数量最多、分布最广的虎亚种。1758年，孟加拉虎被瑞典生物学家卡尔·冯·林奈（Carl von Linné，1707—1778年）定为虎（*Panthera tigris*）的模式种（指被首次发现，且被描述并发表的物种）。

孟加拉虎（图5.7）平均体形小于东北虎，大于华南虎，雄虎、雌虎体长分别为2.7～3.1米、2.4～2.65米；体重分别为200～295千克、100～181千克；毛短，黑条纹窄而密。

▲ 图5.7 孟加拉虎

其以各种大、小型哺乳动物为食，主要猎物有白斑鹿、水鹿、泽鹿、豚鹿、赤麂、野猪、豪猪、野牛、兔子等，有时也能爬树捕食灵长目的动物如长尾叶猴。其他捕食者，如豹、狼和鬣狗也可能成为孟加拉虎的猎物。在比较罕见的情况下，孟加拉虎也攻击小象和犀牛。在所有虎中，孟加拉虎虽然体形不是最大的，但却被认为是最为凶猛的。它通常在夜间捕食，捕食时，先瞄准猎物的咽喉，用强大的咬合力直接咬断较小猎物的颈椎或让大型猎物窒息。它可在一餐内吃掉近30千克的肉，并在接下来几天内不进食。据估计，雌性孟加拉虎的领地范围是10～39平方千米，雄性是30～105平方千米。

孟加拉虎主要分布在印度和孟加拉国，它也是这两个国家的代表动物，其次分布在尼泊尔、不丹、中国和缅甸。在印度人眼里，虎出没无常，行踪难觅，被视为力量和魔鬼的结合体，让人既崇拜又敬畏。印度人称本国为"虎之国"，老虎被尊为"国兽"。从虎的世界分布范围看，印度确实是现存野生虎最多的国家，出产孟加拉虎。英国殖民统治时期（1757—1947年），为掠夺印度资源，同时威胁进而磨灭印度人民的顽强反抗意志，野生孟加拉虎同样历经劫难。殖民统治者对虎大肆血腥屠杀（图5.8），导致虎的种群数量锐减。20世纪中叶印度独立之后，由于森林

▲ 图5.8 英国人在印度捕杀的虎

砍伐和过度猎杀，虎的数量一度减少到仅存数百只。1970年，虎受到印度立法保护；1973年印度总理英迪拉·甘地（Indira Gandhi）倡导实施"保虎计划"，划定虎保护区，虎最终劫后余生，乃至当今能优雅从容地漫步在佛陀的故乡。

孟加拉虎栖息地范围很广，具有多样化的特征，包括很高、很冷的喜玛拉雅山针叶林，沼泽芦苇丛，印度半岛的枯山上，印度北部苍翠繁茂的雨林和干燥的树林。它们大多数活动在孟加拉国和印度之间孙德尔本斯（Sunderbans）三角洲的红树林。孙德尔本斯三角洲横跨印度、孟加拉国两地，是孟加拉湾的恒河（Ganges River）、布拉马普特拉河（Brahmaputra River）和梅克纳河（Meghna River）冲积而成的大型三角洲，被浓密的红树林所覆盖，是迄今为止几乎未经过任何人工培育的原始森林，也是世界最大的红树林区域（占地14万公顷），它的字面原义是"最美的森林"。孙德尔本斯于1987年被列入《世界遗产名录》，保护孟加拉虎、湾鳄等珍稀濒危野生动物。孙德尔本斯三角洲红树林沼泽区栖息的孟加拉虎是一个另类，其体形纤小，雄虎体重110～120千克，雌性平均体重76千克。当食物匮乏时，它们饥不择食，甚至会捕食鱼类、蜥蜴和螃蟹等别的虎看不上的食物。

2020年，野生孟加拉虎种群数量为3000～4500只，还有大约333只被笼养，主要是在印度的动物园。

在印度，从孙德尔本斯的沼泽到伦滕波尔的沙地，从喜马拉雅山山麓的科比特虎保护区到印度半岛的班迪普尔丛林，都可以见到孟加拉虎的踪迹。

截至2018年，印度孟加拉虎保护区数量从2014年的692个上升为860个，国家公园、野生动物保护区和保护森林之间的缓冲地、连接点、迁徙走廊的数量从43个上升为100个。比较著名的孟加拉虎保护区包括干哈国家公园（Kanha National Park），位于印度中央邦的曼德拉区，占地1940平方千米；科比特虎保护区（Corbett Tiger Reserve），位于喜马拉雅山山麓拉姆根加河（Ramganga River）沿岸；孙德尔班国家公园（Sunderban National Park），位于印度西孟加拉邦的加尔各答东南部，与孟加拉湾相邻；贝里亚尔野生动物保护区（Periyar Wildlife Sanctuary），位于印度喀拉拉邦（Kerala）；萨瑞斯加虎保护区（Sariska Tiger Reserve），位于印度北部拉贾斯坦邦（Rajasthan）；伦滕波尔国家公园（Ranthambore National Park），位于印度拉贾斯坦邦。

印度的野生孟加拉虎历年统计数量分别是：2008年1411只；2014年2226只；2018年2967只。世界上大约70%的野生孟加拉虎生活在印度。

在孟加拉国，孟加拉虎主要分布在西部库林纳地区的孙德尔本斯三角洲范围内。2015年的调查显示，该国有106只野生孟加拉虎。

尼泊尔虎保护工作获重大进展，野生虎数量从2009年的121只提高到2018年的235只。

尼泊尔奇特旺国家公园（Chitwan National Park）位于距加德满都120千米的雷普提谷地（Rapti Valley），占地980平方千米，为尼泊尔第一个国家公园，是亚洲独角犀牛和孟加拉虎的栖息地。

2015年，不丹的野生虎调查种群数量为103只，分布在布姆德林野生动物保护区（Bumdeling Wildlife Sanctuary）、Phrumsengla国家公园、皇家玛纳斯国家公园（Royal Manas National Park）和菲比索野生动物保护区（Phibsoo Wildlife Sanctuary）等栖息地。皇家玛纳斯国家公园位于喜马拉雅山脉的丘陵地带，横跨不丹东部的盖莱普宗和西部的佩马加策尔宗，占地面积达1057平方千米，是不丹历史最悠久的国家公园。该公园是孟加拉虎、印度野牛、姬猪、大象和金叶猴等珍稀野生动物的保护区，还是花冠皱盔犀鸟和双角犀鸟等濒危鸟类的栖息地。

孟加拉虎在缅甸的传统分布区主要在克钦邦胡康河谷（Hukawng Valley）地区、实皆省塔曼堤（Tamanthi）地区、德林达依省德林达依山脉（Tenasserim Range）地区等处。2020年缅甸林业管理司称，目前未开展全国范围虎的分布数量调查统计，评估约有60～80只。

中国西南与印度、尼泊尔、不丹接壤，南面与缅甸、老挝和越南等国家接壤，孟加拉虎在中国分布范围极为局限，仅分布于与邻国接壤区域。据资料记载[①]，孟加拉虎仅见于西藏亚东、吉隆、达旺以南及林芝墨脱等地；云南西部德宏州等地区。现在，孟加拉虎在西藏的分布大为缩小，主要见于藏东南墨脱县境内。其中，在金珠藏布流域分布的数

① 唐芳林、李炳章、周伟：《西藏东南部孟加拉虎分布现状及其栖息生境》，《林业科技管理》2001年增刊。

附编
虎啸亚洲

量稍多，在德阳沟及聂拉藏布、嘎隆藏布、岗日嘎布藏布等地有活动痕迹，估计总数为8～12只。墨脱县格当乡是孟加拉虎比较集中的分布点，估计数量有5～7只。雅鲁藏布大峡谷自然保护区是现今国内唯一有孟加拉虎种群分布的自然保护区。该保护区前身为墨脱自然保护区，现为墨脱、米林、波密、林芝四县所管辖，主要保护山地森林生态系统和珍贵野生动植物以及大拐弯的部分地区。

据资料查阅和实地查访，1973年在拉萨市的西藏自治区对外贸易公司毛皮仓库中，有一张收购到的来自林芝的虎皮。1973年夏及1977年夏，墨脱县背崩村群众目睹过虎爪和腐烂的虎尸；1990年前后，墨脱县格当乡兴凯村村民曾打死2只成年虎。1979年5月，在察隅县慈巴沟曾有人打死1只虎；1986年8月，在该县米古村有人观察到虎的踪迹；1987年，该县曾有人猎获1只虎；1991年，在该县有1只虎被误杀。

墨脱县属喜马拉雅山东侧亚热带湿润气候区，动植物资源丰富，被誉为"植被类型天然博物馆""西藏的西双版纳"。全县总面积3.4万平方千米，家庭户人口为13312人（2020年）。2013年，西藏墨脱县才宣告结束"中国最后一个不通公路县"的历史。或许是人烟稀少以及交通闭塞等原因，还有经济类型以农业为主，这里的人类开发干扰程度相对不严重，得以成为孟加拉虎在中国境内的最大定居地。这些地方森林茂密，山高谷深，海拔高度均在800～5000米，气候随海拔增高呈热带、亚热带、温带、寒带等不同类型。孟加拉虎常活动于海拔高度2000米左右的阔叶林、针阔叶混交林以及灌木蒿草丛中，食物包括林区内活动的麝、鹿、羚牛和野猪等野生动物，在食物短缺的时候也会袭击耕牛等家畜。

中国科学院昆明动物研究所兽类生态与进化学科组副研究员李学友带队，于2018年10月至11月在墨脱县境内开展哺乳动物调查研究，并沿海拔梯度安放了48台红外相机。研究人员对首批回收的相机数据进行分析后发现，其中设置的2个红外相机位点，3次拍摄到了野生孟加拉虎（图5.9），这是中国科研人员首次在野外拍摄到孟加拉虎的活体照片。[①]

① 季征：《我国科研人员首次在野外拍摄到孟加拉虎活体照片》，《云南日报》2019年8月8日，第5版。

▲ 图5.9　2018年中国科研人员首次在野外拍摄到的孟加拉虎活体照片

除西藏外，孟加拉虎历史上还分布于中国云南与缅甸接壤的边境地区。其中，位于云南西部的云南省面积最大的森林和野生动物类型自然保护区——高黎贡山国家级自然保护区、中国生物多样性最为丰富的地区之一——云南西南部沧源佤族自治县境内的南滚河国家级自然保护区的主要保护物种就包括孟加拉虎和亚洲象。在中国科学院昆明动物研究所的标本室里，就存放着一具产自高黎贡山区的孟加拉虎标本，它的头骨长度达到350毫米。但当下面对的现实是，近20年来孟加拉虎的痕迹再未被发现，恐怕云南已无分布。

印度支那虎

印度支那虎（*Panthera tigris* ssp. *corbetti*），简称印支虎，又称东南亚虎（*Panthera tigris corbetti*），也叫作科比特虎。

"印度支那"来自法语"Indochine"，意指处于印度与中国之间的区域。现指亚洲的中南半岛（含马来半岛）。

印支虎生活在泰国、缅甸、柬埔寨、越南、老挝、马来西亚西部和

▲ 图5.10 2017年3月28日新闻报道，安装在泰国丛林中的相机捕捉到一群印度支那虎，其中包括4只成年雌虎和6只幼虎

中国南部。印支虎雄性、雌性体长分别为2.55～2.85米、2.30～2.55米；体重分别为150～195千克、100～130千克。与孟加拉虎相比，它们的体形较小，毛色更深，身上的条纹更短、更窄，而胃部、咽喉和两颊有较大的白色斑痕。其学名"corbetti"是为了纪念英国自然学家吉姆·科比特，因此印支虎又被称为科比特虎。它活动于山区的树林深处，捕猎鹿、野猪、猴子、野牛等动物为食，偶尔捕猎豹子和熊。当食物短缺时，它也吃鱼和乌龟。

由于许多印支虎的活动区域是国家边界处的偏远森林，人们对其野外生活状况了解不多。2007年调查发现的印支虎野生个体数量有2500只，而在2016年再次调查发现仅剩下不足400只。据世界自然基金会估计，如今野生印支虎的总数仅剩下350只左右，其中大约250只分布在泰国和缅甸的边境。栖息地的不断丧失和偷猎是它们目前最大的威胁。

世界上有两个已知的印支虎繁衍种群，一个在泰国西部的Huai Kha Khaeng野生动物保护区，另一个在泰国东部。由于泰国政府的长期努力，Huai Kha Khaeng野生动物保护区内虎的数量急剧增加，从2010—2011年的41只增加到2019年的66只，增幅超过60%。2016年，架设于泰国东部丛林的相机拍摄到4只母虎和6只小虎（图5.10），被证实是濒临绝种的印支虎。泰国国家公园管理部门、反对野生动物非法贸易的组织自由天地基金会（Freeland）和国际大猫基金会（Panthera）共同称，估计现存的野生印支虎只有221只，分布在泰国和缅甸。

位于缅甸克钦邦西部的胡康河谷（Hukawng Valley）自然保护区是世界上最大的虎栖息地，除了虎，还生活着许多其他珍贵的野生动物，如豹、亚洲短尾猿、水鹿、野猪、长臂猿、黑熊、绿孔雀和白肢野牛等。保护区的面积达到21890平方千米，覆盖包括伊洛瓦底江三角洲和赤温河源头在内的整个山谷，其中虎保护区面积超过17000平方千米。但这个虎的家园正面临金矿滥采滥挖的威胁。架设在那里的相机捕捉调查发现了6只个体虎，2019年缅甸宣布，经过多年调查，可确定已知的虎至少有22只。

老挝国家生物多样性保护区于1993年建立。当时，该国的虎数量已经所剩无几。到20世纪90年代末，虎至少还生活在五个自然保护区。在2003年4月至2004年6月进行的一次摄像调查中，在南凤楼国家保护区记录了5只虎。

柬埔寨已经不存在印支虎的繁殖种群，因此可以认为它们已功能性灭绝。

越南在1994年加入华盛顿公约，禁止非法野生动物贸易。（图5.11）据相关保护组织提供的数据，1995年越南大约有200只虎。亚洲虎皮和虎骨的非法贸易加剧了虎的生存威胁，越南在2010年后摄像机再未捕捉到过虎的影像。

2007年5月，中国西双版纳自然保护区的科研人员利用红外线照相机在野外成功地拍摄到全国唯一的一张野生印支虎活体照片（图5.12），

◀ 图5.11　1953年一名越南女子和被她猎杀的印支虎

◀ 图5.12　2007年在西双版纳拍摄到的中国唯一的野生印支虎活体照片

其是一只成年雌性印支虎，证明在云南省西双版纳和南滚河两个国家级自然保护区内，确实分布有一定数量的野生印支虎。[1]事件的详细经过是，北京师范大学生态研究所调查人员2006年自云南临沧南果河自然保护区转移到云南西双版纳国家级自然保护区，参与一个亚洲象的研究课题，采用布放红外线触发相机的调查方式。2007年春的一个清晨，尚勇子保护区的调查小组成员整理夜间红外相机收集到的相片时，惊喜地发现了一只印支虎活体的照片。消息一经报道披露，立即引起国内和国际社会的广泛关注。这只印支虎的照片，出现在2007年6月中国政府在濒危野生动植物种国际贸易公约缔约国大会的报告中，《美国科学》杂志也在2007年9月期刊撰文公布中国首次拍摄到印支虎活体照片的重大消息。

　　然而，事态急转直下。2007年5月拍摄到印支虎活体照片的同一区域，不久就发生了印支虎惨遭盗猎分食的刑事案件。[2]据媒体报道，2009年2月的一个夜晚，西双版纳傣族自治州勐腊县曼纳伞大臭水村村民康某年和高某桥到保护区尚勇片区边缘南墩河捉石蚌（棘胸蛙），在河边发现并射杀了一只野生虎。次日早上，康某年和高某桥又邀约同村的5个村民一起将死虎剥皮分割，然后回家煮食虎肉。此案后被公安机关闻讯侦破，经鉴定确认遭射杀的是印支虎。本案中的虎，极有可能是2007年5月拍摄到的那只印支虎。

---

① 《野生印支虎首次现身云南》，中国新闻网，2007年5月25日。
② 《中国最后一只印支虎疑遭村民枪杀分食》，东方网，2009年11月28日。

马来亚虎

马来亚虎（*Panthera tigris jacksoni*），又以"马来亚之虎"（*Panthera tigris malayensis*）为学名。马来亚虎分布于马来半岛，是2004年新确认的虎亚种，此前一直被归类为印度支那虎的一个种群。此新分类是Luo Shu-Jin等人在美国国家癌症研究中心（National Cancer Institute）的基因多样性实验室（Laboratory of Genomic Diversity）研究所得。

马来亚虎与印支虎的区别是，马来亚虎的脸部明显比印支虎宽，头部也比印支虎短一点；印支虎的躯干和四肢显然比马来亚虎更加粗壮、厚实；马来亚虎的颜色比印支虎略浅一些；两者最明显的差异在于体重，马来亚虎的体重比印支虎轻近1/3。雄虎、雌虎平均体长分别为2.37米、2.0米；平均体重分别为120千克、100千克。

马来亚虎猎食水鹿、麂、野猪和家畜，马来西亚国家公园（Taman Negara）里的虎也会捕食马来熊。其主食可能也包括印度野牛与马来貘。

马来亚虎只在马来半岛（即西马与泰南）被发现，北起马泰边境的森林直至亚洲大陆的最南端，稀疏地散布在马来西亚国家公园（1.5万平方千米）和南部的森林地区（1万平方千米）等虎保护区（图5.13）。此外，一些孤立的小森林、次级植被、东海岸人烟稀少以及公路密度低

► 图5.13 照片中的是1只野生雌性马来亚虎及其4只幼崽一起在野外丛林中（2022年1月，当局摄于霹雳州）

的废弃农业地段也有虎出没。其中，88%的马来亚虎可在霹雳、彭亨、吉兰丹和登嘉楼四州找到。受到偷猎和栖息地减少等因素影响，马来西亚国家公园等栖息地的马来亚虎数量估计已经减少到250只左右（2019年）。马来西亚Belum Temengor地区在2009—2018年间虎数量下降了50%，这主要是广泛分布的大量猎套造成的。据估计，在柬埔寨、老挝、越南等猎套危机最严重的野生动物分布地区，约有1230万个猎套时刻威胁着虎和其他野生动物的生命。

马来亚虎是马来西亚的国家象征之一，是国徽上的护盾兽。盾徽两侧各站着一头红舌马来亚虎，两虎后肢踩着金色饰带，饰带上书写着"团结就是力量"。

苏门答腊虎

苏门答腊虎（*Panthera tigris sumatrae*）是现存所有虎亚种中体形最小的亚种。雄性、雌性从头至尾平均体长分别为2.34米、1.98米；平均体重分别为120千克、90千克。其条纹比其他虎亚种要狭窄，胡须和鬃毛浓密（尤其是雄虎）。苏门答腊虎仅分布于印度尼西亚的苏门答腊岛的热带雨林，是现存唯一的仅分布在岛屿上的虎，栖息的环境为从平原森林到高山。野生的苏门答腊虎大约仅存400～500只，主要是在印度尼西亚岛的五个国立公园，人工养殖的有300只不到。苏门答腊虎的主要食物是水鹿、野猪、豪猪、鳄鱼、幼犀和幼象等动物。

1992年印度尼西亚林业部门和自然保护协会做出过统计，还有400只虎分布在苏门答腊的5个国家公园里，它们包括：

Gunung Leuser国家公园　1993年估计，这里有110～180只成年虎活动。森林迅速减少和非法捕猎是虎面临的最主要威胁。在2003年，人们通过卫星图像分析发现，公园已失去了662平方千米的森林，公园边缘10千米内的森林缓冲带也开始消失。如果按这样的速度，在2036年前后，这里的森林将不复存在。

Way Kambas国家公园　该公园面积1300平方千米，位于苏门答腊东南沿海。这里在1937年被宣布为生态保留区域，而到1989年才升为印尼国家公园。近30年来，Way Kambas国家公园的森林被大量砍伐，虎的栖息地已被严重干扰。1996年，公园管理局组织了反偷猎队，共计24人。印度尼西亚自然资源保护组织（Perlindungan Hutan dan Konservasi Alam, PHKA）和加拿大老虎保护基金会自1985年以来就在这里对当地野生动物进行调查。在那次调查中，他们还发现了罕见的苏门答腊犀牛群。虎类学者富兰克林在1995—1997年间根据红外照相机诱捕资料推测，这里约有36只成年虎活动，其中21只分布于公园的核心地带。

Kerinci Seblat国家公园　该公园于1981年成立，面积为14846平方千米，是印尼第二大国家公园。1992年，人们估计这里约有76只野生虎活动。目前，橡胶种植园继续侵蚀着这里残余的森林。

Bukit Tigapuluh国家公园　该公园毗邻Kerinci Seblat国家公园，于1995年被宣布为国家公园。公园总面积约1290平方千米，区内有一片面积300平方千米的原始热带雨林。（图5.14）

Bukit Barisan Selatan国家公园　该公园于1982年建立，为印度尼西亚第三大国家公园。这里估计生活着40～43只成年虎。此地每年至少有340平方千米面积的森林被砍伐。

根据印度尼西亚动物园协会（Perhimpunan Kebun Binatang Se-Indonesia, PKBSI）估计，全世界有超过230只苏门答腊虎被各地动物园饲养，其中印度尼西亚动物园有65只，欧洲动物园有100只，澳大利亚动

◀ 图5.14
Bukit Tigapuluh
国家公园里的
苏门答腊虎

物园有12只，北美动物园有55只，日本动物园有2只，另外还有32只雄虎和29只雌虎生活在位于爪哇岛的苏门答腊虎保育中心。

栖息地破坏和过度捕杀是造成苏门答腊虎濒危的主要原因。早在1990年以前，亚洲浆纸业总公司（Asia Pulp & Paper，APP）就在印度尼西亚苏门答腊岛开设了工厂。造纸业的迅猛发展使森林覆盖率急速萎缩，"全球森林观察组织"在2001年估计，印度尼西亚的森林覆盖率已减少72%。在苏门答腊，猎虎行为一直很猖獗，在当地街头，随处可见虎骨、虎爪、虎皮等虎制品出售。

西伯利亚虎

西伯利亚虎（*Panthera tigris ssp. altaica*），又名远东虎、阿穆尔虎、东北虎、满洲虎，分布于俄罗斯西伯利亚远东地区、朝鲜两江道的三池渊郡及大红湍郡之长白山一带、中国东北等地，95%的野生西伯利亚虎出没在俄罗斯远东地区。（图5.15）

▼ 图5.15　东北虎豹国家公园内的监测相机拍摄到的野生东北虎（2018年12月9日摄）

它是现存体重最大的猫科亚种，雄性、雌性体长分别为2.9～3.1米、2.5～2.7米；体重分别为180～300千克、120～160千克。西伯利亚虎头圆、耳短、尾长，身体为棕黄色或赭褐色，通体布有黑色横纹，后背皮毛颜色为深褐色，两肋呈浅黄色，颏、喉、腹、四肢内侧及尾末端均为白色。成年虎皮色较深，未成年虎皮色较浅。捕食野猪、马鹿、梅花鹿、驼鹿、兔、狍子、青鼬、獾、狐狸等动物，偶尔捕食蛇类和鱼类，甚至就连棕熊、黑熊、豹、狼、豺狼等食肉动物也都不可避免地成为它的猎物，也吃松子、胡桃、榛子、覆盆子等野果。

到了2015年人们首次对俄罗斯地区的野生西伯利亚虎进行普查时，发现个体数量已经增长至480～540只，其中包括100只幼崽。后来人们再次进行了更为详细的普查，结果显示，俄罗斯有562只野生西伯利亚虎。

俄罗斯远东地区野生虎的主要分布范围包括哈巴边区南部与滨海边区相邻的山地林区、滨海边区锡霍特山脉的大部分地区以及与中国相邻的边界地区。（图5.16）中锡霍特—阿林山脉有世界上土地最肥沃、气温尤其宜人的森林，在这样一个针叶林带与亚热带混合的地区，虎、

▼ 图5.16　在俄罗斯阿穆尔拍到的西伯利亚虎

喜马拉雅熊等南方物种与棕熊、山猫等北方物种得以共同栖息，该地被联合国教科文组织世界遗产委员会批准作为自然遗产列入《世界遗产名录》。中锡霍特山脉的莽莽林海之中分布着众多自然保护区，最有名的是中锡霍特—阿林自然保护区（Sikhote-Alin Zapovednik）。该保护区建立于1935年，面积达到了10588平方千米。在这里，狩猎和砍伐活动被禁止，使得大片的原始森林得以保存，栖息在里面的珍稀动物得以繁衍。

朝鲜北部山区可能有少量西伯利亚虎个体分布，因为缺乏野外调查资料，具体数据无从考证。在朝鲜半岛分布的虎，曾被认为是一个单独的亚种——朝鲜虎（Korean tiger）。据说毛色和普通西伯利亚虎不同，而且体形要更小。朝鲜虎学名为*Panthera tigris coreensis*，由E. Brass于1904年定名。国际上普遍把朝鲜半岛产的虎归类为西伯利亚虎。朝鲜虎（西伯利亚虎）被注册为"357号自然保护物"，受到保护。

韩国人称西伯利亚虎为韩国虎、高丽虎。在韩国人民心中，虎被视为权力和制度的象征，民间称之为"山神爷"，是正义的化身（图5.17）。虎还被选作1988年汉城奥林匹克运动会吉祥物。

朝鲜半岛早在李朝（1392—1910年）中期就开始了轰轰烈烈的"猎杀虎豹运动"，规定全国每个郡县每年都应上缴3张虎豹皮，以此来清除虎患，保障农业生产。朝鲜半岛的野生虎数量因此急速下降。1910年8月至1945年8月期间，朝鲜沦为日本殖民地，占领军为了磨灭半岛的反抗意志，命令民间和军队猎杀虎、豹、猞猁、狼、野猪之类的"害兽"。1915年至1942年间，朝鲜总督府的统计中有100只左右的虎被猎杀。1924年1月31日江原道横城郡猎杀雌虎的事件是韩国境内最后一起确切的猎虎记录。

中国东北虎的分布区首先是由南向北，然后是由西向东退缩。20世纪初辽东地区还有虎的分布，50年代便向吉林退缩。1974—1976年调查表明，20世纪70年代东北虎已经在大兴安岭绝迹。50年代小兴安岭东北虎数量仍然很多，1976年调查证明只有4只东北虎，这时分布明显向东退缩。目前，野生东北虎在中国的分布已退至松花江南岸，集中在乌苏里江和图们江流域的中俄边境地带，在黑龙江省、吉林省与俄罗斯境内相互流动。由于人类大面积砍伐森林，大量捕杀食草动物，处于食物链顶端的东北虎生境逐渐被破坏，数量开始减少。人类为获取虎骨、虎皮

▲ 图5.17 韩国国立博物馆藏《山神图》

乱捕滥杀的行为，更是直接导致东北虎数量急剧减少。人类活动诸如农耕、放牧和森林砍伐等的频繁干扰，导致了人虎冲突加剧，严重影响东北虎种群的恢复与扩散。

中国第一张利用远红外线照相机拍摄的野生东北虎照片诞生于吉林珲春东北虎国家级自然保护区内。①2003年1月22日下午，珲春保护区管理局接到闹枝沟村村民杨建军的报告，说自家放养的一匹大骒马死在苞米地里，周围是散乱的老虎足迹，怀疑是东北虎袭击所致。1月23日上午，保护区管理局派出工作人员前往现场勘察。此时大骒马的尸体已被虎拖至50米外的疏林地内，测量虎足印长13厘米、宽12.5厘米，掌垫宽9.5厘米，是一只成年虎的足迹。马尸臀部已被掏开，但只被吃掉一小部分，东北虎有可能再回来取食。1月24日下午，工作人员再次来到闹枝沟村时，见马尸又被移动了数米，他们随即把国际野生生物保护学会（Wildlife Conservation Society, WCS）捐赠的远红外线照相机架设在距马尸8米远的小树干上，等候激动人心的时刻到来。1月25日早晨6点半，保护区管理局的5名工作人员驱车再赴60公里远的闹枝沟村搜索现场，发现马尸又被移动了，虎的足迹又增多了。卸下树干上的照相机，发现相机的计数器清楚地显示数字已从1变化为4，经过处理，3张成像清晰、生动的野生东北虎照片得以在全国发布（图5.18）。

◀ 图5.18 2003年1月吉林珲春保护区管理局工作人员运用远红外线拍摄技术拍摄到的野生东北虎取食照片

① 周长庆、徐家军：《我国首张野生东北虎取食照片在吉林珲春"诞生"》，新华网，2003年1月25日。

为从根本上遏制生态环境恶化，保护生物多样性，促进社会经济的可持续发展，中国实施了天然林保护工程，2014年停止了商业采伐，森林生态系统逐渐得到恢复。2014年10月，1只雄性东北虎从俄罗斯境内穿越黑龙江游向对岸的中国境内，绝迹近40年后，小兴安岭重现东北虎。这只孤独的老虎在小兴安岭游荡了64天。2019年10月，又1只雄性东北虎进入小兴安岭，活动了3个月以上时间。2020年4月，4只东北虎同时出现在小兴安岭半个多月。2021年11月13日晚，吉林省汪清森林公安局沙金沟派出所民警在辖区内巡逻时偶遇一只野生东北虎。据悉，那是该月内汪清县境内发生的第二起人虎相遇事件。可见，随着森林生态系统的恢复，越来越多的东北虎进入小兴安岭。

2021年4月23日，一只东北虎误闯黑龙江省密山市白鱼湾镇临湖村（图5.19），①该村紧邻中俄界湖兴凯湖。东北虎扑伤田间劳作的一名农妇，损坏新闻采访的一辆汽车，后被麻醉捕获，送往牡丹江市海林市横道河子东北虎林园隔离观测。该虎评估虎龄2～3岁，雄性，体重225千克，体格强壮威猛。因发现地属于完达山区域，为东北虎自然分布区，故被国家林业和草原局命名为"完达山1号"。5月18日，该虎在黑龙江省穆棱市东兴林场被放归山林，宣告中国首次野外救护东北虎获得成功。东北林业大学科研团队对"完达山1号"野外放归后的活动轨迹、健康状况、生存能力进行了持续的跟踪监测，据报道消息，"完达山1号"在放归后的183天里总扩散路程达1554.07千米，东西跨度180千米，南北跨度100千米。

▲ 图5.19　2021年4月23日一只东北虎误闯黑龙江省密山市白鱼湾镇临湖村，后被捕获并放归，命名为"完达山1号"

① 马俊玮：《黑龙江密山：边陲村落惊现野生东北虎》，央广网，2021年4月23日。

附编

虎啸亚洲

　　1974—2000年间，黑龙江省组织了4次大规模的东北虎种群数量调查。结果显示，东北虎种群数量从1974—1976年的81只下降到1999—2000年的5～7只，2001—2013年种群数量增加至12～14只。北京师范大学虎豹研究团队在原国家林业局、吉林省林业厅、黑龙江省森林工业总局的大力支持下，开展了长达10年的定位监测，并建立了中国野生虎豹观测网络。通过10年的红外相机监测数据发现：2012—2014年间，中国境内东北虎已达到27只，野生东北虎面临着种群恢复和保护的重要机遇。2021年10月12日，东北虎豹国家公园正式设立，它是中国宣布成立的第一批五个国家公园之一。经过4年试点，该公园监测到的野生东北虎、东北豹数量由试点设立之初的27只和42只分别增长至50只和60只，监测到新繁殖幼虎10只以上、幼豹7只以上。

　　建设东北森林带生态保护和修复重大工程的重大举措，加强了东北虎、东北豹等旗舰物种的生境保护和恢复，连通了物种迁徙扩散生态廊道。2017年8月，东北虎豹国家公园管理局成立，是第一个由中央直接管理的国家公园管理机构。试点选址于吉林、黑龙江两省交界的老爷岭南部区域，东起吉林省珲春林业局青龙台林场，与俄罗斯滨海边疆区接壤，西至吉林省汪清县林业局南沟林场，南自吉林省珲春林业局敬信林场，北到黑龙江省东京城林业局奋斗林场，规划总面积146.12万公顷，其中吉林省片区占71%，黑龙江片区占29%。试点包含12个自然保护地，其中有7个自然保护区、3个国家森林公园、1个国家湿地公园和1个国家级水产种质资源保护区。

　　据悉，目前生活在中国各动物园、虎繁育中心的圈养虎数量大约为6000只，其中一半以上是东北虎，数量超过3000只。

　　中国横道河子猫科动物饲养繁育中心（黑龙江东北虎林园）　位于哈尔滨松花江北岸，占地面积144万平方米，拥有各种不同年龄的纯种东北虎1300余只，是世界上最大的野生东北虎人工饲养繁育和野化训练基地，承担国家林业和草原局东北虎种源繁育、野化训练、科学研究和对外交流等重要任务。

　　中国横道河子猫科动物饲养繁育中心（横道河子东北虎林园）　位于黑龙江省牡丹江市海林市横道河子镇东301国道210公里处的路旁，占地面积14万平方米，其中猛虎园占地7万平方米。现有纯种活体东北虎

400余只，其中有近200只纯种活体东北虎在繁育区作为种虎进行科普饲养繁育。其余的200余只活体虎、非洲狮和极其罕见的狮虎兽、白虎、白狮等，供游客游览、观赏、学习。该园是以旅游、观赏、饲养、科研、野化训练、资源开发为一体的综合性旅游企业。

桂林雄森熊虎山庄 位于广西壮族自治区桂林市两江国际机场路沙塘大圆盘处，占地面积50多万平方米。2022年有东北虎、华南虎、孟加拉虎、白老虎共1000多头，黑熊400多头，狮子100多头，以及豹、蛇、猴、鸟等保护动物，为世界最大的黑熊、老虎科研、繁殖、野化、观赏、游乐基地，也是中国东北林业大学野生动物资源学院教学科研基地和中国广西珍稀濒危野生动物救护研究中心、猫科动物繁育基地。

吉林省东北虎园暨吉林省野生动物救护繁育中心 占地面积50余万平方米，位于长春市东南部净月潭国家级森林公园内，是以散养东北虎为主的生态型野生动物园，也是集东北虎等珍稀濒危野生动物救护、繁育、野化以及观赏为一体的全省最规范的野生动物救护繁育驯化基地。

沈阳怪坡虎园 位于沈阳沈北新区清水台镇内帽山西麓，是目前辽宁地区最大的人工饲养、繁育东北虎基地，占地面积20万平方米，现有东北虎100只。

广州长隆野生动物世界（原广州香江野生动物世界） 位于广州市番禺区大石街道香江大道，被誉为中国综合规模最大、最具有国际水准的国家级野生动物世界。目前长隆野生动物世界拥有华南虎、孟加拉虎和东北虎等虎种300多只，其中超过150只为白虎，是世界上白虎最多的园区。

华南虎

华南虎（*Panthera tigris amoyensis*）又称厦门虎、南中国虎。因其仅在中国分布，是中国特有的虎亚种，故称"中国虎"。

华南虎的学名是1905年由德国动物分类学家Max Hilzheimer依据5个来自汉口（今武汉）的虎头骨标本定名的。其中第三个拉丁词

"amoyensis"采自华南虎的最早记载地——厦门，amoyensis就是英文Amoy（厦门）的拉丁化名词，而Amoy是闽南语"厦门"的英译音。1858年，美国自然学家卡德威尔（Harry R. Caldwell）在厦门岛上发现这种体形小于东北虎、毛色金黄深浓、头部有"王"字斑纹的新虎种后，兴奋地向世界发布了消息，并将此虎取名"厦门虎"。19世纪，"厦门虎"广泛地分布于华南地区，因此也称"华南虎"。历史上，华南虎的产区极广，既包括华东的浙、闽、皖，华中的湘、鄂、赣、陕、豫，华南的粤、桂，有时也会出现在西南的滇、黔、川部分地区，所以世人也常称华南虎为"中国虎"。中国是华南虎的特产地，即华南虎是亚洲其他国家所没有的。

华南虎头圆，耳短，四肢粗大有力，尾较长，胸腹部杂有较多的乳白色，全身橙黄色并布满黑色横纹。（图5.20）毛皮上有既短又窄的条

▼ 图5.20　被圈养的华南虎

纹，条纹的间距较孟加拉虎、西伯利亚虎的大，体侧还常出现菱形纹。华南虎的头骨要明显小于东北虎和印支虎。雄虎、雌虎从头至尾体长分别为2.5米、2.3米；体重分别为150千克、120千克；尾长80～100厘米。华南虎主要生活在中国南方的森林山地，以草食性动物野猪、鹿、狍等为食。

　　野生华南虎残存的种群数量究竟还有多少呢？20世纪90年代较公认的说法是20～30只。这是1990年10月至1991年2月期间，WWF和中国国家林业部联合开展华南虎野外种群调查及其栖息地评估时评估的数量。考察队未曾目睹华南虎，但确实看到不少物证，包括脚印、爪痕和一些遗物，都是在不久前留下的；同时还访问过不少人证，得到比较可信的证言。WWF的盖利·M.科勒（Gary M. Koehler）在报告中表明相信确有一些华南虎分布在广东、湖南、江西和福建四省广阔地域，而且还有继续生殖的迹象。其间的1990年10月21日，科勒夫妇在广东车八岭国家级自然保护区天平架考察时，在山脊路边发现了两处虎的挂爪痕迹，挂爪痕迹宽16厘米、长60厘米。科勒夫妇高兴地确认车八岭有虎。

　　2000年7月至2001年12月期间，国家林业局保护司指定国家林业局野生动植物研究发展中心组建华南虎调查中心组，并责成各相关省林业厅保护管理机构成立华南虎调查组，开展中国华南虎野外种群调查。此后，在调查工作进行过程中的2001年3月至12月，美国虎和犀牛保护基金会、拯救中国虎联合会还资助了以罗恩·提尔森（Ron Tilson）先生为首的虎调查研究小组来华开展为期6个月的实地调查，中方配合了国外专家的调查活动。

　　自1993年至2000年6月，按照国家林业局（1998年3月以前为林业部）要求，各省区采用信息员收集华南虎踪迹信息的办法，共收集到有关目击、虎啸、挂爪、足迹、粪便、毛发和被食猎物尸骨等各类信息2000余条。综合分析这些信息的可能性、可靠性及与自然地理单元、地形地势和植被的关联性，尤其是结合本次华南虎各省区调查结果，初步确认华南虎潜在分布的地理区。虽然未曾目睹华南虎，但根据该次华南虎调查掌握的证据和信息，在中国南方仍应生存有华南虎野外种群，并且不同种群间被地形所隔离，形成4处隔离分布区。具体如下：

　　东部分布区——以浙江省百山祖保护区和福建省梅花山保护区为主

体的武夷山、仙霞岭和雁荡山区域。其中，浙江百山祖自然保护区及周边通连的自然区域面积达620平方千米；福建梅花山自然保护区及周边通连的自然区域面积达730平方千米，清流县及周边自然相通区域面积达380平方千米。

西部分布区——以湖南省壶瓶山和桃源自然保护区为主体的雪峰山，经武陵山至西部的大娄山，系贵州高原向东北方向的突出部分。其中，湖南壶瓶山保护区及周边通连的自然山地面积达640平方千米，桃源自然保护区及周边通连的自然山地面积达460平方千米。

中部分布区——以江西省宜黄、乐安丘陵和湖南省莽山保护区为主体的武夷山西北余脉直至南北走向的罗霄山脉，并与湖南、江西交界的丘陵山地区域相连。其中，江西宜黄、乐安扩伸至崇仁、宁都的相通连的丘陵区域面积达1200平方千米；与湖南省莽山保护区相通连的自然山地面积达2480平方千米。

南部分布区——以粤北车八岭等自然保护区为主体的粤北南岭山脉，自然相通山地区域面积达1650平方千米。

现在没有证据表明各大区之间仍然存有华南虎的生态走廊，出于农业、公路和自然地貌等原因，现几大主分布区之间的生态通道已被阻断，无法实现主分布区之间华南虎野外种群的自然联系。

中国特产的华南虎没有东北虎那样幸运。2002年11月，提尔森博士宣布中国虎已经在野外灭绝。2007年4月，在尼泊尔首都加德满都召开的国际虎会议上，中国政府承认没有华南虎在野外存在的确切证据。近几十年来，野外没有发现过一只华南虎，按照《濒危野生动植物国际贸易公约》规定，连续50年找不到某种动物在野外的踪迹，则该物种宣告野生灭绝。

实际上，数十年来，林业主管部门和野生动物保护专家从未得到任何有关野生华南虎可信的图像信息和其他见证记录，也未曾见过或捕获过活体虎。从国家林业主管部门组织的几次野外种群调查看，主要证据来源包括历史资料收集、访问调查、实地勘察、痕迹鉴定和粪便基因分析等类型，再经过综合分析、科学评估后得出野外种群分布和数量情况的结论。乱捕滥猎、过度的经济活动、栖息地缩小和破碎化是导致目前华南虎极度濒危甚至难觅其踪迹的主要原因。

中国华南虎的圈养始于1955年。当年从四川野外捕捉了一只雌性华南虎，唤作"猛子"，谱系号为"1"。该虎先被运到河北，暂养一段时间后转运到上海圈养了15年，1970年又被运到合肥逍遥津动物园，同年死去。1957—1963年，贵阳黔灵公园先后从省内铜仁、威宁、毕节、修文、清镇、长顺等地共收购野生华南虎12只，建立起了全国首座华南虎人工繁育种群基地。该园繁殖的所有华南虎均属1958年从清镇采集到的野生公虎的后代。清镇公虎于1963年分别与1958年从长顺、1959年从毕节捕获来的2只母虎交配，当年毕节母虎产下1只雌崽、长顺母虎产下1雄1雌2只崽。后来该园留养了2只雌崽。

新中国成立后，全国先后将18只从野外捕获的华南虎送入动物园，其中有6只（2雄4雌）留下后裔，这6只野生华南虎是全国所有圈养华南虎的共同祖先。从20世纪70年代起至今，全国的动物园连一只野生虎也未能收到。自从上海动物园的雌虎小福于1983年死去后，全国动物园圈养的华南虎中再没有一只是野生的了。

人工圈养的华南虎种群的遗传基因在现有圈养华南虎种群，也即它们的第四代、第五代、第六代等以后各代子孙中的分布很不均匀，近亲繁殖严重。其野生的遗传基因已丧失了20%以上，大约仅有78%被保留下来。由于近几十年来人工圈养的华南虎种群中再也没有补充过一只野生虎，很难避免近亲交配。有学者在1996年对当时圈养的51只华南虎做过生殖方面的研究，结果发现，51只虎中的64%即42只源自2只野生华南虎个体。高度近亲导致雄性虎精子活力降低和初生崽兽的高死亡率——30日龄内的崽兽平均死亡率为45%。1985—1995年曾出现华南虎种群接近零增长的现象。另一方面，园生动物经过若干代之后，不仅生理、心理和习性上的野性和活力降低，而且由于缺少基因多样性，不可避免地出现种的弱化和退化现象。据对1998年圈养的50只华南虎所做的遗传学分析，学者计算出了圈养华南虎的近交系数在0.0000～0.2500之间，其中仅有6只虎的近交系数是0，而有30只虎的近交系数大于或等于0.25，近亲繁殖情况相当严重；平均亲缘关系在0.0716～0.3383之间，反映出虎之间的血缘关系很近。

"近交系数"是近亲交配强度的度量，用小数表示，最高为1.0，最低为0。若雌雄两虎没有共同的祖先，它们后代的近交系数是0；若为半同胞（同父异母或同母异父），后代的近交系数是0.125；全同胞（同父同母），后代的近交系数是0.25；若它们的后代继续近亲交配，下一代的近交系数将更高。当近亲系数达到一定高度后，它们的基因多样性就有突然崩溃的危险，从而导致华南虎种群的灭绝。"平均亲缘关系"是表示某一动物个体与种群中其他动物血缘关系远近的尺度。这个值越小，说明这个个体在种群中的亲属越少，它们的繁殖就越有价值。近亲繁殖导致了虎的质量下降，数量增长缓慢。还有一个现象是雌少雄多，比例失调，特别是能够配种的适龄雌虎太少，这些因素都制约了种群的复壮。

鉴于圈养种群数量增长缓慢的局面，因此有学者提出，迫切需要引进野生遗传基因，改良现有圈养虎的血统。理论上是这么说，但实际上并非易事。由于华南虎高度近亲繁殖以及长期圈养在笼中，过着"吃住无忧"的生活，它们开始出现一些退化的迹象，表现为体形相比以前捕获的野生华南虎明显要小，体质下降，生病的概率更高，而且受环境污染以及购买饲料中添加剂增多的影响，现在老年华南虎竟有一半死于胃癌、肝癌等肿瘤疾病。另外，目前刚出生的华南虎体形变小，"弱智"虎越来越多，存活率低。

华南虎野外灭绝或成不容争辩的事实。即使野外残存，零星地分布在几个彼此孤立的岛状栖息地内，分布区之间的生态通道已被阻断，在每年的发情繁殖季节，雌雄个体相互主动寻找对方交配变得困难，极易发生遗传联系的中断。分布区内的小种群虎之间发生的近亲繁殖，会造成遗传多样性的减少，威胁种群存亡。再者是虎的寿命不足20年，育龄期就更短，有繁殖能力的数量更少。还有我们对于野外种群分布、数量、繁殖行为以及种群结构等数据无从了解，例如，这些残存虎的雌雄性比、年龄结构、健康等因素，都制约着野外虎的存亡。可以说，已不指望野生虎对于种群复壮能够发挥什么样的作用了。因此，保存和复壮现有的圈养虎种群资源才是首要且最有效的途径。

可喜的是，为了保存华南虎的遗传基因，上海动物园已经建立了世界上首个华南虎基因库，将上海、苏州、重庆和广州圈养的几十只华南虎的皮下组织、血清和精液置于在零下176 ℃的液氮罐里冷冻起来，为华南虎保存了比较完整的遗传多样性。将来只要条件具备，就可以用基因样本开展克隆华南虎的研究。广东的"华南虎纤维细胞保存与永生化"项目也正式展开，通过保存现有每只华南虎的活体细胞，让其保持继续繁殖，待日后技术发展，可将活体细胞用于克隆华南虎。

为挽救和扩大华南虎种群，中国动物园协会于1995年成立华南虎保护协调委员会，当时全国21家成员单位共圈养华南虎47只。目前，华南虎的委员单位共有上海、重庆、广州、苏州、福州、南昌、成都、洛阳、贵阳、杭州、深圳、广州香江、梅花山、韶关、南非（老虎谷）、郑州、临沂等18家动物园（野生动物园、华南虎研究所、训练基地）。华南虎保护协调委员会针对华南虎保护，制定了《华南虎饲养管理规范》《华南虎移地保护公约》《华南虎保护规划》等制度，每年制定华南虎配对和移动方案。据中国动物园协会提供的数据，截至2011年10月底，圈养华南虎数量108只，其中51雄57雌；截至2019年底，圈养华南虎数量204只，其中还包括在南非老虎谷进行野化训练的华南虎。

中国于1952年冬送过一对华南虎到苏联莫斯科，此后北京动物园还送过几只华南虎给苏联中央动物园，由此繁殖出数十只华南虎。但随着中苏关系僵化，苏联圈养的华南虎不再有新的种源补充，最终于20世纪80年代死绝。由于目前全世界不再有任何一个国家饲养展出华南虎，因此中国圈养的华南虎以及南非野化训练的华南虎也就是全世界圈养的华南虎数量。

上海动物园自1958年开始饲养、展出华南虎，1959年首次繁殖华南虎，已先后共繁殖华南虎100多只，具有中国动物园中最大的华南虎种群。截至2021年10月，上海动物园区饲养华南虎数量共28只。

苏州动物园从1983年起引进1对华南虎进行移地保护研究。后来随着种群数量壮大，便成立中国华南虎苏州培育基地。截至2021年，苏州动物园共有华南虎15只，其中成年虎11只、虎崽4只。

1976—1977年间，广州动物园先后从上海引进雌雄2只华南虎，这2只华南虎于1980年生下雌雄双胞胎华南虎。广州动物园已成为华南虎繁育与研究的重要基地，2017年繁育成活5只华南虎。截至2017年10月，该园共饲养过华南虎30只，成功繁殖13只。

1985年，洛阳王城公园动物园从广州动物园引进雌性华南虎"花花"和雄性华南虎"华华"，开始饲养繁育华南虎，实现了华南虎在长江以北地区繁殖成活的突破。截至2020年底，洛阳王城公园动物园现有饲养华南虎数量50只，保持全国第一。

2007年，南昌动物园成功繁殖华南虎。截至2020年底，该园圈养华南虎数量达到46只。

2007年12月，重庆市动物园从上海动物园引进2只华南虎，启动"华南虎圈养种群复壮工程"。2010年5月两虎成功交配，同年9月产下一崽。2015年2月，重庆动物园华南虎妈妈"复复"先后分娩2只幼崽，并自然哺育成长。至此，该动物园华南虎的数量为9只。

2009年，成都动物园从上海动物园引进1对华南虎，2018年1月首次繁殖成活2只华南虎幼崽。

中国华南虎保护繁育基地主要有：

中国华南虎苏州培育基地　位于中国江苏省苏州市吴越路上方山森林动物世界内。2016年10月，苏州动物园新址——上方山森林动物世界建成开放，总占地面积4.7公顷，其中建筑面积3082平方米。截至2015年6月，中国华南虎苏州培育基地共有华南虎15只。

梅花山华南虎繁育研究所　为国内重要的华南虎保护繁育基地。1998年，福建省龙岩市从苏州动物园引进3只种虎，建立梅花山华南虎繁育研究所。截至2018年，龙岩梅花山华南虎繁育研究所共有18只华南虎，基地内的6只种虎经过野化训练，已具备一定的野外生存和捕食能力。

粤北华南虎驯养繁殖研究中心　2008年成立，位于韶关国家森林公园主峰莲花山下，是广东省唯一的华南虎驯养繁殖基地。当年12月，研究中心从福建梅花山引进华南虎"王子"和"公主"进行繁育研究，实行半野化管理。截至2021年，华南虎数量发展到了13只。

"拯救中国虎国际基金会"创始人全莉女士从2000年起相继在英国、美国和香港注册创立慈善基金会，旨在拯救中国虎，项目的绝大部分赞助资金由全莉女士的丈夫、美国人博锐（Stuart Bray）提供。全莉女士和丈夫在南非自由州和开普省交界处购买了17个废弃的私人牧羊场，用作虎野化训练基地，并以此为基础，建立了老虎谷（Laohu Valley）保护区。为了改变华南虎即将灭绝的命运，基金会采取了前所未有的拯救措施：将华南虎放出牢笼，进行有效的繁育，壮大华南虎种群数量，野化以恢复其野性，最后重新引进中国野外，回归中国本土面积较大且安全的栖息地。2002年11月，常设于英、美的野生动物保护组织拯救中国虎国际基金会与中国国家林业局下属全国野生植物研究与发展中心和拯救中国虎国际联合会南非项目中心（为拯救中国虎国际基金会为运作计划的实施而设立的执行机构）在北京签署合作协议，旨在中国虎的繁育、野化和重引入中国野生栖息地。2003年9月至2007年4月，中国先后组织2雄3雌共5只华南虎赴南非老虎谷参加野化训练和繁殖计划。野化训练基地距离南非最大城市约翰内斯堡600多千米。老虎谷方圆330平方千米，横跨自由、北方两省，里面有可供虎狩猎的10多种本地猎物，如南非白面大羚羊、跳羚、大角斑羚、黑角马、斑马、鸵鸟、剑羚，还有黑背胡狼、狞猫等小型食肉动物。经过数年的野化训练，华南虎的子二代在南非的土地上学会了躲避风雨和炙热阳光的生存技巧，从抓家养的小鸡到野生的珍珠鸡，再到捕猎在大自然中生长的野生白面羚羊，还学会了迂回包抄、以逸待劳的捕食技巧，掌握了捕猎普通食草野生动物的本领。

拯救中国虎项目是一件费钱的事情，光前期购买非洲营地就投入了400万美元，野化过程中的花费也相当昂贵。虎追杀的每一只羚羊都是基金会花200美元买来投放到营地里的，每月每只虎的野化食物费用都要2000~4000美元，仅南非的这个项目，每年至少要100万美元的花费。

截至2013年8月，在南非进行野化的华南虎共有3代15只。2014年，虎总数增加到18只。2016年，虎的总数增加到26只。

由于婚变，2015年全莉女士发微博称自己从2012年开始就不再参与华南虎相关项目，老虎谷目前只能暂时在当地运营，同时不得不控制基地华南虎的数量。原定2008年首批野化华南虎回国计划变得杳无音讯、遥遥无期。

就在第一批华南虎被送往南非进行野化训练的同时，经原国家林业局批准，全国野生植物研究与发展中心和拯救中国虎国际基金会组织国内外野生动物保护、栖息地评估、社会经济和可持续发展等领域的专家，于2003年11月、2004年2月和2004年5月分别对江西、福建、湖南和重庆等省（直辖市）申报的7处华南虎野化放归实验区候选地点的自然环境和栖息地条件进行了三轮实地考察和综合评估，具体的考察地点为重庆开县雪宝山、城口大巴山，湖南浏阳株树桥，江西乐安、宜黄和资溪，以及福建梅花山。根据考察组的建议，2006年3月16日，国家林业局发布《国家林业局关于做好推进华南虎野化放归工作的通知》，正式将江西省资溪县北部和湖南省浏阳市株树桥规划为首批实施华南虎野化放归区。遗憾的是，放归区却没有实质性进展。2010年，国家林业局发文正式确认湖北省宜昌市五峰后河、江西马头山、湖南壶瓶山3处自然保护区为华南虎放归自然实验区。然而，这3个保护区的面积分别只有410平方千米、139平方千米、666平方千米，不能承载足够多的有蹄类动物供养虎，因此不为中外专家所看好。有观点认为，"放虎归山"倒不如保护虎的栖息地，有了足够承载野生华南虎生存的栖息地以后，免去野化训练，完全可以直接把圈养虎放归山林。然而，也有专家直言指出，大型食肉动物的"重引入"，即把圈养的食肉动物放归原栖息地行为，鲜有成功案例。一旦圈养虎放归自然，那么圈养虎因习惯了与人亲近相处，全然不知人会产生危险行为；养殖牲畜比野生动物更容易捕捉，虎的回归对于人畜安全极可能造成严重危害。这些情形，将难免导致虎再次遭受猎杀和不幸。

野外恢复最行之有效的办法是保护栖息地，依靠野生虎自然繁殖恢复。华南虎野外种群已经没有指望，目前圈养华南虎最让人担忧的问题是基因已经不完全纯种，圈养保种的意义将会大大削弱。但是希望还在，中国境内仍有野生东北虎的分布，只要拥有足够广阔的活动区域和充足的猎物，完全可以实现种群的自然恢复。俄罗斯的西伯利亚虎（东北虎）在过去50年增加了10倍，就是最好的例证。

征引图片来源

图号	图名	图源
序 从《西游记》说起		
I	邮票《西游记》（孙悟空）三打白骨精	中国邮政集团公司：《中国邮政定于2019年4月20日发行〈中国古典文学名著——《西游记》（三）〉特种邮票（4-1）T三打白骨精》，中国邮政网站，2019年3月29日
II	邮票《敦煌壁画》北魏·萨埵那太子舍身饲虎	T116M敦煌壁画（第一组）（小型张）北魏·萨埵太子舍身饲虎，中国邮政·邮票印制局
III	台北故宫博物院藏《五代人画伏虎罗汉轴》	"五代人画伏虎罗汉轴"词条，百度百科
IV	印度教三大主神之一——湿婆	中印大同网：《印度版封神榜——印度教众主神像》，"中印大同网"搜狐号，搜狐网，2017年3月25日
第一编 图腾崇拜		
1.1	山顶洞人遗址出土的各类穿孔兽牙	"穿孔兽牙"词条，360百科
1.2	山顶洞人遗址出土的一枚虎骨磨制加工而成的骨针	《至少要多少人才能延续文明？孤岛效应或正在扼杀人类文明》，"SME科技故事"百家号，百度网，2019年3月24日
1.3	蚌壳摆塑的龙虎图案	《历史大揭秘｜西水坡遗址M45的墓主人真是颛顼吗？》，"楚道文化"搜狐号，搜狐网，2017年3月15日
1.4	宁夏大麦地"虎王"岩画	《中卫岩画——北方狩猎文化"陈列馆"》，"中卫天天网"搜狐号，搜狐网，2021年9月6日
1.5	阴山岩画"群虎图"	郝云艳：《阴山岩画-群虎图》，转自内蒙古旅游网，凤凰新闻，2018年11月21日
1.6	康家石门子岩画	毛玉婷：《新疆天山岩画与凉山青铜人物构图"撞了脸"》，"四川新闻客户端"搜狐号，搜狐网，2016年11月8日
1.7	东汉摇钱树饰西王母像	东汉摇钱树，绵阳市博物馆网站

（续表）

图号	图名	图源
1.8	龙提梁飞虎凤钮铜壶	《【关注】到泾川县博物馆看泾川、灵台馆藏精品铜器联展》，"泾川县博物馆"搜狐号，搜狐网，2019年5月31日
1.9	后母戊大鼎，鼎耳外廓纹有两只猛虎，虎口含人头	"商后母戊鼎"词条，百度百科
1.10	虎食人卣（日本泉屋博物馆藏）	"商虎食人卣"词条，百度百科
1.11	虎食人卣（法国巴黎赛努奇博物馆藏）	陈琳摄于法国巴黎赛努奇博物馆
1.12	妇好钺，饰双虎噬人纹	张翀：《商周铜器双身龙纹非"肥遗"说兼论其图像辨析》，"学衡"搜狐号，搜狐网，2017年8月21日
1.13	龙虎纹青铜尊，饰三组虎噬人纹	《这些著名的青铜器，堪称无价之宝！》，"华辰翡翠世家"搜狐号，搜狐网，2018年12月23日
1.14	三星堆青铜龙虎尊	《老虎吃人的青铜器我还是第一次见！》，"西泠文艺圈"搜狐号，搜狐网，2018年1月17日
1.15	虎簋	《上海博物馆馆藏虎簋》，转自上海博物馆，中国文物网，2014年6月16日
1.16	虎鎣	《国宝青铜"虎鎣"终回家》，体育奥运收藏网，2018年12月29日
1.17	虎纹石磬	《磬中之王——虎纹石磬丨国博·讲述》，"小博"搜狐号，搜狐网，2018年3月25日
1.18	四虎镈	"四虎镈"词条，百度百科
1.19	虎座鸟架鼓	《湖北省博物馆十大"镇馆之宝"正式揭晓！》，转自湖北日报，"湖北发布"百家号，百度网，2020年12月13日
1.20	虎纽錞于（万州）	《窥探历史文物之镇馆之宝#重庆三峡博物馆》，"背包趣旅行"搜狐号，搜狐网，2020年6月22日
1.21	虎饰匕形器	虎饰匕形器，山西博物院网站
1.22	虎纹铜戈	战国虎纹铜戈，四川博物院网站

（续表）

图号	图名	图源
1.23	商代虎纹花土	杭州一色美术馆：《虎年说虎，看遍文物里的"虎"文化》，知乎专栏，知乎，2022年3月5日
1.24	妇好墓玉虎	玉虎，中国国家博物馆网站
1.25	妇好圈足铜觥	《妇好墓出土文物长沙展出　呈现殷商王后允文允武一生》，转自澎湃新闻，新浪网，2017年11月1日
1.26	三星堆铜虎	"商铜虎"词条，百度百科
1.27	三星堆铜虎形器	常山赵子虫：《三星堆有一件虎形器，它的作用没人知道，自身带有三个"谜"团》，"历史店"百家号，百度网，2021年5月11日
1.28	金箔虎形器	"商金箔虎形饰"词条，360百科
1.29	兽面纹虎耳虎形扁足鼎	《商代遗珍——江西新干大洋洲出土文物精品》，"典藏拍讯"搜狐号，搜狐网，2020年6月2日
1.30	兽面纹虎耳青铜方鼎	《看首都博物馆"望郡吉安"特展，体味别样商代江南风貌》，"御凰品冰岛"搜狐号，搜狐网，2019年6月13日
1.31	商伏鸟双尾青铜虎	商伏鸟双尾青铜虎，江西省博物馆网站
1.32	漆木虎	《中国漆器——震撼的美》，"卞氏拍卖"百家号，百度网，2019年5月25日
1.33	晋侯牛虎匜	《晋侯牛虎匜》，转自太原日报，山西省政协网站，2022年7月1日
1.34	黄地黑彩雁衔芦苇纹虎枕	黄地黑彩雁衔芦苇纹虎枕，上海博物馆网站
1.35	赤乌十四年款青釉虎子	芝润斋：《中国古代陶瓷壶类之虎子》，个人图书馆，2014年8月3日
1.36	青黄釉虎形灯座	伍显军：《东晋瓯窑青瓷是如何发展起来的？》，转自《收藏家》2019年第8期《东晋瓯窑青瓷鉴赏》，"收藏家杂志"百家号，百度网，2019年11月15日

（续表）

图号	图名	图源
1.37	北宋寿山石雕虎	《福虎贺岁迎新春｜福建博物院"虎虎生福——壬寅虎年新春生肖文物（图片）联展"开展》，"文旅中国"搜狐号，搜狐网，2022年2月3日
1.38	北魏石虎	延边 孙桂华：《20201120洛阳博物馆》，美篇，2020年11月20日
1.39	西汉错金铭文虎节	《展览｜南北通融——南粤古驿道展》，"生活艺术地图"搜狐号，搜狐网，2017年9月1日
1.40	双虎耳蟠螭纹铜罍	广西壮族自治博物馆：《馆长说宝｜瑞虎腾跃迎新春》，腾讯网，2022年2月1日
1.41	西汉立虎辫索纹耳铜釜	汪舳、毛杭：《两千多年前的小火锅？烧烤炉？长啥样啊？贵州省博物馆给你揭秘→》，"百姓关注"公众号，2022年10月25日
1.42	牛虎铜案	《抚仙湖神秘水下古城"骗局"，信仰远比真相重要！》，"这里是抚仙湖"搜狐号，搜狐网，2019年4月15日
1.43	青铜鎏金虎噬羊形底座	《令人叹服的中国古代铸铜艺术》，"晒宝会"搜狐号，搜狐网，2017年5月22日
1.44	镶嵌红玛瑙虎柄金杯	镶嵌红玛瑙虎柄金杯，新疆伊犁哈萨克自治州博物馆网站
1.45	虎狼咬斗纹金带扣	《东方既白：中国的轴心时代——春秋战国（下）》，"收藏杂志"搜狐号，搜狐网，2018年2月20日
1.46	虎豕咬斗纹金带饰牌	《虎豕咬斗纹金带饰牌》，"考古"搜狐号，搜狐网，2021年2月24日
1.47	虎咬牛纹金带饰	《鄂尔多斯市博物院萌虎海报送祝福》，弘博网，2022年2月7日
1.48	虎首玉璜	《浅谈不同时期玉琥的特征！》，"玉器收藏"搜狐号，搜狐网，2020年7月14日
1.49	玉双虎首璜	刘阳：《纪录片〈如果国宝会说话〉再掀文化遗产热》，转自《人民日报》，"文化创意产业网"搜狐号，搜狐网，2018年1月20日

图号	图名	图源
1.50	璜形玉虎	玉从何来往何处：《湖北石家河玉器③：虎形玉器》，选自《龙山文化玉器如何三线西传》，百家号，百度网，2022年5月11日
1.51	玉虎头像	《『精』石家遗址出土的14件虎头像都在这！》，整理自荆州博物馆编著《石家河文化玉器》，"中国古玉"搜狐号，搜弧网，2019年5月13日
1.52	玉虎形跽坐人像	王晨：《「考古周口」三千年后的邂逅——长子口墓的发现与发掘》，转自周口日报·周道客户端，"周口融媒"搜狐号，搜狐网，2021年5月24日
1.53	战国金虎符	新芳：《虎年话虎符——从防护服上画的"金虎符"说起》，"西安晚报官方账号"百家号，百度网，2022年2月5日
1.54	秦杜虎符	《西安年味十足！陕西各博物馆推出180多项文化活动》，转自陕视新闻，"潇湘晨报"百家号，百度网，2022年2月2日
1.55	阳陵虎符	"秦阳陵虎符"词条，百度百科
1.56	新郪虎符	《今日欣赏-罗振玉临〈新郪虎符〉》，转自《北京晚报》，"态度日历"网易号，网易网，2018年3月20日；团结报团结网：《中国四大虎符之一的安徽新郪虎符，它的由来，你知道吗？》，新浪网，2019年12月30日
1.57	东郡虎符	"东郡虎符"词条，360百科
1.58	鸟兽纹镜	"鸟兽纹镜"词条，百度百科，
1.59	虎鸟螭龙纹阳燧	赵存华：《我国古代的光学成就之——青铜镜》，科学网博客，2011年8月23日
1.60	四叶八凤佛兽铜镜	《"镜里千秋——中国古代铜镜文化"展览在国博对公众展出》，"小博"搜狐号，搜狐网，2020年11月24日
1.61	罗地龙凤虎纹绣	"罗地龙凤虎纹绣"词条，360百科
1.62	霍去病墓卧虎石雕像	木剑温不胜：《茂陵博物馆霍去病墓石雕16件，有一件若匈奴人看到，必定气厥》，"佚名"搜狐号，搜狐网，2019年11月24日

（续表）

图号	图名	图源
1.63	献陵石虎	《迎接虎年：寻找陕西唐代陵墓前的石雕老虎》，"申威隆：陕西文博一哥"搜狐号，搜狐网，2022年1月30日
1.64	虎头帽将军俑	李夏恩：《"嗷呜"一声，虎年已至｜虎年说虎》，"新京报书评周刊"百家号，百度网，2022年2月1日
1.65	虎头帽武士俑	李立华：《戴"虎头帽"的唐代武士俑》，河北新闻网，2017年12月10日
1.66	东汉逐疫升仙图	牵我真：《南阳汉画馆 之祥瑞升仙图》，个人图书馆，2014年2月25日
1.67	虎车雷公图	杜晓君：《【书画世界】汉代画像石中"祈雨"图像溯源》，"书画世界杂志"搜狐号，搜狐网，2019年1月22日
1.68	墓门铺首衔环图	史立：《汉画像石中的辅首衔环》，《中国民族博览》2018年第22期
1.69	吴白庄汉墓画像石翼虎	茗山金芽：《吴白庄汉墓画像石》，豆瓣相册，豆瓣网，2015年4月3日
1.70	东汉西王母画像砖	"西王母画像砖"词条，百度百科
1.71	狩猎图	《陕西东汉画像石》，三秦游网，2013年10月11日
1.72	羽人戏龙虎	《【时代记忆】传承匠人精神演绎不平凡的传拓艺术人生——传拓技术传承人王春晓》，转自"时代记忆"搜狐号，"荣程联合"搜狐号，搜狐网，2020年7月22日
1.73	四神云气图	"四神云气图"词条，360百科
1.74	西汉白虎壁画	常书香：《洛阳日报：【网络述年】今年春节，洛阳古代艺术博物馆"不打烊"》，洛阳市文物局网站，2020年1月22日
1.75	九原岗北朝壁画（狩猎图局部）	理想国LIVE：《中国历史差不多一半时间都存在类似清朝的问题》，腾讯网，2022年3月9日
1.76	北齐高洋墓壁画（摹本）	零基础手绘：《北齐高洋墓壁画》，个人图书馆，2018年12月11日

图号	图名	图源
1.77	海昏侯墓琥珀虎形饰	《虎魄造办处：浅谈两汉魏晋南北朝琥珀兽形饰》，转自"虎魄造办处"微信公众号，"乐艺会"搜狐号，搜狐网，2019年8月27日
1.78	海昏侯墓青铜虎	刘立江的：《海昏侯五号墓中发现四件青铜器，青铜虎脚下有轮子，这是怎么回事》，"历史店"百家号，百度网，2021年3月6日
1.79	海昏侯墓玉剑璏	《千年大墓 惊世发掘——南昌海昏侯墓出土》，中国江西网
1.80	海昏侯墓青铜错金当卢	王金中：《古墓藏虎：刘贺时代老虎饰物的文化含义》，光明网，2018年10月26日
1.81	海昏侯墓青铜虎形镇	
1.82	海昏侯墓青铜虎头（钩纽刻纹）带钩	
1.83	青铜辕饰	
1.84	西藏虎毯	陆林汉：《非遗寻访｜以虎豹皮誉英雄：看西藏虎毯是怎样编成的》，澎湃新闻，2022年2月6日
第二编　民俗文化		
2.1	张天师执剑骑虎图	邰高娣：《年画中的"虎"：镇宅神虎，保吉除邪》，"澎湃新闻"大风号，凤凰网，2022年1月31日
2.2	虎字的演变	本书作者拼字
2.3	战国·秦　虎食雁纹瓦当	《虎雁纹瓦当，战国·秦》，"神人观天下"搜狐号，搜狐网，2020年9月24日
2.4	汉　陶白虎纹瓦当	"汉陶白虎纹瓦当"词条，360百科
2.5	汉代四神纹玉铺首	陈楠：《眼今生难忘——咸阳出土的国宝级文物欣赏》，"古玩大仙"搜狐号，搜狐网，2015年11月4日
2.6	邮票上的郁垒和神荼	心清迹然：《七律过年》，新浪博客，2016年2月5日
2.7	虎标万金油	虎标万金油，京东网
2.8	虎脚造型支脚的家具	轩品阁鸡翅木虎脚方凳，京东网
2.9	临袁侯铜虎符	"临袁侯铜虎符"词条，360百科

（续表）

图号	图名	图源
2.10	王命传任虎节	"战国王命传任虎节"词条，360百科
2.11	虎头木牌	滚滚：《盾牌不可怕就怕盾牌加火器：探秘〈武备志〉里的明代特色火器盾牌》，"冷兵器研究院"搜狐号，搜狐网，2018年8月1日
2.12	绿营虎头牌	滚滚：《除了卖萌还有更深的用意？为啥清军那么喜欢使用虎头盾牌？》，"冷兵器研究院"搜狐号，搜狐网，2018年7月26日
2.13	"夜老虎团"——模范红五团锦旗	"模范红五团"词条，百度百科
2.14	"攻如猛虎英雄连"锦旗	《【英雄部队永向前】猛虎三连：传承"攻如猛虎"精神，锻造"战无不胜"连队》，华夏经纬网，2021年10月20日
2.15	朝鲜战争中被中国人民志愿军缴获的韩军"虎头旗"	"白虎团"词条，百度百科
2.16	"飞虎队"队徽	真甜丸：《来华助战洋人，军民一体救护》，飞机模型吧，百度贴吧，2019年8月4日
2.17	国民党军队的"飞虎旗"	xyh007：《抗战中获得荣誉旗（飞虎旗）的部队》，知乎，2021年3月27日
2.18	明　四品武官虎补	《【活动报名四】小课堂　大历史|万万没想到！成语"衣冠禽兽"居然曾是褒义词？》，"台州市博物馆"搜狐号，搜狐网，2018年2月21日
2.19	"黎侯虎"	"黎侯虎"词条，360百科
2.20	虎头帽	《黄河非遗——虎头帽》，黄河文创网，2021年11月17日
2.21	虎头鞋	大位聊科技：《追忆虎头鞋》，新浪网，2022年3月22日
2.22	面老虎	《手工艺|古州平定指尖上的虎文化》，"影子之美自游之旅"网易号，网易网，2022年1月31日
2.23	泥塑虎	"凤翔泥塑"词条，360百科

图号	图名	图源
2.24	剪纸虎（刘静兰《艾虎》）	《内蒙古非遗——内蒙古虎文化剪纸作品展示》，转自内蒙古文化和旅游厅，"一起读书吧"搜狐号，搜狐网，2022年4月15日
2.25	五代《二祖调心图》	"宋石恪二祖调心图"词条，360百科
2.26	南宋　牧溪《虎图图轴》	《古代近代——名家画虎》，"无岸的海"百家号，百度网，2022年2月3日
2.27	元　佚名《元人画虎轴》	"元人画虎轴"词条，百度百科
2.28	明　朱端《弘农渡虎图》	朱端弘农渡虎图轴，故宫博物院网站
2.29	明　戴进《伏虎罗汉图》	自华居：《明代画家戴进作品欣赏》，个人图书馆，2017年3月17日
2.30	清　马负图《虎图》	《"虎出没"，带你看看古画里的"完达山1号"》，"历史研究"搜狐号，搜狐网，2021年5月8日
2.31	清　高其佩《猛虎图轴》	〔清〕高其佩：《猛虎图》轴，中华珍宝馆网站
2.32	清　华嵒《蜂虎》	汪映雪：《虎虎生威纸上雄风——漫谈中国历代虎画》，"文字的荒岛"搜狐号，搜狐网，2022年1月21日
2.33	清　郎世宁《虎》	欢喜：《清代著名宫廷画家——郎世宁〈虎〉》，个人图书馆，2021年6月1日
2.34	齐白石《虎图》	齐白石：《虎图》轴，故宫博物院网站
2.35	高剑父《君威》1919年（注：高剑父早年之作多款署高麟）	《中国年，中国虎！》，"东方文化杂志"网易号，网易，2021年1月28日
2.36	张善孖虎画	laobing719：《历代名家画虎，形神兼备、霸气十足可驱狼！！》，个人图书馆，2018年12月15日
2.37	刘奎龄虎画	《刘氏父子画虎，一呼啸震云空》，"红楼旧梦"搜狐号，搜狐网，2022年1月2日
2.38	徐悲鸿《骑虎财神像》1943年	《古代近代——名家画虎》，"无岸的海"百家号，百度网，2022年2月3日
2.39	胡藻斌虎画	laobing719：《历代名家画虎，形神兼备、霸气十足可驱狼！！》，个人图书馆，2018年12月15日

（续表）

图号	图名	图源
2.40	中国香港虎年邮票	啸虎：《话说虎年邮票（一）》，转自网易博客，中国网·艺术中国，2010年2月8日
2.41	生肖邮票T107《丙寅年》	啸虎：《话说虎年邮票（二）》，转自网易博客，中国网·艺术中国，2010年2月8日
2.42	中国澳门生肖邮票《虎年》	zhaoxixian5：《[图片]我搜集到的有关虎的邮票》，集邮的圈子吧，百度贴吧，2013年2月26日
2.43	生肖邮票1998-1《戊寅年》	"戊寅年"词条（1998年发行的邮票），百度百科
2.44	中国香港《岁次戊寅》邮票	啸虎：《话说虎年邮票（三）》，转自网易博客，中国网·艺术中国，2010年2月8日
2.45	中国澳门《虎年》邮票	
2.46	卡通虎图案生肖邮票	柯立：《设计者回应虎年生肖邮票被吐槽：反复修改不再霸气外露》，"长江日报"百家号，百度网，2022年1月15日
2.47	中国香港"岁次庚寅（虎年）"特种邮票	zhaoxixian5：《[图片]我搜集到的有关虎的邮票》，集邮的圈子吧，百度贴吧，2013年2月26日
2.48	中国澳门五行生肖邮票	过往邮客：《澳门邮政发行的第三辑生肖邮票汇总》，个人图书馆，2018年1月6日
2.49	冯大中设计的虎年生肖邮票	"壬寅年"词条（2022年发行的特种邮票），360百科
2.50	中国香港"岁次壬寅（虎年）"贺岁生肖邮票	《【发行计划公布/图稿】中国香港2021年上半年邮票发行计划（图）》，转自集邮门户网微信订阅号，"地铁生活记录"搜狐号，搜狐网，2021年11月17日
2.51	中国澳门2022年四轮生肖壬寅虎年邮票	MS0290+MB0246澳门2022年四轮生肖壬寅虎年邮票+小型张，7788商城网站
2.52	日本虎年生肖邮票	啸虎：《话说虎年邮票（一）》，转自网易博客，中国网·艺术中国，2010年2月8日
2.53	日本虎年邮票	

（续表）

图号	图名	图源
2.54	韩国贺年邮票（1）	凛凛犹在：《韩国历年贺岁邮票（第二辑1971~1980）》，个人图书馆，2011年8月30日
2.55	韩国贺年邮票（2）	啸虎：《话说虎年邮票（二）》，转自网易博客，中国网·艺术中国，2010年2月8日
2.56	日本贺年邮票	啸虎：《话说虎年邮票（一）》，转自网易博客，中国网·艺术中国，2010年2月8日
2.57	朝鲜发行中国虎年纪念邮票	啸虎：《话说虎年邮票（四）》，转自网易博客，中国网·艺术中国，2010年2月8日
2.58	蒙古发行中国虎年纪念邮票	啸虎：《话说虎年邮票（五）》，转自网易博客，中国网·艺术中国，2010年2月8日
2.59	不丹发行中国虎年纪念邮票	啸虎：《话说虎年邮票（六）》，转自网易博客，中国网·艺术中国，2010年2月8日
2.60	法国发行中国虎年纪念邮票	张红、赵艳：《虎年"生肖纪念邮票"走俏全球》，转自人民日报，新浪网，2010年2月2日
2.61	美国发行中国虎年纪念邮票	上海工美艺术品交易中心，2016年4月14日
2.62	爱尔兰发行中国虎年纪念邮票小全张	啸虎：《话说虎年邮票（七）》，转自网易博客，中国网·艺术中国，2010年2月8日
2.63	联合国发行中国农历壬寅虎年特别版邮票版张	《值得珍藏！全球虎年生肖邮票大集结！》，转自人民日报经济社会微信公号，青报网新闻中心，2022年1月27日
2.64	澳大利亚发行中国虎年纪念邮票	
2.65	新西兰发行中国虎年纪念邮票	
2.66	乘虎天人·唐	《伟大的祖国——敦煌壁画（第一组）》，邮来邮网
2.67	石磬·商代	特9《伟大的祖国（第五组）古代文物》，中邮网，2012年11月3日
2.68	婴儿	老刘tdrhg：《中国珍邮：珍贵异常又价值不俗的新中国第一套儿童邮票特18儿童》，个人图书馆，2020年9月10日

（续表）

图号	图名	图源
2.69	布老虎	威龙集藏：《特58民间玩具》，个人图书馆，2016年8月5日
2.70	尊	悠然雅士：《特63〈殷代铜器〉特种邮票赏析》，个人图书馆，2020年10月1日
2.71	东北虎	《T40〈东北虎〉特种邮票赏析》，"邮来邮网"搜狐号，搜狐网，2017年12月21日
2.72	"咕咚"！？	《新中国邮票中的第一（五）》，"30秒懂币"搜狐号，搜狐网，2020年5月9日
2.73	王命传虎节	1986年J135M《中华全国集邮联合会第二次代表大会》（小型张），孔夫子拍卖网
2.74	武松打虎	T138：中国古典文学名著——《水浒传》（第二组），紫轩藏品网，2013年9月14日
2.75	何香凝虎画	《"画"说十二生肖——虎》，"洞庭湖边那些事"搜狐号，搜狐网，2022年4月16日
2.76	东北虎	威龙集藏：《2000-3T〈重点保护野生动物（Ⅰ级）（一）〉特种邮票》，个人图书馆，2016年6月24日
2.77	赵城虎	老万集邮馆：《2003-9T中国古典文学名著——〈聊斋志异〉（第三组）》，个人图书馆，2020年9月25日
2.78	虎座鸟架鼓	2004-22《漆器与陶器》（中国与罗马尼亚联合发行）（T），紫轩藏品网，2013年9月14日
2.79	华南虎	"《华南虎》特种邮票"词条，360百科
2.80	纳祥童子	chenfh_wt：《2011-2T〈凤翔木版年画〉特种邮票》，个人图书馆，2017年5月7日
2.81	工行生肖信用卡（虎年印章版）	工商银行十二生肖主题信用卡（虎年印章版），卡讯网
2.82	中国建设银行虎年生肖主题定制信用卡（虎虎生威，吉虎迎瑞）	老董聊卡：《过手！这些虎年银行生肖卡》，"金融界"网易号，网易，2022年1月30日
2.83	中国农业银行生肖虎年主题信用卡（如虎添翼）	《2022年10家银行虎年生肖主题信用卡汇总》，转自银行管家，卡讯网，2022年1月31日

图号	图名	图源
2.84	中国银行长城生肖借记卡	长城生肖借记卡（2022虎年版），中国银行网站
2.85	浦发银行国潮主题卡－虎百赢版	《2022年10家银行虎年生肖主题信用卡汇总》，转自银行管家，卡讯网，2022年1月31日
2.86	民生银行生肖虎年主题信用卡	
2.87	中信银行颜卡虎虎生威无界信用卡	
2.88	邮政储蓄银行生肖主题信用卡（壬寅年–虎）	
2.89	平安银行悦享白金信用卡·虎年主题卡	
2.90	广发银行ONE卡虎年纪念版（如虎添「亿」）	
2.91	北京银行生肖虎年白金信用卡	
2.92	1986中国丙寅（虎）年生肖金银纪念币	宝和斋：《贵金属之1986中国丙寅（虎）年生肖金银纪念币一套》，个人图书馆，2018年4月26日
2.93	1998中国戊寅（虎）年金银铂纪念币（部分）	《回顾｜虎年生肖，虎虎生威》，转自"中国币"微信公众号，"宝泉钱币"搜狐号，搜狐网，2021年11月11日
2.94	2010中国庚寅（虎）年金银纪念币（部分）	中国人民银行：《央行发行2010虎年金银纪念币》，中国集币在线，2009年10月20日
2.95	2022中国壬寅（虎）年金银纪念币（部分）	就是这样：《2022年中国壬寅虎年金银纪念币发行公告（时间+发行量）》，本地宝网站，2021年11月16日
2.96	1989年"珍稀动物"纪念币（第二组）8克金币	幸星：《珍稀动物金银纪念币（第2组）》，中国集币在线·泉友社区，2015年8月20日
2.97	1992年"中国出土文物（青铜器）"纪念币（第二组）1/4盎司金币与15克银币	1992中国出土文物[青铜器]纪念金币（第二组）、1992中国出土文物[青铜器]第二组15克银币（4枚），当下典藏网

（续表）

图号	图名	图源
2.98	1996年中国珍稀野生动物华南虎纪念币	"中国珍稀野生动物华南虎纪念币"词条，360百科
2.99	2010年贺岁普通纪念币	威龙集藏：《2010年贺岁（虎年）普通纪念币》，个人图书馆，2016年2月6日
2.100	2010年中国古典文学名著——《水浒传》彩色金银纪念币（第二组）1盎司彩色银质纪念币	中国古典文学名著——《水浒传》彩色金银纪念币（第2组）1盎司彩色银质纪念币，邮票收购网
2.101	2013年美国金币总公司特制圆明园十二生肖兽首（虎首）纪念银币	"十二生肖兽首纪念币"词条，360百科
2.102	2021年纽埃虎符纪念币	世界纪念币鉴赏：《虎年话虎符-从第一件秦杜虎符说起，2022年纽埃镀金虎符银币发行》，《国家宝藏！杜虎符，中华现存最早调兵凭证！虎符银币发行！》，知乎，2021年9月26日
2.103	2022年圆明园十二生肖兽首（虎）纪念银章	《加厚高浮雕！圆明园虎首银章发行，完美复刻国宝！》，"中汇钱币"搜狐号，搜狐网，2021年11月22日
第三编　虎史杂谈		
3.1	1903年美国人Joseph Clark Grew到福建厦门旅行期间，拍摄到当地猎人捕杀到华南虎后抬进村里的照片	调侃车社：《罕见老照片：清末福建虎多成灾，再现猎人进山抓老虎的实况》，快资讯，2021年4月27日
3.2	民国廿一年（1932年）山西虞乡县白坊村捕杀的一只虎	oaa_oak：《华南虎的命运：山西虎》，老虎吧，百度贴吧，2017年9月25日
3.3	1915年3月香港新界粉岭捕杀到一只老虎，宝灵翰（中）与一众警察和外籍人士跟虎尸合照	趣羊羊：《人多地少的香港，百年来居然打死3只老虎，1只为华南虎，有图为证》，今日头条，2018年9月20日

（续表）

图号	图名	图源
3.4	《水浒传》景阳冈武松打虎	郭兴：《评论|为人民群众增"虎福""绝虎患"》，中央纪委国家监委网站，2022年2月2日
3.5	贺兰山岩画"围猎猛虎图"	胡邦铸：《一场震撼山林的搏斗——贺兰山岩画〈围猎猛虎图〉试析》，《宁夏社会科学》1994年第1期，第58-62页
3.6	《胤禛行乐图册·刺虎》：胤禛（时为雍亲王）头戴西洋假发，穿西洋装，在悬崖山洞旁举叉刺虎	胤禛行乐图册·刺虎页，故宫博物院网站
3.7	郎世宁《乾隆皇帝巡狩刺虎图》：乾隆皇帝与侍卫手握长戟，跨步向前欲刺猛虎	郎世宁等乾隆皇帝刺虎图轴，故宫博物院网站
3.8	猎虎的兵器：虎枪	军戎：《清朝禁卫军猎虎时使用的特种装备：阿虎枪》，搜狐网，2017年2月19日
3.9	驱赶老虎的骲箭	破六汉：《清朝皇帝用来猎虎的装备，及本人的亲身实测》，老虎吧，百度贴吧，2012年3月10日
3.10	木黑牛角金桃皮弓，皇帝御用弓。牛角面上镌刻满、汉文："乾隆二十二年带领准噶尔投降众人木兰行围上用宝弓在依绵豁罗围场射中一虎。"现藏于故宫博物院	
3.11	"毙虎"的猎犬画（绵亿《猎骑图册》册页）	《木兰秋狝中"毙虎"的猎犬是什么品种？》，"故宫书店"搜狐号，搜狐网，2017年8月7日
3.12	1950年湖南公安岳麓分局打虎留照	副刊冬冬：《岳麓山"最后一只"野生老虎，至今仍在湖南师大动物标本室里》，百家号，百度网，2020年9月28日
3.13	1953年福建永春二区锦斗打虎纪念	逾洋史话：《老照片纪念新中国成立之初的打虎运动，老虎吃人的原因引人深思》，百家号，百度网，2019年5月22日

（续表）

图号	图名	图源
3.14	1956年打虎小组刚猎获一只30多千克小虎后留照，摄于福建厦门双岭乡南岗村	新小学童微博，2020年8月3日
3.15	1956年贵州榕江打虎队	
3.16	周××"纸老虎"的原型：浙江义乌画商印制的年画《老虎卧瀑图》	陈武：《网友列举三大疑点 质疑年画虎是"商业营销"（图）》，转自西部网，中国新闻网，2008年1月8日
第四编　贸易成殇		
4.1	"药王"孙思邈骑虎图	《作为一名医药学家，孙思邈却写出了道教最本真的哲学观！》，"梁印鑫"搜狐号，搜狐网，2020年9月15日
4.2	1946年上海街边贩卖虎皮、虎骨的商贩	Tangen：《LIFE杂志摄影1945至48年的中国》，Tangent的相册，豆瓣网，2014年9月2日
4.3	虎骨	《【野保资讯】中国虎骨犀角解禁引发争议》，搜狐号，搜狐网，2018年11月20日
4.4	虎骨酒	雪中白杨：《神秘的云南虎骨酒》，彩龙社区，2021年2月10日
4.5	虎骨架	文化生活报社：《走进福建博物院自然馆，了解馆藏华南虎标本背后的故事》，腾讯网，2020年7月15日
4.6	西周铜器"太师虘簋"及其铭文	RK588：《中国文字博物馆典藏之太师虘簋》，个人图书馆，2015年3月25日
4.7	电影《智取威虎山》中杨子荣的衣着妆束——身披虎皮袄	《革命现代京剧〈智取威虎山〉计送情报》年画缩样散页，7788商城网站
4.8	氆氇虎皮饰边藏袍	东华大学出版社：《"甜野男孩"火了，他身穿的藏族服饰了解下！》，澎湃新闻，2020年12月14日
4.9	巴黎自然历史博物馆内收藏的一具华南虎标本（1854年被法国驻上海领事带回巴黎）	剑舞彩涅磐人生：《国际濒危物种排第一的华南虎赴非野化14载：有望回归祖国？！》，个人图书馆，2018年2月13日

（续表）

图号	图名	图源
4.10	香港"上水之虎"虎头标本。采自1915年香港上水	龍王破山剑：《香港警队百年记忆，探寻港警博物馆》，今日头条，2022年7月7日
4.11	湖南师范大学生命科学学院动植物标本馆收藏的野生华南虎标本。采自1955年长沙岳麓山	副刊冬冬：《明清时，湖南为何有老虎600只以上？》，百家号，百度网，2020年9月26日
4.12	浙江省自然博物馆收藏的野生华南虎标本。采自1952年丽水城郊	大猫来了：《两只无价的猫科动物标本：一个全省唯一，一个全世界唯一》，百家号，百度网，2019年3月4日
4.13	福建博物院自然馆收藏的野生华南虎标本。采自1953年仙游	文化生活报社：《走进福建博物院自然馆，了解馆藏华南虎标本背后的故事》，腾讯网，2020年7月15日
4.14	中国科学院昆明动物研究所保存的孟加拉虎头颅标本。采自高黎贡山区，J. H. Mazak 摄	chinazone：《【原创】产自中国的野生孟加拉虎》，chinazone吧，百度贴吧，2018年10月25日
4.15	陕西省动物研究所藏的华南虎标本。1964年射杀于佛坪	《中国秦岭珍稀野生动物标本展》，陕西省动物研究所网站，2010年1月26日
4.16	黑龙江省博物馆收藏的野生东北虎幼虎标本。采自2010年东方红林业局海音山道班	《野生东北虎标本亮相哈尔滨》，新华网·黑龙江频道，2011年5月27日
4.17	虎骨健身球手揉	《除了核桃，我们还能揉什么？》，"木笙文化"网易号，网易，2021年1月22日
4.18	虎骨扳指	清 虎骨扳指，雅昌艺术网，2007年1月27日
4.19	虎骨发簪	Admin：《明清老虎骨发夹、发簪》，大图城市雕塑网，2015年8月25日
4.20	虎牙饰件	猫奴日记：《"世界老虎日"一个令人揪心的日子》，搜狐号，搜狐网，2020年7月29日
4.21	竹节型虎骨雕	虎骨雕，华夏收藏网
4.22	南阳唐河县汉郁平大尹冯君孺久画像石墓出土画像石"驯虎图"	唐南郡公：《唐河县湖阳镇出土的冯君孺汉墓》，百家号，百度网，2021年1月24日

（续表）

图号	图名	图源
4.23	焦作市博物馆藏"汉代五层彩绘陶仓楼"缚虎图	张保民：《陶仓楼上的缚虎图》，中国文物信息网，2017年8月23日
附编　虎啸亚洲		
5.1	"古中华虎"化石	解焱、马逸清：《中国是虎的起源地，可信吗？》，"自然使者"搜狐号，搜狐网，2016年6年24日
5.2	虎	本书作者2015年夏摄于吉林长春东北虎园
5.3	甲骨文"虎"字	说史一千零一夜：《微距高清甲骨文欣赏，震撼！》，"说史一千零一夜"搜狐号，搜狐网，2022年3年14日
5.4	里海虎	星辰大海路上的种花家：《老虎生存的禁区？茫茫蒙古大草原，为什么没有老虎？》，网易·网易号，2020年11月21日
5.5	1911年被猎杀的巴厘虎	Vojnich Oszkár: A kelet-indiai szigetcsoporton, Budapest, Singer és Wolfner, 1913.
5.6	摄于1938年的爪哇虎，拍摄地点在印尼的乌戎库隆（Ujung Kulon）	神秘的动物世界：《东北虎、华南虎、孟加拉虎…，这么多虎是怎么分类的？》，"神秘的动物世界"搜狐号，搜狐网，2019年4月20日
5.7	孟加拉虎	远飞所想之书馆：《尼泊尔发行的"虎年"邮票，首日封，极限片》，个人图书馆，2020年5月9日
5.8	英国人在印度捕杀的虎	徐福虎：《细数那些被枪杀而死的虎[图]》，老虎吧，百度贴吧，2011年3月24日
5.9	2018年中国国科研人员首次在野外拍摄到的孟加拉虎活体照片	杨文明：《我国科研人员首次在野外拍摄到孟加拉虎活体照片》，转自人民日报客户端，环球网，2019年8月6日
5.10	2017年3月28日报道，安装在泰国丛林中的相机捕捉到一群印度支那虎，其中包括4只成年雌虎和6只幼虎	贾培琰（编译）：《濒危野生印度支那虎重现泰国丛林》，环球网，2017年3月29日

（续表）

图号	图名	图源
5.11	1953年一名越南女子和被她猎杀的印支虎	大猫来了：《全球老虎日，扒一扒老虎被人类猎杀的残忍历史》，"大猫来了"搜狐号，搜狐网，2018年7月29日
5.12	2007年在西双版纳拍摄到的中国唯一的野生印支虎活体照片	张敏、保旭：《野生印支虎首次现身云南》，中国新闻网，2007年5月25日
5.13	照片中的是1只野生雌性马来亚虎及其4只幼崽一起在野外丛林中（2022年1月，当局摄于霹雳州）	徐荃乐：《马来西亚发现野生老虎踪迹 当局公开照片》，转自央视新闻客户端，扬子晚报网，2022年7月6日
5.14	Bukit Tigapuluh国家公园里的苏门答腊虎	十三妹妹姓庄：《苏门答腊虎分布及现状》，老虎吧，百度贴吧，2018年6月21日
5.15	东北虎豹国家公园内的监测相机拍摄到的野生东北虎（2018年12月9日摄）	高楠、邵美琦、司晓帅：《原来它是这样的东北虎豹国家公园》，转自新华每日电讯，中国青年网，2022年2月26日
5.16	在俄罗斯阿穆尔拍到的西伯利亚虎	万山红遍200：《2017.5.9俄罗斯西伯利亚虎的消息》，新虎吧，百度贴吧，2017年5月16口
5.17	韩国国立博物馆藏《山神图》	黄松：《读虎图记|从韩日古画中的虎，看中华文化的流播》，澎湃新闻，2022年2月4日
5.18	2003年1月吉林珲春保护区管理局工作人员运用远红外线拍摄技术拍摄到的野生东北虎取食照片	周长庆、徐家军：《我国首张野生东北虎取食照片在吉林珲春"诞生"》，新华网，2003年01月25日
5.19	2021年4月23日一只东北虎误闯黑龙江省密山市白鱼湾镇临湖村，后被捕获并放归，命名为"完达山1号"	马俊玮：《黑龙江密山：边陲村落惊现野生东北虎》，央广网，2021年4月23日
5.20	被圈养的华南虎	本书作者2004年春摄于广东茂名森林公园

后记

庆幸我们生活在一个伟大的新时代，每个人都努力去实现自己的梦想，并且往往得偿所愿，印证了"只要你愿意开始，什么时候出发都不晚"的至理名言。

《漫谈中华虎文化》在选题、书名、内容和规范要求等方面，均得到了中山大学出版社编辑的专业指导和严格审阅，笔者认真听取和采纳了他们提出的不少有益的意见和建议。我的家人也给予了很多创作上的支持、鼓励，并协助审阅修改，使书稿得以改进和完善。需要申明的是，本书创作的初衷并非以名利为取向，而是一个生肖属虎的人士对中华虎文化的持续关注和保护虎的责任意识使然。文中图片素材多来自网络，笔者已——注明具体征引文献。出于各种原因，个别图片至出版前尚未得到相关权益人的回复，祈望这些图片的权益人见书后联系笔者（邮箱地址：2510870850@qq.com），笔者愿意诚恳致歉，时下只能敬请谅解。

最后，衷心感谢著名书法家沈泽华先生欣然为本书题写书名，感谢著名美术家韦武辉先生热心为封面作画，感谢中山大学出版社王延红、姜星宇等编辑一直以来给予的指导帮助，感谢所有关心支持本书创作出版的家人和朋友，更要感谢广大读者朋友的赏阅。

陈存云

2022年秋于广东湛江